KEITH FERRAZZI
Fundador da empresa de treinamento
e consultoria Ferrazzi Greenlight

TAHL RAZ
Redator da *Inc. Magazine*,
Harvard Business Review e *GQ*

ALTA BOOKS
GRUPO EDITORIAL

Rio de Janeiro, 2023

Jamais Coma Sozinho

Copyright © 2023 STARLIN ALTA EDITORA E CONSULTORIA LTDA.

Copyright © 2014 Keith Ferrazzi.

ISBN: 978-85-508-2085-9

Translated from original Never Eat Alone. Copyright © 2014 by Keith Ferrazzi. ISBN 970385346658. This translation is published and sold by Crown Bussiness, the owner of all rights to publish and sell the same. PORTUGUESE language edition published by Starlin Alta Editora e Consultoria LTDA, Copyright © 2023 by STARLIN ALTA EDITORA E CONSULTORIA LTDA.

Impresso no Brasil — 1ª Edição, 2023 — Edição revisada conforme o Acordo Ortográfico da Língua Portuguesa de 2009.

Dados Internacionais de Catalogação na Publicação (CIP) de acordo com ISBD

F381j Ferrazzi, Keith
　　　　Jamais Coma Sozinho: E Outros Segredos Para o Sucesso / Keith Ferrazzi, Tahl Raz ; traduzido por Ellen Andrade. - Rio de Janeiro : Alta Books, 2023.
　　　　368 p. ; 15,7cm x 23cm.

　　　　Tradução de: Never Eat Alone
　　　　Inclui índice.
　　　　ISBN: 978-85-508-2085-9

　　　　1. Autoajuda. 2. Sucesso. 3. Negócios. 4. Networking. 5. Comunicação Social. I. Raz, Tahl. II. Andrade, Ellen. III. Título.

2023-2501
　　　　　　　　　　　　　　　　　　　　CDD 158.1
　　　　　　　　　　　　　　　　　　　　CDU 159.947

Elaborado por Vagner Rodolfo da Silva - CRB-8/9410

Índice para catálogo sistemático:
1. Autoajuda 158.1
2. Autoajuda 159.947

Todos os direitos estão reservados e protegidos por Lei. Nenhuma parte deste livro, sem autorização prévia por escrito da editora, poderá ser reproduzida ou transmitida. A violação dos Direitos Autorais é crime estabelecido na Lei nº 9.610/98 e com punição de acordo com o artigo 184 do Código Penal.

O conteúdo desta obra fora formulado exclusivamente pelo(s) autor(es).

Marcas Registradas: Todos os termos mencionados e reconhecidos como Marca Registrada e/ou Comercial são de responsabilidade de seus proprietários. A editora informa não estar associada a nenhum produto e/ou fornecedor apresentado no livro.

Material de apoio e erratas: Se parte integrante da obra e/ou por real necessidade, no site da editora o leitor encontrará os materiais de apoio (download), errata e/ou quaisquer outros conteúdos aplicáveis à obra. Acesse o site www.altabooks.com.br e procure pelo título do livro desejado para ter acesso ao conteúdo..

Suporte Técnico: A obra é comercializada na forma em que está, sem direito a suporte técnico ou orientação pessoal/exclusiva ao leitor.

A editora não se responsabiliza pela manutenção, atualização e idioma dos sites, programas, materiais complementares ou similares referidos pelos autores nesta obra.

Grupo Editorial Alta Books

Produção Editorial: Grupo Editorial Alta Books
Diretor Editorial: Anderson Vieira
Vendas Governamentais: Cristiane Mutüs
Gerência Comercial: Claudio Lima
Gerência Marketing: Andréa Guatiello

Assistente Editorial: Matheus Mello
Tradução: Ellen Andrade
Copidesque: Thaís Cotts
Revisão: Carolina Rodrigues; Alessandro Thomé
Diagramação: Cesar Godoy

Rua Viúva Cláudio, 291 — Bairro Industrial do Jacaré
CEP: 20.970-031 — Rio de Janeiro (RJ)
Tels.: (21) 3278-8069 / 3278-8419
www.altabooks.com.br — altabooks@altabooks.com.br
Ouvidoria: ouvidoria@altabooks.com.br

Para mamãe e papai.

Sumário

Prefácio VII

SEÇÃO 1
A Mentalidade

1. Virando um Membro do Clube 2
2. Não Conte os Pontos 13
3. Qual é a Sua Missão? 23

Hall da Fama dos Conectores: Bill Clinton 40

4. Construa Antes de Precisar 42
5. A Genialidade da Audácia 47
6. O Idiota do Networking 55

Hall da Fama dos Conectores: Katharine Graham (1917–2001) 60

SEÇÃO 2
As Habilidades

7. Faça Sua Lição de Casa 64
8. Anote Nomes 71
9. Aquecendo a Ligação Fria 78
10. Lidando Engenhosamente Com os Assistentes 87
11. Jamais Coma Sozinho 94
12. Compartilhe Suas Paixões 100
13. Acompanhe ou Falhe 106
14. Seja um Comando nas Conferências 111

Hall da Fama dos Conectores: Susan Cain 119

15.	Conectando-se aos Conectores	131
	Hall da Fama dos Conectores: Paul Revere (1734–1818) 141	
16.	Expandindo o seu Círculo	143
17.	A Arte do Bate-papo	147
	Hall da Fama dos Conectores: Brené Brown 153	
	Hall da Fama dos Conectores: Dale Carnegie (1888–1955) 162	

SEÇÃO 3
Transformando Conexões em Companheiros

18.	Saúde, Patrimônio e Filhos	165
	Hall da Fama dos Conectores: Adam Grant 174	
19.	Arbitragem Social	177
	Hall da Fama dos Conectores: Vernon Jordan 184	
20.	Mantenha Contato — Sempre	187
21.	Convide Conectores-chave para Sociais	197

SEÇÃO 4
Conectando-se na Era Digital

22.	Encontre as Margens	209
23.	Torne-se o Rei do Conteúdo	227
24.	Desenvolvendo Serendipidade	245

SEÇÃO 5
Negociando e Retribuindo

25.	Seja Interessante	258
	Hall da Fama dos Conectores: Dalai Lama 274	
26.	Construa Sua Marca	278
27.	Divulgue Sua Marca	285
28.	Aproximando-se do Poder	303
29.	Construa e as Pessoas Virão	314
	Hall da Fama dos Conectores: Benjamin Franklin (1706–1790) 320	
30.	Nunca Ceda à Arrogância	323
31.	Encontre Mentores, Encontre Pupilos, Repita	328
	Hall da Fama dos Conectores: Eleanor Roosevelt (1884–1962) 338	
32.	Equilíbrio é Balela	341
33.	Bem-vindo à Era da Conectividade	346
Índice		354

Prefácio

A uma hora de Salt Lake City, em uma cidade de Utah chamada Eden, há uma vista deslumbrante de neve, árvores e céu nomeada Powder Mountain. Em 2013, um notável grupo de vinte e poucos anos conseguiu US$40 milhões para comprar o terreno de pouco mais de 4 mil hectares. Nele, construirão um retiro ecológico e uma segunda casa (ou terceira, quarta ou quinta) para empreendedores de sucesso que querem tornar o mundo um lugar melhor.

É uma visão audaciosa. A história de como esses jovens novos-ricos fizeram isso acontecer é o melhor exemplo que conheço dos princípios, da mentalidade e das práticas deste livro ganhando vida.

Em 2008, Eliot Bisnow, então com 22 anos, era bem-sucedido batalhando como vendedor de publicidade para o pequeno negócio de newsletter por e-mail do pai — teve tanto sucesso que a empresa havia crescido além da sua capacidade de gerenciamento e expansão. Bisnow sabia que precisava de mais conhecimento, mas não pensava em "escola de negócios". Afinal, estava no meio do mato e precisava de respostas para ontem.

Ler *Jamais Coma Sozinho*, na época, o levou a repensar o problema. O que realmente precisava era de acesso a uma network que pudesse fornecer a orientação e os conselhos necessários para ajudar uma empresa que crescia depressa. Não era um problema de conhecimento. Era um problema de pessoas, com uma solução de pessoas.

Assim como o livro previa, ele criou um Plano de Ação de Relacionamento listando todos seus prospectos, grandes empreendedores que poderiam compartilhar com ele as lições de seu sucesso. Em seguida, fez telemarketing com uma oferta tão generosa, que não seriam capazes de recusar: um fim de semana para esquiar com tudo pago (Bisnow pagou US$15 mil com o próprio cartão de crédito para isso acontecer), onde conseguiriam passar um tempo com outros empreendedores de sucesso e orientar jovens promissores — principalmente Bisnow — empenhados não só no sucesso financeiro, mas também em causar um impacto social positivo.

Uma viagem gratuita para esquiar no fim de semana e uma oportunidade de mudar o mundo? Com certeza eu teria dito sim — na verdade, é provável que tivesse pago para comparecer. No fim, eu não era o único que pensava assim, e, *bum!*, Bisnow tinha um novo empreendimento. Com o passar de alguns anos, os retiros se transformaram em um próspero evento de negócios chamado Summit Series, com segmentos com e sem fins lucrativos.

Summit não está apenas no ramo de ajudar a alavancar empreendedores, mas também no de criar uma comunidade, a forma mais valiosa de capital social — as relações íntimas e encorajadoras que estimulam a colaboração enquanto satisfazem profundamente nossa necessidade humana de conexão, pertencimento e significado. Ou seja, "uma comunidade vitalícia de colegas, contatos, amigos e mentores."

O que a última década de pesquisas em ciências sociais nos diz é que satisfazer essas necessidades relacionais não é apenas uma mera noção de "vida boa"; esses são os pré-requisitos sólidos para criatividade, inovação, progresso — e, no fim de tudo isso, lucro.

Agora, a Summit Series está permanentemente em Powder Mountain, onde antigos e notáveis frequentadores da Summit, como o investidor bilionário Peter Thiel, estão entre aqueles que gastaram até US$2 milhões cada para conseguir seus próprios lotes. Isso destaca a provável longevidade não só da Summit, mas das ideias que levaram ao seu sucesso.

A história de Bisnow é um passeio inspirador pelas lições deste livro: generosidade nos relacionamentos acima de tudo, audácia, arbitragem social, mesclar o pessoal e o profissional, conectar-se por meio de paixões, retribuir e se divertir.

Embora quisesse muito, não posso levar os créditos pela Summit Series. Sou só um participante sortudo daquilo que Bisnow e seu grupo criaram. Mas posso dizer com honestidade que ele reconhece *Jamais Coma Sozinho* como o manual de operação que o ajudou a moldar e executar sua visão. E é um dos milhares de quem ouvi falar que construíram não apenas uma carreira, mas organizações inteiras, com base nas filosofias e preceitos encontrados neste livro.

Aqui está o código informal de conduta da Summit:

1. **Vá a um Safari de Aprendizagem:** todos têm algo a ensinar. Todos têm algo a aprender. Faça uma jornada intelectual, espiritual e criativa.
2. **Faça Amizades:** a Summit Series não é sobre networking; trata-se de construir amigos para a vida inteira. As pessoas ao seu redor são incríveis. Conheça-as.
3. **Abrace a Sincronicidade:** momentos inesperados costumam ser os mais significativos. Abrace-os.
4. **Demonstre Amor:** a Summit Series é sobre caráter, não currículos. Demonstre amor pelas startups e não seja um *fanboy* das gigantes da indústria.
5. **Divirta-se:** se não for divertido, não conta.

Bem-vindo à Era Social

O que o sucesso de Bisnow e sua comunidade — e de outros milhares que me escreveram contando suas histórias de sucesso — me dizem é que *Jamais Coma Sozinho* foi muito mais do que minha história. O que me parecia ser minha vontade única e zelosa para conectar e ter sucesso como um garoto pobre da cidade siderúrgica de Pittsburgh foi, na verdade, moldado por forças muito maiores do que o que acontecia em nosso campo de golfe local, onde aprendi muito como assistente de golfe.

O mundo estava mudando e me moldando com ele — ou talvez eu tivesse o código genético certo para prosperar neste novo ecossistema. De qualquer forma, este livro acabou sendo o guia de campo para uma era de negócios totalmente nova.

Na década desde então, construí uma empresa para ajudar nossos clientes a prosperar em meio às mudanças aceleradas, construindo e alavancando relações melhores. Juntos, investimos pesado no estudo e na compreensão de assuntos há muito deixados para outras disciplinas, como emoção, intuição, comportamento, confiança, influência, poder, reciprocidade, networks e todas as coisas que dizem respeito a como nos relacionamos e trabalhamos com terceiros.

Duas coisas incríveis aconteceram ao mesmo tempo:

1. "Networking", que já foi um palavrão, tornou-se a língua franca dos nossos tempos, reconhecida como uma busca inerentemente humana — não feia ou exploradora, mas intrínseca às forças de reciprocidade que impulsionam o desenvolvimento humano e uma economia colaborativa. A moeda mais valiosa da atualidade é o capital social, definido como a informação, a expertise, a confiança e o valor total que existe nos relacionamentos que você mantém e nas redes sociais às quais você pertence.
2. A ciência validou a equação que dez anos atrás não passava de minha irritante intuição:

SUCESSO NA VIDA = (AS PESSOAS QUE VOCÊ ENCONTRA) + (O QUE CRIAM JUNTOS)

Sua network é seu destino, uma realidade apoiada por muitos estudos nos campos emergentes do networking social e da teoria do contágio social. Somos as pessoas com as quais interagimos. Nosso salário, nosso humor, a saúde do nosso coração e o tamanho de nossa barriga — todos são determinados por aqueles com quem escolhemos interagir e por como o fazemos.

E assim, assumir o controle de seus relacionamentos — o que, se você estiver fazendo do jeito certo, às vezes significa *abrir mão* do controle, como aprendi ao longo dos anos e, em especial, desde que me tornei pai — quer dizer assumir o controle de sua carreira e de seu futuro. As lições deste livro nunca foram tão poderosas ou importantes quanto agora.

E devem se tornar ainda mais. As crianças de hoje retiram o cordão umbilical e se conectam à internet, sua primeira consciência moldada pela percepção constante e pela interação com a colmeia global. Sua criação impulsionada pelas redes sociais as tornará sábias em algumas áreas da construção de relacionamentos e idiotas em outras — e suspeito que elas passarão as próximas décadas decidindo qual é qual. (Bem a tempo da próxima revolução.) Felizmente para jovens e velhos leitores, este livro agora fala sobre o assunto.

Quando *JCS* foi publicado pela primeira vez, algumas referências aos *internautas*, meu Palm Pilot e a "revolucionária" ferramenta de gerenciamento de contatos Plaxo foram o suficiente para colocar o livro na dianteira de assuntos sobre tecnologia e gerenciamento de relacionamentos online. Hoje, as redes sociais e os dispositivos portáteis, sem dúvida, transformaram a maneira como administramos as relações, criamos influência e desenvolvemos capital social.

Com o passar dos anos, os leitores têm insistido cada vez mais em me dizer que o livro precisava de uma atualização se quisesse continuar com sua reputação como o melhor companheiro tático para a construção de relacionamentos.

Ao atualizar *Jamais Coma Sozinho*, tentei preservar muito do conteúdo original, porque, francamente, ainda funciona. Acrescentei três novos capítulos e o atualizei no geral para esclarecê-lo e fortalecê-lo para a era digital.

Embora a tecnologia possa ter evoluído, a mentalidade fundamental originais do livro — generosidade, autenticidade e a crença de que a grandeza pode ser para qualquer um, independente de origem econômica, etnia, idade ou sexo, desde que deem cada vez mais valor aos outros — felizmente veio para ficar. Hoje, essas mesmas virtudes culturais dirigem o motor das redes sociais.

Como Ler Este Livro

Você aproveitará ao máximo a leitura se seu desejo de aprender for superado apenas pela sua vontade de agir.

Aplique os princípios e as táticas conforme os lê. Minha mentalidade é independente de sua idade ou situação, seu caminho para a grandeza começa no momento em que você encontra coragem e audácia para se conectar com generosidade.

O desenvolvimento de relações e o *savoir-faire* social exigem aprendizagem ativa. Se você esperar até se tornar um mestre para mergulhar nisso, perderá meses ou anos, *supondo* que comece.

Aqui estão algumas das coisas que este livro lhe permitirá fazer:

1. Criar uma estratégia de networking gratificante, autêntica e eficiente que dure a vida inteira.
2. Construir e alinhar o capital social para atingir metas cada vez mais ambiciosas.
3. Combinar estratégia e serendipidade para manter contato frequente com uma ampla rede de pessoas.
4. Filtrar e priorizar seus relacionamentos para um bom intercâmbio que apoie suas metas e seus valores.
5. Cultivar uma marca pessoal atrativa que faça os outros clamarem para compartilhar informações, acessos e recursos.
6. Traduzir essa marca para as redes sociais a fim de criar uma comunidade online dedicada.
7. Aumentar seu valor para sua network, em especial para sua empresa ou seus clientes.
8. Criar conteúdo inovador para construir uma reputação como especialista e aumentar sua influência online.
9. Ser "descoberto" e usar isso para acessar as melhores oportunidades.
10. Criar uma vida que ame e uma network que possa torcer por você.

Mais de meio milhão de leitores, desde alunos do ensino médio a famosos CEOs, em mais de dezesseis países diferentes ao redor do mundo, alcançaram grandes feitos ao dominar a arte de trabalhar com outras pessoas por meio de *Jamais Coma Sozinho*. Junte-se a eles.

SEÇÃO 1

A Mentalidade

CAPÍTULO 1

Virando um Membro do Clube

Relacionamentos são tudo. Tudo no universo só existe porque está relacionado com o resto. Nada existe isoladamente. Temos que parar de fingir que somos indivíduos que conseguem lidar com as coisas sozinhos.

— Margaret Wheatley

"Como diabos vim parar aqui?", ficava me perguntando naqueles primeiros dias como um calouro sobrecarregado na Harvard Business School (HBS).

Não havia uma única aula de contabilidade ou finanças na minha formação até ali. Olhando ao meu redor, vi rapazes e moças impiedosamente focados que tinham graduação em administração. Já tinham analisado números ou planilhas nas melhores empresas de Wall Street. A maioria vinha de famílias ricas e tinha pedigree, legados e algarismos romanos nos nomes. Eu estava intimidado, é claro.

De que modo um cara como eu, nascido em uma família da classe trabalhadora, com um diploma em artes liberais e alguns anos em uma empresa de manufatura tradicional, competiria com os puros-sangues da McKinsey e Goldman Sachs que, ao meu ver, parecia que processavam informações empresariais desde o berço?

Foi um momento decisivo na minha carreira e na minha vida.

Eu era um garoto do interior vindo do sudoeste da Pensilvânia, criado em uma pequena cidade com trabalhadores da indústria do aço e carvão perto de Latrobe chamada Youngstown. Nossa região era tão rural, que não dava para ver outra casa da varanda do nosso modesto lar. Meu pai trabalhava na siderúrgica local e, aos finais de semana, com obras. Minha mãe limpava as casas dos médicos e advogados de uma cidade próxima. Meu irmão escapou da vida na cidade pequena entrando para o exército. Minha irmã se casou no ensino médio e se mudou quando eu era criança.

Na HBS, todas as inseguranças da minha juventude voltaram depressa. Veja bem, embora não tivéssemos muito dinheiro, meus pais estavam decididos a me dar o tipo de oportunidade que meus irmãos (do casamento anterior de minha mãe) nunca tiveram. Eles me encorajaram e sacrificaram tudo para me dar o tipo de educação que só as crianças ricas da cidade podiam pagar. Lembrei-me daqueles dias em que minha mãe me buscava com nosso Nova azul surrado no ponto de ônibus da escola primária particular que eu frequentava, enquanto as outras crianças se enfiavam em limusines e BMWs. Eu era impiedosamente provocado por causa de nosso carro, minhas roupas de poliéster e Docksiders falsos — todos os dias lembrado de minha classe social.

A experiência foi uma dádiva de Deus de várias maneiras, fortalecendo minha determinação e alimentando meu desejo de sucesso. Ficou claro para mim que havia uma barreira entre os que têm e os que não têm. Isso me deixou com raiva de ser pobre. Senti-me excluído do que via como o grupo dos caras legais. Por outro lado, esses sentimentos me levaram a ser mais esforçado que todos ao meu redor.

O trabalho duro, eu me tranquilizava, foi um dos meios pelos quais venci as adversidades e entrei na Harvard Business School. Mas havia outra coisa que me separava do resto da turma e me dava uma vantagem. Muito antes de chegar a Cambridge, eu parecia ter aprendido algo que diversos dos meus colegas não tinham.

Quando era criança, trabalhava como assistente de golfe no country club para os proprietários e seus filhos que moravam na cidade rica perto da minha. Isso me fez pensar bastante sobre aqueles que têm sucesso e os que não têm. Fiz uma observação naqueles dias que alteraria a forma como via o mundo.

Durante as longas horas nos campos de golfe, enquanto carregava seus tacos, observei como as pessoas que alcançaram patamares profissionais desconhecidos para meu pai e minha mãe se apoiavam. Encontravam empregos uns para os outros, investiam tempo e dinheiro nas ideias uns dos outros e garantiam que seus filhos recebessem ajuda para entrar nas escolas mais prestigiadas, conseguissem os estágios certos e, por fim, os melhores empregos.

Diante de meus olhos, vi a prova de que sucesso gera sucesso e, de fato, ricos *ficam* mais ricos. A rede de amigos e associados era o taco mais potente que as pessoas para as quais trabalhei tinham em suas bolsas. A pobreza, percebi, não era apenas falta de recursos financeiros; era o isolamento do tipo de pessoa que poderia ajudá-lo a se tornar melhor.

Passei a acreditar que, de formas muito específicas, a vida, assim como o golfe, é um jogo, e que as pessoas que sabem as regras, e as conhecem bem, jogam melhor e são bem-sucedidas. E a regra na vida que tem poder sem precedentes é a de que o indivíduo que conhece as pessoas certas, pelos motivos certos, e utiliza o poder desses relacionamentos pode se tornar um membro do "clube", quer tenha começado como assistente ou não.

Essa compreensão veio com algumas implicações fortalecedoras. Para alcançar seus objetivos na vida, percebi, não importa tanto o quão inteligente você é, quanto talento inato tem, ou até, o que mais me abriu os olhos, de onde veio e com quanto começou. É claro que tudo isso é importante, mas faz pouca diferença se você não entender uma coisa: não se consegue chegar lá sozinho. De fato, não é possível ir muito longe.

Felizmente, eu estava com vontade de me tornar algo (e, francamente, ainda mais apavorado com a possibilidade de não ser nada). Caso contrário, talvez tivesse só ficado parado e observando, como meus colegas perto do primeiro buraco.

Comecei a aprender sobre o incrível poder dos relacionamentos com a Sra. Pohland. Caryl Pohland era casada com o dono de uma grande serraria da cidade, e seu filho, Brett, que tinha minha idade, era meu amigo. Iam à nossa igreja. Na época, eu provavelmente queria ser Brett (ótimo atleta, rico, todas as garotas caindo aos seus pés).

No clube, eu era o assistente da Sra. Pohland. Ironicamente, era o único que se importava o bastante para esconder seus cigarros. Ralava para ajudá-la a vencer todos os torneios. Andava pelo campo na manhã anterior para ver onde estavam os buracos difíceis. Testava a velocidade do gramado. A Sra. Pohland começou a acumular vitórias a torto e a direito. Todos os dias de as mulheres jogarem, eu fazia um trabalho tão bom, que ela se gabava de mim para as amigas. Logo, outras me solicitaram.

Eu auxiliava em 36 buracos por dia se conseguisse a oportunidade e fazia questão de tratar o chefe dos assistentes do clube como se fosse um rei. No meu primeiro ano, ganhei o prêmio anual de assistente, o que me deu a chance de trabalhar para Arnold Palmer quando ele foi jogar no campo de minha cidade natal. Arnie começou como assistente no Latrobe Country Club e se tornou dono do clube quando adulto. Eu o considerava um modelo. Ele era a prova viva de que o sucesso no golfe, e na vida, não tinha nada a ver com classe. Era sobre acesso (e talento, pelo menos no caso dele). Alguns ganharam acesso por meio do nascimento ou de dinheiro. Outros eram fantásticos no que faziam, como Arnold Palmer. Minha vantagem, eu sabia, era minha iniciativa e motivação. Ele foi uma prova inspiradora de que o passado não precisa ser o prólogo do futuro.

Durante anos, fui um membro *de facto* da família Pohland, passando parte das férias com eles e frequentando sua casa quase todos os dias. Brett e eu éramos inseparáveis, e eu amava a família dele como a minha. A Sra. Pohland fez questão que eu conhecesse todos no clube que pudessem me ajudar, e se ela me visse sendo negligente, chamaria minha atenção. Ajudei-a no campo de golfe, e ela, em reconhecimento aos meus esforços e aos cuidados que lhe dediquei, me ajudou na vida. Ela me deu uma lição simples, mas profunda, sobre o poder da generosidade. Quando você ajuda os outros, eles costumam ajudar de volta. "Reciprocidade" é a palavra rebuscada que os adultos usam para descrever esse princípio eterno. Eu só o conhecia como "cuidado". Nós cuidávamos um do outro, então nos esforçávamos para fazer coisas legais.

Graças àqueles dias, e especificamente àquela lição, percebi no primeiro semestre na escola de negócios que os alunos hipercompetitivos e individualistas de Harvard entenderam tudo errado. O sucesso em qualquer área, mas em especial nos negócios, vem de trabalhar *com* as pessoas, não contra elas. Nenhuma tabulação de dólares e centavos pode explicar um fato imutável: o negócio é um empreendimento humano, dirigido e determinado por pessoas.

Não demorou muito até começar a me tranquilizar brincando, durante meu segundo semestre: "Como diabos todas essas outras pessoas entraram aqui?"

O que faltava em muitos de meus colegas, descobri, eram as habilidades e estratégias associadas ao fomento e construção de relacionamentos. Nos Estados Unidos, especialmente nos negócios, fomos educados para valorizar o individualismo de John Wayne. As pessoas que conscientemente cortejam outras para fazerem parte da vida delas são vistas como bajuladoras, puxa-sacos e aduladoras.

Ao longo dos anos, aprendi que o número ultrajante de percepções errôneas que obscurecem quem ativamente constrói relacionamentos é igualado apenas pelas percepções errôneas de como essa construção é feita do jeito certo. O que vi no campo de golfe — amigos ajudando amigos e famílias ajudando famílias com quem se importavam — nada tinha a ver com manipulação ou *quid pro quo*. Raramente havia um placar de quem fez o que para quem ou estratégias inventadas nas quais você dava apenas para receber.

Com o tempo, passei a enxergar a aproximação com as pessoas como uma forma de fazer a diferença na vida delas, bem como um jeito de explorar, aprender e enriquecer a minha; tornou-se a construção consciente do rumo de minha vida. Assim que vi meus esforços de networking sob essa perspectiva, dei-me a permissão para praticá-los livremente em todas as áreas de minha vida profissional e pessoal. Não considerei esse comportamento frio e impessoal, como considerava o "networking". Em vez disso, estava me *conectando* — compartilhando meu conhecimento e recursos, tempo e energia, amigos e associados, empatia e compaixão em um esforço contínuo para fornecer valor aos outros, ao mesmo tempo em que aumentava o meu. Como o negócio em si, ser um conector não é gerenciar transações, mas sim relacionamentos.

Quem instintivamente estabelece uma forte network de relacionamentos sempre cria grandes empreendimentos. Se reduzirmos o negócio ao básico, ainda se trata de pessoas vendendo coisas para outras. Essa ideia pode se perder no grande tumulto que o mundo dos negócios sempre gera em torno de tudo, desde marcas e tecnologia até considerações de design e preço, na busca interminável pela vantagem competitiva derradeira. Mas pergunte a CEOs, empreendedores ou profissionais talentosos como alcançaram o sucesso e garanto que ouvirá muito pouco jargão comercial. Ouvirá mais sobre as pessoas que ajudaram a pavimentar seu caminho, se forem honestos e não estiverem muito focados no próprio sucesso.

Após décadas aplicando com sucesso o poder dos relacionamentos em minha própria vida e carreira, passei a acreditar que a conexão é um dos conjuntos de habilidades de negócios e — de vida — mais importantes que se aprenderá. Por quê? Porque, simples assim, as pessoas fazem negócios com quem conhecem e de que gostam. As carreiras (em todas as áreas imagináveis) funcionam da mesma maneira. Até nosso bem-estar geral e a sensação de felicidade, como mostram inúmeras pesquisas, são ditados em grande parte pelo apoio, pela orientação e pelo amor que recebemos da comunidade que construímos para nós mesmos.

Levei um tempo para descobrir exatamente como me conectar com outras pessoas. Porém, tinha certeza de que, se quisesse me tornar presidente dos Estados Unidos ou de uma associação de pais e mestres local, havia muitas outras pessoas de cuja ajuda eu precisaria ao longo do caminho.

Autoajuda: um Termo Incorreto

Como transformar um conhecido em um amigo? Como fazer com que outras pessoas se envolvam emocionalmente em seu progresso? Por que existem alguns idiotas sortudos que sempre saem das conferências empresariais com meses de almoços marcados e uma dúzia de novos sócios em potencial, enquanto outros saem só com indigestão? Quais são os lugares que você frequenta para encontrar o tipo de pessoa que mais poderia impactar sua vida?

Desde a infância crescendo em Latrobe, peguei-me absorvendo sabedoria e conselhos de todas as fontes imagináveis — amigos, livros, vizinhos, professores, família. Minha sede de sucesso era quase insaciável. Mas nos negócios, não encontrei nada que se comparasse ao impacto dos mentores. Em cada estágio de minha carreira, procurei as pessoas mais bem-sucedidas ao meu redor e pedi ajuda e orientação.

Aprendi o valor dos mentores pela primeira vez com um advogado local chamado George Love. Ele e o corretor da cidade, Walt Saling, me acolheram. Fiquei fascinado por suas histórias profissionais e sua sabedoria de vida. Minhas ambições foram semeadas no solo fértil das divagações empresariais de George e Walt e, desde então, tenho procurado outras pessoas que possam me ensinar ou me inspirar. Mais tarde na vida, ao conviver com líderes empresariais, donos de lojas, políticos e líderes de todos os tipos, comecei a ter uma noção de como as pessoas mais bem-sucedidas do país se conectam com os outros e como solicitam a ajuda desses terceiros para atingir seus objetivos.

Aprendi que o *verdadeiro* networking era encontrar maneiras de tornar *outras* pessoas mais bem-sucedidas. Tratava-se de trabalhar duro para *dar* mais do que receber. E passei a acreditar que havia uma ladainha de princípios irredutíveis que tornavam essa filosofia generosa possível.

Esses princípios acabariam me ajudando a alcançar coisas que eu não achava que era capaz. Eles me levariam a oportunidades que, de outra forma, seriam ocultas para uma pessoa com minha criação e viriam ao meu auxílio quando eu falhasse, como acontece com todos às vezes. Nunca precisei tanto dessa ajuda quanto durante meu primeiro emprego na Deloitte & Touche Consulting após a faculdade.

Pelos padrões convencionais, eu era um péssimo consultor iniciante. Coloque-me na frente de uma planilha e meus olhos vão se arregalar, que foi o que aconteceu quando me vi no meu primeiro projeto, encolhido em uma sala apertada e sem janelas no meio do subúrbio, arquivos indo do chão ao teto, debruçado sobre um mar de dados com alguns outros consultores novatos. Tentei, de verdade. Mas simplesmente não consegui. Estava convencido de que tanto tédio assim era letal.

Era nítido que estava a caminho de ser demitido ou pedir demissão.

Felizmente, eu já aplicara algumas das regras de networking que ainda estava aprendendo. No meu tempo livre, quando não estava tentando analisar penosamente planilhas cheia de informações, procurei ex-colegas, professores, antigos chefes e qualquer pessoa que pudesse se beneficiar de um relacionamento com a Deloitte. Passei meus fins de semana dando palestras em pequenas conferências pelo país sobre uma variedade de assuntos que aprendi em Harvard, principalmente sob a tutela de Len Schlessinger (a quem devo minha oratória hoje). Tudo isso em uma tentativa de angariar negócios e burburinho para minha nova empresa. Tive mentores da organização inteira, incluindo o CEO, Pat Loconto.

Ainda assim, minha primeira avaliação anual foi devastadora. Recebi notas baixas por não fazer o que me pediram com o gosto e o foco esperado. Porém, meus supervisores, com quem já havia desenvolvido relacionamentos e que conheciam todas as minhas atividades extracurriculares, tiveram outra ideia. Juntos, inventamos uma descrição de cargo que antes não existia na empresa.

Meus mentores me deram um orçamento de US$150 mil para fazer o que eu já fazia: desenvolver negócios, representar a empresa em palestras e alcançar a imprensa e o mundo dos negócios de maneiras que fortaleceriam a presença da Deloitte no mercado. A crença de meus supervisores em mim valeu a pena. Em um ano, o reconhecimento da marca da empresa na linha de negócios em que me concentrei (reengenharia) passou do fundo do poço da consultoria para uma das principais na indústria, atingindo uma taxa de crescimento que a empresa nunca vira (embora, é claro, não tenha sido tudo mérito meu). Tornei-me o diretor de marketing (CMO) da empresa e a pessoa mais jovem já escolhida para ser sócia. E estava me divertindo muito — o trabalho era legal, empolgante, interessante. Tudo o que eu poderia querer em um emprego.

Enquanto minha carreira estava a todo o vapor, de certa forma, tudo parecia um golpe de sorte. Na verdade, por muitos anos, não consegui ver exatamente aonde minha trajetória profissional me levaria: depois da Deloitte, uma colcha de retalhos maluca de ótimos empregos que culminou na fundação de minha própria empresa. Só hoje, olhando pelo retrovisor, é que isso faz muito sentido.

Após a Deloitte, tornei-me o mais jovem CMO na lista *Fortune 500* na Starwood Hotels & Resorts. Então, virei CEO de uma empresa de videogames financiada pelo Knowledge Universe (Michael Milken), e agora, fundador do meu próprio negócio, Ferrazzi Greenlight, um instituto de pesquisa, consultoria e empresa de coaching focado na mudança comportamental nos locais de trabalho das organizações mais prestigiadas do mundo. Ziguezagueei até o topo. Toda vez que pensava em uma mudança ou precisava de um conselho, recorria ao círculo de amigos que criei ao meu redor.

A princípio, tentei desviar a atenção de minhas habilidades com pessoas, por medo de que fossem de algum jeito inferiores a outras capacidades de negócios mais "respeitáveis". Mas, conforme envelheci, todos, desde CEOs e políticos conhecidos até universitários e meus próprios funcionários, vieram até mim pedindo conselhos sobre como fazer as coisas que sempre adorei fazer. A revista *Crain's* me listou como um dos 40 maiores líderes empresariais abaixo de 40 anos, e o Fórum Econômico Mundial me classificou como um

"Líder Global para o Amanhã". A senadora Hillary Clinton pediu para usar minhas habilidades de conexão para arrecadar fundos para sua organização sem fins lucrativos preferida, Save America's Treasures. Amigos e CEOs de empresas da *Fortune 500* perguntaram se eu poderia ajudá-los a oferecer jantares mais íntimos para seus principais clientes e prospectos em regiões-chave do país. Alunos de MBA me enviaram e-mails ansiosos para aprender as habilidades pessoais que as escolas de negócios não ensinavam. E isso se transformou em cursos formais de treinamento agora ministrados nos programas de MBA mais prestigiosos dos EUA.

As habilidades básicas "mais *soft*" que usei para atingir o sucesso, entendi, eram algo que outros poderiam se beneficiar ao aprender.

É claro que criar uma rede de relacionamentos não é a única coisa que você precisa fazer para ter sucesso. Porém, construir uma carreira e uma vida com a ajuda e o apoio de amigos, familiares e associados tem algumas virtudes incríveis:

1. Nunca é chato. Consome tempo, às vezes. É exigente, talvez. Mas maçante, nunca. Você sempre aprende sobre si, outras pessoas, negócios e o mundo, e isso é ótimo.
2. Uma carreira voltada para relacionamentos é boa para as empresas em que você trabalha, porque todos se beneficiam com seu crescimento — é o valor que você agrega que faz as pessoas quererem se conectar contigo. Você se sente satisfeito quando seus colegas e sua organização compartilham de seu progresso.
3. A conexão — com o apoio, a flexibilidade e as oportunidades de autodesenvolvimento que a acompanham — faz muito sentido em nosso novo mundo corporativo. A fidelidade e a segurança outrora oferecidas pelas organizações podem ser proporcionadas pelas nossas próprias networks. O emprego vitalício nas empresas já era; agora somos todos agentes livres, gerenciando nossas próprias carreiras

em vários empregos e empresas. E como a principal moeda de hoje é a informação, uma network de amplo alcance é um dos meios mais seguros de nos tornarmos e permanecermos líderes de pensamento em nossas respectivas áreas.

Hoje, tenho mais de 10 mil pessoas nos contatos do meu celular que atendem quando ligo. Estão lá para oferecer conhecimento, emprego, ajuda, incentivo, apoio e, sim, até cuidado e amor. As pessoas mais bem-sucedidas que conheço não são, como grupo, especialmente talentosas, instruídas ou charmosas. Porém, todas têm um círculo de pessoas confiáveis, talentosas e inspiradoras a quem recorrer.

Isso tudo dá trabalho. Envolve muito suor, assim como aconteceu comigo na época de assistente de golfe. Isso significa que você tem que pensar bastante não só em si, mas também nos outros. Uma vez que esteja comprometido a estender a mão para eles e pedir ajuda para ser o melhor em tudo o que faz, perceberá, como eu, que jeito poderoso de atingir seus objetivos isso pode ser. Igualmente importante, você levará a uma vida muito mais plena e rica, cercada por uma network crescente e vibrante com pessoas de quem gosta e que cuidam de você.

Este livro descreve os segredos por trás do sucesso de tantas pessoas realizadas; são segredos raramente reconhecidos por faculdades de administração, consultores de carreira ou terapeutas. Ao incorporar as ideias aqui discutidas, você também poderá se tornar o centro de um círculo de relacionamentos, que o ajudará a ter sucesso ao longo da vida. Claro, sou um pouco extremista nos meus esforços para me conectar com os outros. Faço as coisas que ensinarei com um certo grau de, digamos, exuberância. Mas só de ir até o próximo e reconhecer que ninguém faz tudo sozinho, acredito que você verá resultados surpreendentes depressa.

Todo mundo tem a capacidade de ser um conector. Afinal, se um garoto do interior da Pensilvânia pode entrar no "clube", você também pode.

Te vejo lá.

CAPÍTULO 2

Não Conte os Pontos

Não existe isso de *"self-made man"*. Somos feitos de milhares de outros. Todo mundo que já fez uma boa ação por nós ou nos disse uma palavra de encorajamento entrou na composição do nosso caráter e dos nossos pensamentos, assim como em nosso sucesso.
— George Burton Adams

Quando dou palestras para universitários e pós-graduandos, sempre me perguntam: quais os segredos para o sucesso? Quais as regras tácitas para se tornar grande? De preferência, gostariam que minha resposta fosse embrulhada para presente com um lacinho bem-feito. E por que não? Eu queria o mesmo na idade deles.

"Então querem informações privilegiadas", respondo. "Justo. Resumirei a chave para o sucesso em uma palavra: generosidade."

Faço uma pausa em seguida, observando os rostos na multidão enquanto eles me encaram, indagativos. Metade do grupo acha que contarei uma piada; a outra metade acha que teria sido melhor tomar uma cerveja do que assistir à palestra.

Continuo explicando que, quando eu era jovem, meu pai, um metalúrgico da Pensilvânia, queria que eu tivesse mais do que ele teve. E expressou esse desejo a um homem que até aquele momento não conhecia, o CEO da empresa em que ele trabalhava, Alex McKenna.

O Sr. McKenna gostou da coragem de meu pai e me ajudou a conseguir uma bolsa de estudos para uma das melhores escolas particulares do país, onde ele era membro do conselho diretor.

Mais tarde, Elsie Hillman, presidente do Partido Republicano da Pensilvânia, que acabei conhecendo após ela ler no *New York Times* sobre minha candidatura malsucedida para o conselho da cidade de New Haven durante meu segundo ano em Yale, emprestou-me dinheiro e conselhos e me incentivou a frequentar uma escola de negócios.

Quando eu tinha a idade de vocês, digo aos alunos, tive uma das melhores oportunidades educacionais do mundo, quase que exclusivamente por causa da generosidade de terceiros.

"Mas", continuo, "aqui vai a parte difícil: você tem que estar mais do que disposto a aceitar generosidade. Muitas vezes, tem que ir atrás e pedi-la."

É quando recebo aquele olhar de identificação instantânea. Quase todos na sala tiveram que ir atrás de ajuda para conseguir uma entrevista de emprego, um estágio ou um conselho gratuito. E a maioria tem relutado em pedir. No entanto, até que você se torne tão disposto a pedir ajuda quanto a fornecê-la, está resolvendo apenas metade da equação.

É isso que quero dizer com se conectar. É um processo constante de dar e receber — de pedir e oferecer ajuda. Ao colocar as pessoas em contato umas com as outras, dando seu tempo e conhecimento, compartilhando-os livremente, todo mundo sai ganhando.

Essa visão com um quê de karma sobre como as coisas funcionam pode parecer ingênua para aqueles que se tornaram cínicos em relação ao mundo dos negócios. Porém, enquanto o poder da generosidade ainda não é totalmente apreciado (ou aplicado) no mundo corporativo norte-americano, seu valor no universo das networks, ele é comprovado.

Gosto de dar conselhos e consultoria sobre carreira. É quase um passatempo. Já fiz isso com centenas de jovens e fico muito satisfeito em saber deles mais tarde, conforme suas carreiras progridem. Há momentos em que posso fazer uma grande diferença na vida de um jovem. Posso abrir uma porta, fazer uma ligação ou arranjar um estágio — um desses atos simples que alteram os destinos. Entretanto, com muita frequência, a oferta é recusada.

A pessoa dirá: "Desculpe, mas não posso aceitar o favor porque não tenho certeza se algum dia conseguirei retribuir" ou "Prefiro não ter dívidas com ninguém, então vou ter que passar". Às vezes insistem ali mesmo para retribuir o favor de alguma forma. Para mim, nada é tão enfurecedor quanto encontrar tamanha cegueira sobre como as coisas funcionam. Tampouco é, como se poderia supor, uma questão geracional. Recebi reações semelhantes de pessoas de todas as idades e em todas as fases da vida.

Uma network funciona justamente porque há o reconhecimento da necessidade mútua. Existe um entendimento implícito de que investir tempo e energia na construção de relacionamentos com as pessoas certas renderá dividendos. A maioria dos "um por cento" está nesse estrato superior porque entende essa dinâmica — porque, na verdade, eles próprios usaram o poder de sua rede de contatos e amigos para chegar à posição atual.

Para isso, primeiro você precisa parar de contar os pontos. Você não pode acumular uma rede de conexões sem apresentar essas conexões a outras pessoas com igual fervor. Quanto mais gente você ajudar, mais ajuda terá para si e para ajudar os outros. É o mesmo fenômeno que impulsiona o sucesso das principais redes sociais. Quanto mais pessoas tiverem acesso e a utilizarem, mais valiosa ela se tornará. Agora tenho um pequeno exército de ex-aprendizes tendo sucesso em várias indústrias, ajudando-me a orientar os jovens que vêm até mim hoje.

Isso não é bobajada de gente com coração mole; é um *insight* que os empresários cabeça-dura deveriam levar a sério. A vantagem competitiva na era industrial foi conquistada pela constante reengenharia de processos e sistemas. Hoje, isso acontece ao melhorar relacionamentos.

A informação, ao contrário dos recursos materiais, é fluida: pode aparecer (ser descoberta ou comunicada) ou desaparecer (tornar-se obsoleta) a qualquer momento. Ter as melhores informações quando necessário requer excelência em colaboração, cocriação, comunicação — a engenharia de relacionamentos e as networks por onde o trabalho é feito.

Vivemos em um mundo interdependente. Organizações planas buscam alianças estratégicas a todo momento. Aqueles que compõem um grupo cada vez maior de agentes livres estão descobrindo que precisam trabalhar com outras pessoas para atingir seus objetivos. Mais do que nunca, os cenários de soma zero em que só uma das partes ganha costumam significar, em longo prazo, que ambas perderão. O ganha-ganha virou uma realidade necessária em um mundo de networks. Em um mercado hiperconectado, a cooperação adquire terreno sobre a competição.

O jogo mudou.

Em 1956, o livro best-seller de William Whyte, *O homem organizacional*, delineou o arquétipo do trabalhador norte-americano: vestimos nosso terno cinza para uma grande corporação, oferecendo nossa lealdade em troca de segurança no emprego. Era uma servidão contratada glorificada, com poucas opções e oportunidades. Hoje, no entanto, os empregadores oferecem pouca lealdade, e os funcionários, nenhuma. Nossas carreiras não são caminhos, são paisagens a serem navegadas. Somos agentes livres, empreendedores e intraempreendedores — cada um com sua marca única.

Muitas pessoas se adaptaram a esses novos tempos com a crença de que ainda é um mundo "cada um por si", onde o mais esperto vence. Mas nada poderia estar mais distante da verdade.

Antigamente, os funcionários encontravam generosidade e lealdade nas empresas que os contratavam; hoje devem achá-las nos próprios relacionamentos. Não a lealdade e a generosidade cegas que antes oferecíamos a uma corporação. É um tipo mais pessoal, dada aos seus colegas, sua equipe, seus amigos, seus clientes.

Precisamos uns dos outros mais do que nunca. E isso não é sentimentalismo, é ciência.

Nos últimos dez anos, neurocientistas, psicólogos e economistas deram saltos quânticos na compreensão do motivo de alguns de nós conquistarem uma vida feliz e saudável, e outros não. O que ficou claro é que não estamos apenas *conectados* uns aos outros. Somos o próprio resultado das pessoas e das redes às quais estamos ligados. Quem você conhece determina quem você é — como se sente, como age e o que conquista.

Como a revista *Wired* publicou em uma matéria de capa de 2010: "O segredo para a saúde e a felicidade? Amigos saudáveis e felizes... Meio século de dados médicos [revelaram] o poder infeccioso das networks sociais."

Infelizmente, muita gente fecha os olhos para isso e tenta agir como se ainda estivesse em 1950. Temos a tendência de romantizar a independência e ver a autonomia como uma virtude. De acordo com minha experiência, tal visão é um assassino de carreiras. A autonomia é um colete salva-vidas feito de areia. Pessoas independentes que não têm habilidades para pensar e agir de forma mútua ainda podem ser bons produtores individuais, mas não serão vistos como bons líderes ou membros de uma equipe. Suas carreiras começarão a bambear e estagnar em pouco tempo.

Deixe-me dar um exemplo. Quando eu era parte da Deloitte, estava trabalhando em um projeto para a maior *HMO* ("Organização de Manutenção de Saúde", uma espécie de convênio que fornece serviços por uma anuidade) do país, a Kaiser Permanente, que me obrigava a viajar entre as duas sedes, em San Francisco e Los Angeles, e voltar para minha casa em Chicago aos fins de semana.

Desde o início, ficou claro para mim que eu esperava usar o mundo da consultoria como uma porta de entrada para alguma outra área. Desde que cheguei a Los Angeles, perguntava-me como poderia começar a abrir caminho até a indústria do entretenimento. Não almejava nada em particular; só sabia que estava interessado na indústria e, quando chegasse o dia de seguir em frente, queria entrar em Hollywood sem ser o entregador de algum agente.

Ray Gallo, meu melhor amigo dos tempos de graduação, era advogado em Los Angeles, então liguei para ele atrás de conselhos.

"Ei, Ray! Quem você conhece no mundo do entretenimento com quem posso conversar para conseguir algumas dicas de como entrar no ramo? Sabe de alguém que estaria disponível para um breve almoço?"

"Tem um cara chamado David que conheço por amigos em comum que também estudou na HBS. Ligue para ele."

Ele era um empresário esperto que fazia alguns empreendimentos criativos em Hollywood. Em especial, era próximo de uma executiva sênior de um dos estúdios com quem também havia estudado. Esperava ter a chance de conhecer os dois.

David e eu nos encontramos para um café em Santa Monica, em uma cafeteria ao ar livre. Ele vestia o estilo casual e elegante de Los Angeles. Eu usava terno e gravata, condizente com o consultor entediante do meio-oeste que era na época.

Depois de muita conversa, perguntei: "Estou pensando em entrar na indústria do entretenimento em algum momento. Você conhece alguém que acha que poderia me dar conselhos úteis?" Eu era um grande amigo de um amigo próximo dele. Parecia um pedido moderado, dadas as circunstâncias de nosso encontro.

"Conheço alguém sim", ele me respondeu. "Uma executiva sênior da Paramount."

"Ótimo, adoraria conhecê-la", falei, animado. "Existe alguma chance de arranjar uma conversa rápida? Talvez você possa mandar um e-mail?"

"Não posso", ele disse sem rodeios. Fiquei chocado, e minha expressão mostrou isso. "Keith, é o seguinte. É provável que em algum momento eu precise de algo dela ou queira pedir um favor pessoal. E simplesmente não estou interessado em usar a equidade que tenho com ela com você ou com qualquer outro. Preciso guardar isso para uso próprio. Sinto muito. Espero que entenda."

Mas não entendi. Ainda não entendo. Sua declaração ia contra tudo o que eu conhecia. Ele pensava nos relacionamentos como finitos, como uma torta que só pode ser cortada em um determinado número de fatias. Tire um pedaço e haveria menos para ele. Eu sabia, porém, que os relacionamentos são mais como músculos — quanto mais você os exercita, mais fortes se tornam.

Se vou usar meu tempo para me encontrar com alguém, tentarei tornar essa pessoa bem-sucedida. Mas David contava os pontos. Via cada encontro social como retornos decrescentes. Para ele, havia um limite de boa vontade disponível em um relacionamento e um limite de garantias e equidade para usar.

O que ele não entendia era que o exercício da equidade é o que a constrói. Esse foi o grande "tcharam" que David pareceu nunca ter aprendido.

Jack Pidgeon, ex-diretor da Kiski School no sudoeste da Pensilvânia, onde estudei no ensino médio, ensinou-me essa lição. Construiu uma instituição inteira perguntando às pessoas não "Como você pode *me* ajudar?", mas sim "Como posso ajudá-*lo*?"

Uma das muitas vezes em que Jack veio ao meu auxílio foi quando eu estava no segundo ano da faculdade. Fui convocado para trabalhar durante o verão para uma mulher concorrendo ao Congresso contra um jovem Kennedy. Concorrer contra um Kennedy em Boston, e para o lugar antes ocupado por Jack Kennedy, foi para muitas pessoas uma causa perdida. Mas eu era jovem, ingênuo e pronto para a batalha.

Infelizmente, mal tivemos tempo de vestir nossa armadura antes de sermos forçados a agitar a bandeira branca em rendição. Com um mês de campanha, ficamos sem orçamento. Oito outros universitários e eu fomos literalmente expulsos do nosso quarto de hotel, que também servia como quartel-general da campanha, no meio da noite, por um gerente-geral que não era pago havia muito tempo.

Decidimos colocar nossas mochilas em uma van alugada e, sem saber mais o que fazer, fomos para Washington, D.C. Esperávamos, inocentemente, poder participar de outra campanha. Cara, como éramos inexperientes.

No meio da noite, em alguma parada desconhecida no caminho para Washington, liguei para o Sr. Pidgeon de um orelhão. Quando contei sobre nossa situação, ele riu. Em seguida, pôs-se a fazer o que fez para várias gerações de antigos alunos da Kiski. Abriu seu Rolodex e começou a fazer ligações.

Uma dessas pessoas para quem ligou foi Jim Moore, um ex--aluno da Kiski que foi secretário-adjunto de Comércio no governo Reagan. Quando nossa caravana de almas perdidas chegou em D.C., todos tínhamos lugares para ficar e estávamos a caminho de conseguir empregos de verão. Tenho certeza de que o Sr. Pidgeon fez algumas ligações semelhantes para Jim na época dele.

O Sr. Pidgeon entendia o valor de apresentar as pessoas umas às outras, garoto da Kiski para garoto da Kiski. Sabia não só do impacto que isso teria em nossa vida, mas também da lealdade que tal ato geraria: acabaria rendendo recompensas para o pequeno estabelecimento de cinco prédios quase falido no sudoeste da Pensilvânia que tentava fundar.

E assim aconteceu. Jim e eu agora fazemos parte do conselho de administração da nossa *alma mater*. E se você tivesse visto a escola quando Jack assumiu a direção, mal a reconheceria hoje em dia com suas pistas de esqui, campo de golfe, centro de belas artes e o tipo de tecnologia moderna que a deixa parecida com um MIT do meio-oeste.

O que quero dizer é: as relações são solidificadas pela confiança. Instituições são construídas em cima dela. Você conquista confiança perguntando não o que as pessoas podem fazer por você, mas, parafraseando um Kennedy, o que você pode fazer pelos outros.

Em outras palavras, a moeda de troca do verdadeiro networking não é a ganância, mas a generosidade.

Quando olho para trás e vejo todos que me ensinaram valiosas lições sobre como criar relacionamentos duradouros — meu pai,

Elsie, meus pupilos e os universitários com quem converso, Ray, o Sr. Pidgeon, as pessoas com quem trabalhei —, tenho vários *insights* e observações essenciais:

1. Ciclos econômicos vêm e vão; seus amigos e associados de confiança permanecem. Pode chegar o dia em que você entrará no escritório de seu chefe em uma tarde qualquer e ouvirá: "Lamento ter que dizer isso, mas..." É um dia difícil garantido. No entanto, será muito mais fácil lidar com essa experiência se puder fazer algumas ligações e entrar no escritório de alguém logo em seguida para ouvir: "Estou esperando por esse dia há muito tempo. Parabéns..."

    Estabilidade? Experiência não o salvará em tempos difíceis, nem trabalho duro ou talento. Se você precisa de um emprego, dinheiro, conselho, ajuda, esperança ou um meio de fazer uma venda, há apenas um lugar infalível e seguro para encontrar tudo isso — dentro de seu círculo de amigos e associados.

2. Não há necessidade de se perguntar se é a vez deles ou a sua de pagar o almoço. Não há sentido em manter o controle de favores feitos e recebidos. Quem se importa?

    Você ficaria surpreso se eu dissesse que David "Hollywood" não está mais se dando tão bem? Ele acumulou a equidade dos relacionamentos que tinha até finalmente olhar em volta e descobrir que não havia mais nada para acumular. Dez anos depois de conhecê-lo naquele café em Santa Monica, não tenho notícias dele. Na verdade, ninguém que conheço ouviu falar dele. Como muitas indústrias, a do entretenimento é um mundo pequeno.

    Conclusão: é melhor dar antes de receber. E nunca contabilize os pontos. Se suas interações forem lideradas pela generosidade, suas recompensas seguirão o mesmo rumo.

3. O mundo dos negócios é um cenário fluido e competitivo; o assistente de ontem é o "traficante" de influência de hoje. Muitos dos rapazes e moças que costumavam atender o telefone para mim agora atendem quando ligo para eles, agradecidos. Lembre-se de que é mais fácil progredir no mundo quando aqueles abaixo de você ficam felizes em ajudá-lo a progredir, em vez de esperarem sua queda.

   Hoje em dia, cada um de nós é uma marca. Foi-se o tempo em que seu valor como funcionário se limitava à sua lealdade e ao tempo de empresa. Os negócios usam a marca para desenvolver relacionamentos fortes e duradouros com os clientes. Na economia fluida atual, *você* deve fazer o mesmo com *sua* network.

   Eu diria que seus relacionamentos com os outros são a melhor e mais confiável manifestação de quem você é e do que tem a oferecer. Nada se compara.

4. Contribua. É como fertilizante para networks. Dedique seu tempo, dinheiro e conhecimento à sua crescente comunidade de amigos.

5. Ao pensar no que Jack Pidgeon fez por mim e por inúmeras outras pessoas, e o legado que deixará por causa disso, fiquei mais convencido do que nunca de que compartilhar o que aprendi com ele sobre como se conectar com os outros é a melhor maneira de retribuir ao meu ex-diretor. Mais uma vez, obrigado, Sr. Pidgeon.

CAPÍTULO 3

Qual É a Sua Missão?

"Poderia me dizer, por favor, para qual lado devo seguir?"
"Isso depende muito de para onde você quer ir", disse o Gato.
"Não me importo muito para onde..." disse Alice.
"Então não importa o caminho que você escolha", disse o Gato.
— *Alice no País das Maravilhas*, de Lewis Carroll

Você quer se tornar um CEO ou um senador? Ascender ao topo de sua área ou ao conselho escolar de seu filho? Ganhar mais dinheiro ou mais amigos?

Quanto mais específico você for sobre sua meta, mais fácil será desenvolver uma estratégia para alcançá-la. Parte dessa estratégia, claro, é estabelecer relacionamentos com as pessoas em seu universo que podem ajudá-lo a chegar lá.

Todas as pessoas bem-sucedidas que conheci compartilhavam, em graus variados, um zelo pelo estabelecimento de metas. Atletas de sucesso, CEOs, líderes carismáticos, ótimos vendedores e gerentes talentosos sabem o que querem da vida e vão atrás disso.

Como meu pai costumava dizer: o sucesso não cai do céu.

Meu próprio foco no estabelecimento de metas começou cedo. Como estudante em Yale, achei que queria me tornar um político, um futuro governador da Pensilvânia. (Eu realmente era bastante específico e ingênuo.) Mas aprendi que, quanto mais concreto meu objetivo, mais poderia fazer para chegar nele. Durante meu segundo ano, tornei-me presidente da união política da Yale, onde muitos ex-alunos pegaram experiência antes de seguir carreira na política.

Quando tive interesse em ingressar em uma fraternidade, não entrei na primeira que apareceu. Pesquisei qual delas tinha mais políticos ativos como ex-membros. A *Sigma Chi* tinha uma rica tradição e uma lista de ex-membros que se tornaram líderes impressionantes. Mas ela não estava oficializada em Yale na época. Então, fundamos uma filial.

Por fim, concorri para a câmara municipal de New Haven. Perdi, mas no processo conheci todo o mundo, desde William F. Buckley e Dick Thornburg, o governador da Pensilvânia, até o presidente da Yale, Bart Giamatti. Visitei Bart regularmente até sua morte; ele era um oráculo virtual de conselhos e contatos para mim. Mesmo naquela época, percebi como algo tão simples quanto uma meta claramente definida me distinguia de todos aqueles que só iam para a faculdade e esperavam que as coisas acontecessem. Mais tarde, eu aplicaria esse conhecimento com ainda mais vigor.

Na Deloitte & Touche, por exemplo, foi uma das formas de me diferenciar dos demais consultores pós-graduados. Sabia que precisava de um objetivo, uma direção na qual pudesse focar minhas energias. Um artigo de Michael Hammer que li na escola de negócios me deu esse foco. Coautor de *Reengenharia revolucionando a empresa*, as ideias de Hammer conquistavam o mundo dos negócios, quase criando um novo segmento de serviços de consultoria.

Ali estava uma chance de me tornar expert em um corpo de conhecimento e pesquisa relativamente novos que ganhavam demanda depressa. Li todos os estudos de caso e participei de todas as conferências ou palestras que pude. Onde quer que Michael Hammer estivesse, eu ia atrás. Com o tempo, felizmente, ele me viu menos como um perseguidor e mais como pupilo e amigo. Minha conexão com Michael Hammer e meu crescente conhecimento na área ajudaram a intermediar um relacionamento muito mais forte entre minha empresa e um dos pensadores mais influentes e respeitados do mundo dos negócios. Publicidade e lucros chegaram na Deloitte, que se tornou uma empresa na vanguarda do movimento de reengenharia. E com esse sucesso, minha carreira, que antes vagava por terreno instável, começou a decolar.

Inúmeros livros foram escritos sobre o estabelecimento de metas nas últimas décadas. Sim, é realmente *tão* importante assim. Ao longo dos anos, refinei meu próprio processo em três etapas. Mas a chave é torná-lo um hábito. Se fizer isso, o estabelecimento de metas se tornará parte da sua vida. Se não o fizer, ele definha e morre.

Etapa Um: Encontre Sua Paixão

A melhor definição de "meta" que já ouvi veio de uma vendedora extraordinariamente bem-sucedida que conheci durante uma conferência e que me disse: "Uma meta é um sonho com um prazo." Essa definição maravilhosa mostra um ponto muito importante. Antes de começar a escrever seus objetivos, é melhor saber qual é seu sonho. Caso contrário, pode se encontrar indo para um destino ao qual nunca quis chegar.

Estudos indicam que mais de 50% dos norte-americanos estão infelizes com seus empregos. Muitas dessas pessoas estão se saindo bem, mas em algo de que não gostam. Não é difícil entender como nos colocamos em tal. As pessoas ficam sobrecarregadas com as decisões que precisam tomar sobre seus empregos, suas famílias, seus negócios e seu futuro. Parece que existem opções demais. Acabamos mudando nosso foco para talentos que não temos e carreiras que não têm a ver conosco. Muitos de nós simplesmente aceitam o que vier pela frente, sem nunca levantar alguns questionamentos muito importantes.

Você já se sentou e pensou seriamente sobre o que ama de verdade? Naquilo em que é bom? O que deseja realizar na vida? Quais são os obstáculos que estão o impedindo? A maioria das pessoas não. Elas aceitam o que "deveriam" fazer, em vez de dedicar um tempo para descobrir o que *querem* fazer.

Todos temos nossos próprios amores, inseguranças, pontos fortes e fracos e capacidades únicas. Precisamos levar isso em conta para descobrir onde nossos talentos e desejos se cruzam. Essa interseção é o que chamo de "chama azul" — onde a paixão e a habilidade se unem. Quando essa chama é acesa dentro de uma pessoa, é uma força poderosa que a levará aonde ela quiser.

Penso na chama azul como a convergência da missão e da paixão baseada em uma autoavaliação realista de suas habilidades. Ela ajuda a determinar o propósito de sua vida, desde cuidar dos mais velhos até se tornar mãe, de ser um engenheiro de ponta a se tornar um escritor ou músico. Acredito que cada um tem uma missão distinta dentro de si, com a capacidade de inspirar.

Joseph Campbell, que cunhou a frase "siga a sua alegria" no início de 1900, era um pós-graduando na Universidade de Columbia. Sua chama azul, decidiu, foi o estudo da mitologia grega. Quando lhe disseram que não havia tal curso, elaborou seu próprio plano.

Após a formatura, mudou-se para uma cabana em Woodstock, Nova York, onde não fez nada além de ler das 9h às 18h ou 19h durante cinco anos. Não há exatamente um plano de carreira para os amantes da mitologia grega. Campbell emergiu da floresta como um homem com muito, muito conhecimento, mas ainda não tinha ideia do que fazer com a própria vida. Persistiu em seguir seu amor pela mitologia de qualquer maneira.

As pessoas que o conheceram naquela época ficavam maravilhadas com sua sabedoria e paixão. Por fim, foi convidado para palestrar na Sarah Lawrence College. Uma palestra levou a outra, até que, finalmente, quando Campbell se deu conta, 28 anos depois, era um famoso autor e professor de mitologia, fazendo o que amava na mesma faculdade que lhe dera sua primeira oportunidade. "Se seguir a sua alegria, entrará em uma trilha que esteve lá o tempo todo, esperando por você, e a vida que deveria viver é a que você está de fato vivendo."

Afinal, como você descobre a sua alegria?

Campbell acreditava que, dentro de cada pessoa, existe um conhecimento intuitivo do que ela mais deseja na vida. Nós só precisamos procurar.

Bem, concordo com o Dr. Campbell. Estou convencido de que todas as boas decisões vêm de boas informações. Decidir sobre sua paixão, sua alegria, sua chama azul não é diferente. Há dois aspectos para obter boas informações. Uma parte vem de dentro de você, e a outra vem daqueles que estão ao seu redor.

1. Olhe para dentro

Existem muitos jeitos de realizar uma autoavaliação de seus objetivos e sonhos. Alguns oram ou rezam. Outros meditam ou leem. Alguns se exercitam. Outros procuram longos períodos de solitude.

O importante na hora de fazer uma revisão interna é fazê-la sem os constrangimentos, as dúvidas, os medos e as expectativas do que você "deveria" fazer. Precisa ser capaz de deixar de lado os obstáculos do tempo, dinheiro e obrigações.

Quando estou em um bom estado de espírito, começo a criar uma lista de sonhos e metas. Alguns itens são mirabolantes; outros, muito pragmáticos. Não tento censurar ou editar a natureza da lista — anoto tudo e qualquer coisa. Ao lado dessa primeira lista, faço uma segunda coluna com todas as coisas que me trazem alegria e prazer: conquistas, pessoas e coisas que me emocionam. As pistas podem ser encontradas em seus passatempos e nas revistas, filmes e livros de que gosta. Quais são as atividades que mais te entusiasmam, aquelas que o levam a nem perceber o passar das horas?

Quando termino, começo a conectar essas duas listas, procurando interseções, o senso de direção ou propósito. É um exercício simples, mas os resultados podem ser profundos.

2. Olhe para fora

Em seguida, pergunte às pessoas que te conhecem melhor quais seus maiores pontos fortes e fracos na opinião delas. Pergunte o que admiram em você e em quais áreas pode precisar de ajuda.

Em pouco tempo, descobrirá que as informações que obtém da sua própria revisão e as informações que recebe de outras pessoas o levarão a algumas conclusões bastante concretas sobre qual deve ser sua missão ou trilha.

Alguns dos CEOs e empreendedores mais resilientes do mundo dos negócios acreditam muito nessa ideia da chama azul — embora provavelmente não a chamem assim.

James Champy, célebre consultor e coautor de *Reengenharia revolucionando a empresa*, afirma que o sucesso tem a ver, antes de qualquer outra coisa, com nossos sonhos. Em seu livro *The Arc of Ambition* [O Arco da Ambição, em tradução livre], Champy descobriu que as habilidades de líderes bem-sucedidos como Ted Turner, Michael Dell e Jack Welch são menos importantes do que o fato de que cada um tem uma missão claramente definida que o motiva em todos seus passos. Quando Champy perguntou a Michael Dell onde ele havia encontrado a ambição para construir os computadores Dell, o CEO começou a falar sobre ciclos de negócios e tecnologia. Então, parou.

"Sabe de onde acho que o sonho realmente veio?", perguntou. Ele descreveu como era dirigir para a escola pelos subúrbios de Houston e olhar para os prédios de escritórios com seus grandes mastros de bandeiras. Dell queria um também. Queria aquele tipo de presença. Para ele, era um símbolo de sucesso e o levou a pensar em abrir sua própria empresa antes de poder pedir bebidas legalmente. Hoje, ele tem três mastros.

As ambições humanas são como carpas japonesas; crescem proporcionalmente ao tamanho do ambiente em que estão. Nossas conquistas crescem de acordo com o tamanho de nossos sonhos e com o quanto estamos em sintonia com nossa missão.

Estabelecer metas, atualizá-las e monitorar o progresso para alcançá-las é menos importante, acredito, do que o processo de decidir emocionalmente o que você quer fazer.

Isso significa que um grande sonhador poderia ter administrado a GE tão bem quanto Neutron Jack? É claro que não. Transformar um sonho em realidade exige muito trabalho e disciplina.

"Welch pode se ressentir do fato de eu dizer: 'Jack, você é um sonhador'", diz Champy. "Mas a verdade é que ele é um sonhador disciplinado. Ele tem a habilidade e a sensibilidade que lhe permitem entrar em várias indústrias e ver onde as oportunidades estão."

Sonhadores disciplinados têm uma coisa em comum: uma missão. Ela costuma ser arriscada, não convencional e, provavelmente, difícil pra caramba de se alcançar. Mas *é* possível. O tipo de disciplina que transforma um sonho em missão, e ela em realidade, na verdade se resume a um processo de estabelecimento de metas.

Etapa Dois: Colocando as Metas no Papel

Transformar uma missão em realidade não "acontece do nada". É algo construído, como qualquer obra de arte ou comércio, a partir do zero. Primeiro, deve ser imaginada. Então, é preciso reunir as habilidades, ferramentas e materiais necessários. Demora. Exige reflexão, determinação, persistência e fé.

A ferramenta que utilizo é o que chamo de Plano de Ação de Relacionamento.

A versão mais simples é dividida em três partes distintas: a primeira é dedicada ao desenvolvimento das metas que o ajudarão a cumprir sua missão. A segunda é dedicada a conectar essas metas às pessoas, lugares e coisas que o ajudarão a concluir o plano. E a terceira parte ajuda a determinar a melhor forma de alcançar quem o ajudará a atingir suas metas. Isso significa escolher um meio para se conectar, mas, mais importante, encontrar um jeito de liderar com generosidade.

É uma planilha básica e direta, mas tem sido extremamente útil para mim, minha equipe de vendas e muitos de meus amigos.

Na primeira parte, listo o que gostaria de alcançar daqui a três anos. Em seguida, trabalho em incrementos de um ano e três meses para desenvolver metas de médio e curto prazo que me ajudarão a realizar minha missão. Em cada período de tempo, crio uma meta A e uma B que contribuirão de forma significativa para onde quero estar daqui a três anos.

Uma amiga próxima, Jamie, dá um bom exemplo de como isso funciona. Jamie estava com dificuldades para encontrar um rumo para sua vida. Conquistou seu doutorado em história em Harvard pensando que se tornaria professora. Mas achava a academia muito sufocante. Deu uma chance aos negócios, mas achou o mundo do comércio pouco gratificante. Então, passou vários meses morando em Manhattan refletindo para onde iria sua vida, até que lhe ocorreu que o que realmente queria fazer era ensinar crianças.

Pedi a Jamie que experimentasse meu Plano de Ação de Relacionamento. Ela estava cética a princípio. "Isso pode ser bom para quem tem MBA, mas não tenho certeza se funciona para gente como eu", insistiu. No entanto, concordou em tentar.

Então, começou a preencher seu plano. A meta dela para dali a três anos era ser professora. Sua meta B dali a três anos era lecionar em um bairro respeitado, localizado em um lugar onde queria morar. Em seguida, preencheu as metas A e B de curto prazo.

Em noventa dias, queria estar bem encaminhada em sua certificação como professora de ensino médio, inscrevendo-se em algum tipo de programa que ajudasse os profissionais na transição para a área da educação. Em um ano, queria lecionar em tempo integral; fez uma lista de algumas das melhores escolas de ensino médio de Manhattan nas quais poderia gostar de trabalhar.

Na segunda parte do plano, dividida em incrementos de tempo semelhantes, precisou nomear várias pessoas para cada meta A e B que achava que poderiam levá-la um passo mais perto de tornar sua meta uma realidade.

Jamie fez sua pesquisa e encontrou o contato para um programa que colocava profissionais no meio da carreira em cargos de ensino. Também descobriu os nomes das pessoas em cada uma das melhores escolas de ensino médio que listara e que seriam responsáveis pela contratação. Finalmente, encontrou o número de uma organização que oferecia cursos de certificação em docência.

Dentro de algumas semanas, Jamie estava encaminhada. Começou a ver a relação simbiótica entre o estabelecimento de metas e o contato com as pessoas que podem nos ajudar a alcançá-las. Quanto mais ela conquistava, mais sua network na área da educação crescia. E quanto maior sua network ficava, mais perto chegava de atingir suas metas para dali a três anos.

Jamie é agora uma professora efetiva de história, lecionando para o ensino médio em uma das melhores escolas do país, em Beverly Hills, Califórnia. E ela adora o emprego.

Por fim, a terceira parte ajuda você a fazer duas coisas: primeiro, avaliar qual das estratégias que mostrarei nos capítulos seguintes será mais efetiva. Com algumas pessoas, será necessário fazer ligações frias (falaremos mais adiante sobre). Em certos casos, poderá se conectar com terceiros por meio de amigos de amigos; há, ainda, quem possa ser mais fácil de conhecer por meio de um jantar ou conferência. Ensinarei a utilizar todos esses métodos e muito mais.

Porém, a parte mais importante da terceira parte é encontrar um jeito de ser generoso com cada um que você procura, um tópico que também abordaremos com detalhes nos próximos capítulos deste livro.

Esse processo pode ser usado por quase qualquer um, seja qual for a carreira. Após completar sua planilha, você terá uma missão e os nomes de indivíduos de carne e osso que podem ajudá-lo a dar o próximo passo para cumpri-la. E haverá uma ou talvez várias maneiras de se conectar com as pessoas.

O objetivo desse exercício é mostrar que existe um *processo*, um sistema, se preferir, envolvido na construção de uma network. Não é mágico; não é algo reservado a um grupo seleto nascido com um dom para ser social. Conectar-se com outras pessoas envolve apenas ter um plano predeterminado e executá-lo, quer você queira ser um professor de história do 9º ano ou abrir seu próprio negócio.

Além disso, você pode aplicar um plano a todos os aspectos de sua vida: expandir sua rede de amigos, aprimorar seus estudos, encontrar um parceiro para a vida e buscar orientação espiritual.

Uma vez com seu plano, coloque-o em um lugar (ou lugares) onde o verá regularmente. Compartilhe suas metas com os outros. Isso é muito poderoso e talvez um dos aspectos mais gratificantes de ter objetivos claros — existem oportunidades ocultas esperando para serem acessadas em todo o mundo, se você simplesmente lhes disser o que almeja.

Faça um plano para si antes de passar para o próximo capítulo. Gosto de manter algumas variações do meu no celular para me lembrar com frequência do que preciso conquistar e com quem preciso entrar em contato. Há alguns anos, plastifiquei uma pequena versão da lista e a guardei na carteira.

Porém, suas metas *devem estar escritas*. Tenha convicção para colocar no papel suas intenções. Um desejo não escrito é apenas um sonho. Por escrito, é um compromisso, uma meta.

Aqui estão outros critérios a serem considerados ao preencher seu Plano de Ação de Relacionamento (PAR):

- Suas metas devem ser específicas. Objetivos vagos e abrangentes são amplos demais para serem alcançados. Devem ser concretos e detalhados. Saiba quais etapas seguirá para atingir sua meta, a data em que ela será alcançada e a métrica que usará para avaliar se teve sucesso ou não. Digo aos meus vendedores que definir uma meta como "Vou ter meu melhor trimestre de todos os tempos" não é suficiente. Eles ganharão US$100 mil ou US$500 mil?

- Suas metas devem ser críveis. Se você não *acredita* que pode alcançá-las, não o fará. Se sua meta é aumentar a receita de seu negócio para US$5 milhões em um ano e você teve uma receita de apenas US$1 milhão no ano anterior, está rumando para o fracasso. Em vez disso, defina sua meta em US$1,5 milhão para o ano — e supere-a de jeito.
- Suas metas devem ser desafiadoras e exigentes. Saia da zona de conforto; estabeleça metas que exijam risco e incerteza. E quando você as atingir, defina outras. Um dos melhores vendedores de que me lembro é um conhecido de meu pai chamado Lyle, que vendia livros de porta em porta. Ele estabelecia metas de vendas anuais para si, anotava-as e as colocava onde pudesse: na carteira, na geladeira, na escrivaninha. Naturalmente, alcançava sua meta meses antes do previsto. Então, simplesmente escolhia outra. Nunca se dava por satisfeito. O que importa é o estabelecimento de metas, Lyle diria, e não sua conquista. Ele talvez tenha sido o único vendedor de livros de porta em porta na Pensilvânia — ou em qualquer outro lugar, aliás — que morreu rico.

Em seguida, *aja*! É chamado de Plano de *Ação* de Relacionamento por um motivo. Para se preparar para uma maratona, deve-se sair e correr diariamente. Com um plano em vigor, cabe a você começar a ir atrás dele. Todos os dias!

Etapa Três: Crie um "Conselho Consultivo" Pessoal

Metas, como tudo o mais sobre o que escrevo neste livro, não são alcançadas sozinhas. Com um plano estabelecido, você precisará de reforço para manter o foco. Como em qualquer negócio, até mesmo os planos mais bem concebidos se beneficiam da avaliação externa.

Ajuda ter um conselheiro esclarecido, ou dois ou três, para atuar como apoiadores e supervisores perceptivos, que o responsabilizarão. Chamo esse grupo de meu conselho consultivo pessoal. Pode ser constituído por familiares, talvez alguém que tenha sido seu mentor, ou até mesmo um ou dois velhos amigos.

Meu conselho veio ao meu auxílio em um momento crítico de minha carreira depois que deixei a Starwood Hotels and Resorts, a empresa proprietária de marcas como o W Hotel e o Westin. Eu estava à deriva. Pela primeira vez na vida, não conseguia um cargo ou um emprego. Tive que reavaliar minha missão.

Tinha saído da Deloitte para a Starwood para aceitar uma oferta irresistível: ser o mais jovem CMO de uma empresa na lista da *Fortune 500* (uma meta que havia estabelecido para mim três anos antes) e reinventar como uma indústria encarava o marketing.

Mas meu novo trabalho não foi exatamente como planejado.

Juergen Bartels, o presidente da Starwood que me recrutou, prometeu ser meu mentor e pavimentar meu caminho para que me tornasse um futuro líder da empresa. Minhas metas para o negócio eram grandes e exigiam que se mudasse a forma de pensar de toda a companhia.

Até aquele momento, o marketing na indústria hoteleira era um assunto regional, muitas vezes deixado para os hotéis decidirem individualmente. Porém, o custo desse arranjo era a falta de consistência da marca em toda a empresa. Nosso plano era consolidar nossas funções de marketing alinhadas com uma visão global. Em vez de permitir que cada uma de nossas filiais ao redor do mundo definisse suas próprias estratégias de marketing, eu queria centralizar mais nossas operações de marketing para esclarecer nossa mensagem e criar maior impacto no mercado com uma marca coesa. Afinal, nossos principais clientes — viajantes a negócios — estavam cada vez mais globais e esperavam consistência.

No entanto, pouco depois de minha contratação, Juergen Bartels deixou a empresa. As corporações, como qualquer burocracia, tendem a resistir à mudança, em especial quando não têm o apoio da alta administração. Ficou claro, após um ano no cargo, que com o novo presidente eu não conseguiria obter o tipo de apoio de que precisava para uma reorganização tão radical.

O novo presidente deixou claro que não levaríamos adiante nosso plano de reorganização do departamento de marketing. Os sinais eram direcionados para o plano e para mim pessoalmente. Sem o aval necessário para tomar o tipo de decisão ousada que eu achava que levaria ao sucesso da empresa e a uma posição pessoal mais alta, eu soube que não seria capaz de alcançar minhas metas lá.

Fiquei chocado. Saí do trabalho mais cedo naquele dia específico e corri quilômetro após quilômetro pelas belas trilhas do Central Park, em Nova York. O exercício sempre foi um refúgio onde consigo pensar melhor. Mas cerca de 16 quilômetros depois, ainda estava atordoado.

Na manhã seguinte, ao chegar no trabalho, soube que meu futuro estava em outro lugar. Todos os atrativos da vida de um alto executivo — o escritório grande e confortável, a mobília de mogno, o jato corporativo, a elegante placa na porta — nada significavam se eu não pudesse implementar as ideias que tornavam o trabalho divertido, criativo e empolgante. Pedi demissão logo depois e, se não tivesse feito isso, sei que não teria durado muito na empresa de qualquer maneira.

Estava na hora de estabelecer uma nova meta. Eu deveria procurar outra posição como diretor de marketing, provando meu valor ao construir marcas maiores e melhores, buscando mais receita (e lucros) e ajudando a transformar uma empresa em um ícone de marca? Ou deveria mirar ainda mais alto? Meu objetivo final era me tornar CEO. Mas isso raramente acontece para quem trabalha com marketing. Passei a maior parte de minha carreira convencendo a alta administração de que o marketing pode e deve influenciar de forma direta todas as atividades operacionais, mas que eu não era o responsável por todas elas.

Para definir a marca de verdade, o projeto de marketing final era me tornar o CEO. Se eu escolhesse esse rumo, o que mais precisaria aprender para me tornar CEO? Quais eram minhas chances de conseguir tal cargo? Que sacrifícios ou riscos estavam envolvidos?

Honestamente, essas questões não estavam claras para mim na época. Logo após minha decepção, depois de anos de trabalho árduo, senti-me perdido. Precisava redescobrir o que eu queria ser.

E estava assustado. Pela primeira vez em muito tempo, não tinha nenhuma empresa para associar ao meu nome. Detestava a ideia de conhecer novas pessoas sem uma explicação clara do que eu fazia.

Nos meses seguintes, tive centenas de conversas com pessoas em quem confio. Fiz um retiro de meditação Vipassana, onde me sentei por dez horas todos os dias, por dez dias seguidos, em silêncio. Para um cara como eu, que não consegue calar a boca, foi uma tortura. Perguntei-me se poderia desperdiçar todo meu tempo pensando. Questionei-me se deveria voltar para a Pensilvânia e encontrar um canto menor para viver.

Durante esse tempo, escrevi uma declaração de missão detalhada com doze páginas e perguntas como: Quais são meus pontos fortes? E os fracos? Quais são as várias oportunidades de mercado disponíveis para mim? Listei investidores de risco que queria conhecer, CEOs que já conhecia, líderes a quem poderia pedir conselhos e empresas que admirava. Deixei em aberto todas minhas opções: professor, ministro, político, diretor-executivo. Para cada novo rumo em potencial, preenchi um Plano de Ação de Relacionamento.

Quando tudo estava definido, procurei meu conselho consultivo pessoal. Eu não tinha as qualificações para ser nomeado CEO de uma grande corporação. No entanto, quando olhei para dentro de mim, era exatamente isso que queria fazer.

Em uma conversa com Tad Smith, um então executivo da área editorial e um de meus melhores amigos e consultores, ele me disse que eu precisava superar o prestígio que viria ao trabalhar para uma empresa parte da *Fortune 500*. Se quisesse ser CEO, precisava encontrar uma empresa com a qual pudesse crescer junto.

Era exatamente o conselho que eu precisava ouvir. Estava muito focado nas grandes empresas. Embora a bolha da internet tenha tornado a entrada no mundo digital bem menos palatável, ainda havia algumas empresas muito boas que careciam dos fundamentos dos negócios. Agora eu sabia onde precisava procurar e comecei a refinar meu plano de ação.

Dali em diante, muitas das ligações que fiz e das reuniões e conferências de que participei visavam encontrar a pequena empresa certa para chamar de lar. Três meses depois, tinha cinco ofertas de emprego.

Uma das pessoas que procurei foi Sandy Climan, um conhecido ator de Hollywood que já foi o braço direito de Michael Ovitz na Creative Artists Agency e que, na época, dirigia uma empresa de capital de risco sediada em Los Angeles, chamada Entertainment Media Ventures. Conheci Sandy durante meu tempo na Deloitte, enquanto explorava meios de chegar ao mundo do entretenimento. Sandy me apresentou ao pessoal de uma empresa chamada YaYa, um dos investimentos do portfólio de sua empresa.

YaYa era uma empresa de marketing pioneira na criação de jogos online como veículos de publicidade. Tinham um bom conceito e a força de funcionários e fundadores comprometidos. Precisavam de uma visão maior para chamar a atenção do mercado, algum burburinho para seu produto até então desconhecido e alguém que pudesse usar tudo isso para vender, vender e vender.

Em novembro de 2000, quando o conselho da YaYa me ofereceu o cargo de CEO, sabia que era a escolha certa. Ela estava localizada em Los Angeles e oferecia o tipo de rota não convencional para o mundo do entretenimento que eu vinha procurando, além de uma chance de trazer minha experiência como profissional do marketing para o cargo de CEO.

Se a Virginia consegue, você também consegue

Há alguns meses, um amigo me contou sobre uma mulher chamada Virginia Feigles, que morava não muito longe de onde cresci. Meu amigo se sentiu inspirado com sua história de triunfo. Ouvindo a história, compartilhei do sentimento.

Aos 44, Feigles decidiu que não queria mais ser cabeleireira; queria ser engenheira. Desde o início, havia pessimistas, pessoas que insistiam que isso não era possível. A negatividade deles simplesmente forneceu mais combustível para sua vontade.

"Perdi muitos amigos durante o processo", Feigles diz. "As pessoas ficam com inveja quando você decide fazer o que ninguém pensou que faria ou conseguiria. Tudo o que precisa fazer é seguir em frente."

A aventura dela parece um guia de gestão de carreira da CliffsNotes, onde uma missão ousada e um compromisso de se conectar com outras pessoas se combinam para criar oportunidades antes indisponíveis para alguém formado no ensino médio. Também transmite uma dura dose de realidade: a mudança é difícil. Você pode perder amigos, encontrar barreiras que parecem intransponíveis e enfrentar o obstáculo mais problemático de todos: duvidar de si.

Feigles sempre planejou fazer faculdade. Criada por uma mãe solo na pequena cidade de Milton, Pensilvânia, as oportunidades eram escassas. Casou-se aos 17 e engravidou no ano seguinte. Trabalhou em tempo integral como cabeleireira no salão do marido e criou seu único filho. Vinte anos se passaram. Após o segundo divórcio, Feigles repensou a própria vida. O crescimento, refletiu, vinha apenas da mudança. E a mudança só vinha com novas metas.

Ela trabalhava meio período como secretária na Câmara de Comércio quando percebeu que a vida tinha mais a oferecer. "Só pensei: 'Que idiotice. Por que estou do lado errado da coisa? Nem todo mundo que tem um Ph.D. em física é Albert Einstein'."

Embora seja verdade que nem todo engenheiro é um gênio, todos sabem álgebra — diferente de Feigles. Então, ela se esforçou e aprendeu a matéria em poucos meses.

Após passar o verão em uma faculdade comunitária, decidiu se inscrever em um dos melhores cursos de engenharia na Universidade Bucknell. A vice-reitora, Trudy Cunningham, não minimizou a situação.

"Quando chegou, eu disse que sua vida estava prestes a ficar difícil. Ela é uma adulta com uma vida, um apartamento, um carro, competindo com crianças que viviam em dormitórios e sequer preparavam as próprias refeições."

Por sorte, Feigles sempre se conectou com as pessoas. Era membro de uma série de organizações comunitárias, servindo nos conselhos da YMCA, da Câmara de Comércio de Milton e do Comitê de Parques e Recreação. Também atuou como presidente do Garden Club e da Milton Business Association. Tinha amigos e conselheiros que a apoiavam por toda parte.

Para os outros alunos, o fim das aulas significava festas e jogos de futebol americano. Para ela, era uma noite de trabalho no salão, seguida de intensas sessões de estudo. Feigles não se lembra de um dia em que não tenha pensado em desistir.

Ela se lembra do resultado do primeiro teste de física. Reprovou.

"Outra aluna pensou que era o fim do mundo. Eu disse a ela para não se preocupar, eu não estava prestes a cometer suicídio", lembra, com a visão irônica reservada para quem estava na situação. Fechou a matéria com um C.

Muitas noites sem dormir e vários Cs depois, Feigles estava entre os 137 outros engenheiros na turma de formandos de 1999. Ninguém ficou mais surpreso do que a própria: "Eu ficava pensando: 'O que foi que fiz?' E repetindo para mim mesma: 'Consegui, consegui mesmo!'"

Com suas metas concluídas, sua network cresceu. E não apenas em termos de amigos e novos contatos nos negócios. Hoje, ela é recém-casada com seu antigo chefe da Câmara de Comércio e está ocupada com uma carreira em ascensão no Departamento de Transporte do estado. Recentemente, assumiu a presidência da Comissão de Planejamento, onde costumava fazer anotações como secretária.

Atingir suas metas pode ser difícil. Mas se você tiver objetivos para começar, um plano realizável para alcançá-los e um grupo de amigos de confiança para ajudá-lo, pode fazer quase qualquer coisa — até mesmo se tornar engenheiro depois dos 40.

HALL DA FAMA DOS CONECTORES

Bill Clinton

"Saiba qual sua missão na vida."

Em 1968, quando William Jefferson Clinton era um bolsista Rhodes na Universidade de Oxford, conheceu um pós-graduando chamado Jeffrey Stamps em uma festa. Clinton prontamente puxou uma agenda de endereços preta. "O que está fazendo aqui em Oxford, Jeff?", perguntou.

"Estudo em Pembroke com uma bolsa Fulbright", respondeu Jeff. Clinton escreveu "Pembroke" na agenda, depois perguntou sobre onde Stamps se graduou e sobre seu curso. "Bill, por que você está escrevendo isso?", ele questionou.

"Estou entrando na política e pretendo concorrer a governador do Arkansas, então anoto sobre todos que conheço", Clinton respondeu.

Essa história, contada por Stamps, resume a abordagem direta de Bill Clinton para se conectar e incluir outras pessoas em sua missão. Ele sabia, mesmo naquela época, que queria se candidatar, e seu senso de propósito encorajava seus esforços com paixão e sinceridade. Na verdade, enquanto era aluno em Georgetown, o 42º presidente tornou o registro, organizado em fichas com os nomes e informações vitais de todas as pessoas que conhecia durante o dia, em um hábito noturno.

Ao longo da carreira, as aspirações políticas de Clinton e sua capacidade de se aproximar dos outros andaram de mãos dadas. Em 1984, quando era governador do Arkansas, participou pela primeira vez de um evento nacional de networking e liderança de pensamento, chamado Renaissance Weekend, em Hilton Head, na Carolina do Sul. Clinton conseguiu um convite por meio do amigo Richard Riley, então governador da Carolina do Sul. Participar do Renaissance Weekend foi como ir a uma loja de brinquedos para alguém como Clinton, que estava sempre conhecendo pessoas e fazendo amigos. Veja como um artigo do *Washington Post* de dezembro de 1992 descreve o comportamento de Clinton no evento:

Muitos convidados, ao refletir sobre a presença de Clinton, lembram-se mais de imagens do que de palavras: como ele ia de uma conversa para outra e parava na lateral do cômodo, encostado casualmente na parede; como parecia conhecer todo mundo não apenas pelos crachás, mas se lembrava do que faziam e seus interesses. "Ele abraça você", Max Heller, ex-prefeito de Greenville, contou. "Não apenas fisicamente, mas com toda uma atitude."

Heller se refere à habilidade única de Clinton de criar uma intimidade quase instantânea com quem estiver conversando. Clinton não se lembra apenas de suas informações pessoais; ele as usa como um meio de afirmar um vínculo com você.

Podemos tirar duas lições claras de Clinton: primeiro, quanto mais específico você for sobre aonde quer chegar na vida, mais fácil se torna desenvolver uma estratégia de networking para ajudá-lo.

Segundo, seja sensível ao estabelecer uma conexão real durante suas interações com os outros. Há quase uma expectativa de que quem se torna rico ou poderoso pode ser perdoado pelo comportamento arrogante. Clinton ilustra que é possível se tornar charmoso e popular, e assim permanecer, quando trata com sinceridade todos que encontra.

CAPÍTULO 4

Construa Antes de Precisar

Construa uma pequena comunidade com as pessoas que ama e que amam você.

— Mitch Albom

Esqueça a imagem que temos em nossa cabeça de pessoas desesperadas e desempregadas pegando todos os cartões de visita disponíveis enquanto se misturam fervorosamente em convenções empresariais e feiras de empregos. O grande mito do networking é que você começa a procurar pelos outros apenas quando precisa de algo, como uma vaga. Na verdade, as pessoas que têm o maior círculo de contatos, mentores e amigos sabem que se deve criar conexões com os outros muito antes de necessitar de algo.

George, por exemplo, é um cara esperto na casa dos 20 que me foi apresentado por um amigo em comum. Trabalhava com relações públicas em Nova York e sonhava em abrir seu próprio negócio na área. Um dia, ele me convidou para almoçar em busca de conselhos e incentivo.

Dez minutos de conversa depois, sabia que ele estava no caminho errado.

"Você já começou a contatar clientes em potencial?", perguntei.

"Não", ele disse. "Estou indo aos poucos. Meu plano é subir na empresa atual até o ponto em que possa me dar ao luxo de sair. Então vou criar a empresa, conseguir um escritório e começar a buscar meus primeiros clientes. Não quero começar a me encontrar com clientes em potencial até que possa me apresentar como um profissional de RP confiável com minha própria empresa."

"Você está enxergando tudo ao contrário", disse a ele. "Está se encaminhando para o fracasso."

Meu conselho foi começar a encontrar futuros clientes hoje. Ele já tinha pensado em qual ramo gostaria de se especializar? Será que refletiu sobre onde as pessoas mais importantes do setor costumam se encontrar? Assim que pudesse responder a essas perguntas, o próximo passo seria sair com esse novo círculo de pessoas.

"O mais importante é conhecer essas pessoas como amigos, não como clientes em potencial", falei. "Porém, tem razão em um ponto: não importa o quão amigável você seja, se as pessoas que aborda são boas no que fazem, não o contratarão logo de cara para fazer RP para elas. É por isso que você deveria oferecer seus serviços de graça, pelo menos no início. Por exemplo, talvez possa fornecer seu tempo para uma organização sem fins lucrativos em que estejam envolvidas ou ajudar na divulgação de uma arrecadação de fundos em que seus filhos participem na escola."

"Mas meu chefe não vai ficar zangado por eu gastar tanta energia com outras coisas?", George questionou.

"Fazer um bom trabalho para o seu patrão é prioridade", disse a ele. "Encontrar tempo para administrar seu trabalho externo é sua responsabilidade. Foque uma indústria que seu empregador atual não atenda. Lembre-se, se você não tiver feito o trabalho de campo necessário no dia em que decidir abrir seu próprio negócio, estará de volta ao seu antigo emprego em um piscar de olhos."

"Então eu deveria trabalhar para essas pessoas de *graça*?"

"Com certeza", respondi. "Hoje seu serviço não é conhecido, e entrar no mercado é difícil. Com o tempo, terá um círculo crescente de pessoas que viram seu trabalho e confiam em você. Esses são os tipos de conexões que quer criar se pretende começar um negócio ou se quiser mudar de emprego ou carreira.

"Em algum momento, enquanto você ainda estiver trabalhando para seu atual empregador, comece a tentar transformar um dos seus contatos em um cliente real e pagante. Uma vez que tenha um cliente fixo que fornecerá referências e criará algum boca a boca, estará no meio do caminho para sua meta. Então, e só então, é hora de pedir para trabalhar meio período na empresa, ou, melhor ainda, transformá-la em seu segundo grande cliente. Caso se demita nessa altura do campeonato, protegeu suas apostas. Você tem um grupo de pessoas que o ajudará na transição para sua nova carreira."

A última meia hora do almoço foi gasta pensando em todas as pessoas que ele já conhecia e que poderiam ajudá-lo com os primeiros passos. Apresentei um ou dois nomes de minha própria network, e a confiança de George começou a aumentar. Tenho certeza de que agora, quando ele se comunicar, suas interações não serão contaminadas pelo desespero. Estará procurando maneiras de ajudar os outros, e todos podem se beneficiar um pouco disso.

As ideias por trás de começar um negócio não são tão diferentes das que o tornarão um funcionário valioso dentro de sua empresa — sem mencionar que lhe darão oportunidades de emprego e segurança. Sei que é difícil de acreditar, dado o atual ambiente econômico. Embora as taxas de desemprego tenham caído desde o último pico em 2010, ainda é difícil, em especial se é muito jovem ou se aproxima da terceira idade. Os recém-formados descobrem que muitos empregos de entrada para o mercado foram substituídos por estágios com baixa remuneração. Os candidatos de hoje estão aprendendo que precisam fazer muito mais do que ler os anúncios de vagas ou enviar currículos para conseguir o próximo cargo.

Muitas vezes, nos vemos fazendo coisas ineficazes de forma eficiente, focando apenas o trabalho que nos fará pagar as contas mais um dia. A ideia não é encontrar outro ambiente amanhã — seja um novo emprego ou uma nova economia —, mas criar constantemente o ambiente e a comunidade que você deseja para si, aconteça o que acontecer.

Criar tal comunidade, no entanto, não é uma solução de curto prazo ou uma atividade pontual a ser realizada só quando necessária. A dinâmica de construção de um relacionamento é absolutamente incremental. Você realmente pode ganhar a confiança e o comprometimento de alguém pouco a pouco ao longo do tempo.

Agora mesmo, existem inúmeras maneiras de começar a criar o tipo de comunidade que pode ajudar a promover sua carreira. Você pode: (1) criar um projeto aprovado pela empresa que o forçará a aprender novas habilidades e o fará conhecer novas pessoas dentro da empresa; (2) assumir posições de liderança nos passatempos e organizações externas do seu interesse; (3) juntar-se ao clube de antigos alunos local e passar tempo com pessoas que trabalham com o que você gostaria de fazer; (4) matricular-se em uma aula em uma faculdade comunitária sobre um assunto relacionado ao que faz agora ou a algo que se vê fazendo no futuro.

Todas essas sugestões irão ajudá-lo a conhecer novas pessoas. E a lei da probabilidade garante que quanto mais gente você conhecer, mais oportunidades surgirão e mais ajuda terá em momentos críticos de sua carreira.

No meu primeiro ano na escola de negócios, comecei a prestar serviços de consultoria com meu amigo Tad Smith. A ideia não era criar uma empresa de consultoria sustentável que administraríamos depois de formados. Em vez disso, queríamos oferecer nosso conhecimento e nossa ética de trabalho para pequenas empresas por preços reduzidos. Em troca, aprenderíamos sobre novas indústrias, adquiriríamos habilidades no mundo real e teríamos uma lista de referências e contatos quando nos formássemos, além de faturarmos um pouco.

E quanto ao mundo em que você habita agora? Está aproveitando ao máximo as conexões que já tem?

Imagine, por um instante, que toda a sua família, amigos e associados são parte de um jardim. Dê um passeio pelo jardim de relacionamentos. O que você vê?

Se você for como a maioria das pessoas, verá um pequeno pedaço de grama bem cortada que representa as pessoas de sempre — as vinte ou trinta que costumam ficar no topo de sua caixa de entrada do e-mail. Esses são seus amigos mais próximos, colegas de trabalho e parceiros de negócios: as pessoas mais óbvias.

Sua network de verdade, porém, é uma enorme selva com uma variedade infinita de fendas e cantos escondidos que estão sendo negligenciados.

Seu potencial de conexão agora é muito maior do que você imagina. Ao seu redor existem oportunidades de ouro para desenvolver relacionamentos com gente conhecida, que conhecem pessoas que você não conhece, que, por sua vez, conhecem ainda mais pessoas.

Há uma série de coisas que se pode fazer para aproveitar o poder de sua network preexistente. Já averiguou os amigos e contatos de seus pais? E quanto aos seus irmãos? Amigos da faculdade e da pós-graduação? E a sua igreja, amigos do boliche ou academia? E quanto ao seu médico, advogado, corretor ou agente imobiliário?

Nos negócios, costumamos dizer que seus melhores clientes são os que tem agora. Em outras palavras, suas oportunidades de vendas mais bem-sucedidas vêm das vendas que já fez. Os maiores retornos não provêm de novas vendas, mas sim da base de clientes que já estabeleceu. É mais fácil entrar em contato com as pessoas que fazem parte, pelo menos tangencialmente, de sua network.

Os grandes obstáculos do networking giram em torno das ligações frias, de conhecer novas pessoas e todas as atividades que envolvem o contato com o desconhecido. Mas o primeiro passo não tem nada a ver com estranhos; você deveria começar a se conectar com quem *já* conhece.

Concentre-se na sua network imediata: amigos de amigos, velhos conhecidos da escola e familiares. Suspeito que você nunca tenha perguntado aos seus primos, irmãos ou cunhados se eles conhecem alguém a quem poderiam apresentá-lo que possa ajudar a alcançar suas metas.

Todos, desde sua família até seu carteiro, são uma porta de entrada para um conjunto inteiramente novo de pessoas.

Portanto, não espere até ficar desempregado ou abrir seu próprio negócio para começar a se conectar com os outros. Você precisa criar uma comunidade de colegas e amigos *antes* de precisar dela. É muito mais provável que os outros ao seu redor ajudem se já conhecerem e gostarem de você. Comece a cuidar do jardim agora. Não vai acreditar nos tesouros que podem ser encontrados em seu próprio quintal.

CAPÍTULO 5

A Genialidade da Audácia

> Aproveite este momento exato; o que pode fazer ou sonha que pode, comece. A ousadia contém genialidade, poder e magia.
> — Johann Wolfgang von Goethe

Meu pai, Pete Ferrazzi, fazia parte da primeira geração de norte-americanos da família, membro da marinha mercante na Segunda Guerra Mundial e um metalúrgico sem instrução cuja vida era trabalhar duro e ter baixos salários. Ele queria mais para mim, seu filho. Éramos inseparáveis quando eu era criança (seus amigos me chamavam de "re-Pete", porque ia para todos os cantos com ele), e ele sabia que eu teria uma vida melhor se conseguisse me ajudar a encontrar uma saída para nosso legado proletariado.

Mas ele não conhecia as saídas. Nunca tinha feito faculdade. Não sabia nada sobre country clubes ou escolas particulares. Conseguia pensar apenas em um homem com o tipo certo de influência que poderia me ajudar: seu chefe. Na verdade, o chefe do chefe do chefe do chefe dele: Alex McKenna, CEO da Kennametal, fábrica onde trabalhava.

Os dois nunca haviam se encontrado. Meu pai, porém, tinha uma noção clara de como o mundo funcionava. Observou, mesmo no chão de fábrica, que a audácia era muitas vezes a única coisa que separava dois homens igualmente talentosos e seus cargos. Por isso, pediu para falar com McKenna, que, ao ouvir o pedido, ficou tão intrigado que aceitou a reunião. No decorrer da conversa, concordou em se encontrar comigo — e nada mais.

Acontece que McKenna gostou de mim — em parte por eu ter chamado sua atenção. Ele participava do conselho de uma escola primária particular local, a Valley School of Ligonier, para onde todas as famílias ricas mandavam seus filhos; tinha a reputação de ser uma das melhores do país. Os pauzinhos foram mexidos, e o Sr. McKenna nos conseguiu uma reunião com Peter Messer, o diretor.

No dia em que comecei na Valley School, como bolsista, entrei em um novo mundo, que me colocou em um caminho totalmente novo, do jeito que meu pai esperava. Tive uma das melhores formações dos Estados Unidos, começando na Valley School, depois na Kiski School, na Universidade Yale e, por fim, na Harvard Business School. E isso nunca teria acontecido se meu pai não acreditasse que não custa nada pedir.

Quando analiso minha carreira, essa educação foi o ato mais importante de minha vida. Além disso, a lição que aprendi com a ação do meu pai, como nenhuma outra, baseou tudo o que faço desde então.

Meu pai simplesmente não se sentia envergonhado quando se tratava de atender às necessidades da família. Lembro-me de uma vez quando estávamos na estrada, voltando de carro para casa, e meu pai viu um triciclo Big Wheel quebrado no lixo de alguém. Ele parou o carro, pegou o objeto e bateu na porta da casa onde o brinquedo descartado esperava ser recolhido.

"Vi este Big Wheel no seu lixo", ele disse para a dona. "Se importa se eu pegar? Acho que consigo consertar. Eu me sentiria muito bem em dar algo assim ao meu filho."

Que coragem! Você consegue imaginar um cara tão orgulhoso, proletário, falando com aquela mulher e, basicamente, admitindo ser tão pobre que gostaria de ficar com o lixo dela?

Ah, mas isso não é nem a metade. Imagine como aquela mulher se sentiu ao receber a oportunidade de dar tal presente a alguém. Isso com certeza fez o dia dela.

"É claro", ela se entusiasmou, explicando que seus filhos tinham crescido e havia anos que o brinquedo não era usado. "Você também pode ficar com a bicicleta que tenho aqui. Está boa o bastante para que eu não tivesse coragem de jogar fora…"

Então voltamos para a estrada. Eu tinha um "novo" triciclo para andar e uma bicicleta para quando crescesse. Ela tinha um sorriso e um coração contente que só a benevolência gera. E meu pai me ensinou que há genialidade, até bondade, em ser ousado.

Sempre que começo a estabelecer limites para o que posso ou não fazer, ou o medo começa a invadir meus pensamentos, lembro-me daquele triciclo Big Wheel. Lembro-me de como as pessoas com pouca tolerância ao risco, cujo comportamento é guiado pelo medo, têm baixa propensão ao sucesso.

As lembranças daquela época me acompanham. Meu pai me ensinou que o pior que alguém pode dizer é não. Se optarem por não dedicar seu tempo ou sua ajuda, quem perde são eles.

Nada na minha vida criou oportunidades como a disposição de pedir, independente da situação. Quando eu era só um participante anônimo no Fórum Econômico Mundial na Suíça, entrei em um *transfer* do hotel e vi o fundador da Nike, Phil Knight. Knight era tipo uma estrela do rock para mim, devido ao extraordinário sucesso na criação e construção da Nike e às diversas inovações de marketing que introduziu ao longo dos anos. Eu estava nervoso? Pode apostar que sim. Mas agarrei a oportunidade de falar com ele e fui direto para o banco ao seu lado. Mais tarde, ele se tornaria o primeiro cliente *blue chip* da YaYa. Faço esse tipo de coisa o tempo todo, seja qual for a situação.

Às vezes, falho. Tenho uma lista igualmente longa de pessoas com quem tentei fazer amizade e que não estavam interessadas nas minhas propostas. A audácia no networking tem as mesmas armadilhas e medos associados ao namoro — no qual nunca fui tão bom quanto sou nesse lance de conhecer pessoas.

Ter contato só com as pessoas que já conhecemos é um comportamento tentador. Mas, ao contrário de algumas formas de relacionamento, um *networker* (indivíduo que domina o networking) não busca alcançar apenas uma única união bem-sucedida. Criar um círculo enriquecedor de relações de confiança requer que a pessoa esteja *presente*, ali no meio, o tempo todo. Até hoje, toda vez que faço uma ligação ou me apresento para quem não conheço, o medo de que me rejeitem está presente. Então, me lembro do triciclo que meu pai me deu e sigo em frente de qualquer maneira.

A maioria de nós considera o networking nada instintivo ou natural. Claro, existem indivíduos cuja autoconfiança inerente e habilidades sociais permitem que se conectem com facilidade.

E existe o restante de nós.

Nos primeiros dias na YaYa, eu estava preocupado com a sobrevivência da empresa. Pela primeira vez em minha carreira, tive que entrar em contato com muitas pessoas que não conhecia, representando uma empresa desconhecida, promovendo um produto que não havia sido testado no mercado. Foi incômodo. Eu não queria ligar para executivos da BMW e da MasterCard e apresentar meus produtos. Mas quer saber? Tentar fechar negócio com a BMW não foi tão difícil quando a alternativa era demitir um monte de gente de minha equipe ou fracassar aos olhos de meu conselho e investidores.

Reunir a audácia para falar com pessoas que não me conhecem muitas vezes se resume simplesmente a equilibrar o medo que tenho do constrangimento com o do fracasso e suas repercussões. Para meu pai, ou ele pedia, ou a família dele não tinha. Para mim, ou peço, ou não serei bem-sucedido. Esse medo sempre substitui minha ansiedade de rejeição ou de ficar envergonhado.

Enfim, todo o mundo tem que se perguntar de que maneira falhará. Acontece com todos, sabe, então vamos nos livrar desse temor. A escolha não é entre sucesso e fracasso; é entre escolher o risco e lutar pela grandeza, ou não arriscar nada e ter certeza da mediocridade.

Para muita gente, o medo de conhecer outras pessoas está intimamente ligado ao de falar em público (um medo que, com frequência, supera a morte como a coisa que mais tememos). Alguns dos palestrantes mais famosos do mundo admitem sentir uma ansiedade parecida. Como Mark Twain disse: "Existem dois tipos de oradores: os que estão nervosos e os que são mentirosos."

A melhor forma de lidar com essa ansiedade é, em primeiro lugar, reconhecer que nosso medo é perfeitamente normal. Você não está sozinho. Em segundo, reconhecer que superá-lo é fundamental para seu sucesso. Em terceiro, comprometer-se a melhorar.

Aqui estão algumas coisas que você pode fazer para cumprir esse compromisso e se sentir mais confortável para ser audacioso em situações sociais:

- *Encontre um exemplo a seguir.*

Estamos predispostos a procurar pessoas como nós — quem é tímido tende a se reunir com outros tímidos, e extrovertidos se reúnem com extrovertidos — porque, inconscientemente, elas afirmam nossos próprios comportamentos. Porém, todos conhecem aquela pessoa no grupo de amigos e associados que parece se conectar com os outros sem muito ou nenhum medo. Se você ainda não está pronto para dar o grande passo de abordar pessoas novas sozinho, deixe que esses conectores o ajudem e mostrem como se faz. Leve-os com você, quando apropriado, para passeios sociais e observe seus comportamentos. Preste atenção em suas ações. Com o tempo, você adotará algumas dessas técnicas. Lentamente, criará coragem para se conectar por conta própria.

- *Aprenda a falar.*

Muitas empresas têm respondido ao número quase infinito de pessoas que reconhecem que precisam se tornar oradores melhores. Essas organizações educacionais percebem que você não pretende fazer palestras para um público de mil pessoas (pelo menos no começo). A maioria dos indivíduos que os procuram está querendo ganhar autoconfiança e alguns jeitos confiáveis para superar a timidez. Elas não oferecem uma ou duas soluções simples, rápidas e milagrosas. O que oferecem é uma chance de praticar, em um ambiente não intimidador, com um instrutor que pode orientá-lo e incentivá-lo. Existem centenas de treinadores e instituições dedicados a esse tipo de capacitação. Uma das mais conhecidas é o Clube Toastmasters. Com certeza existe um clube deles na sua área. É uma organização bem administrada que ajudou milhões de pessoas a aprimorar suas habilidades de oratória e superar seus medos.

- *Envolva-se.*

Você se sentirá mais confortável quando fizer algo de que gosta com outras pessoas que compartilham de seu entusiasmo. Qualquer passatempo é uma oportunidade de se envolver: colecionar selos, cantar, esportes, literatura. Os clubes se desenvolvem em torno desses interesses. Participe. Vire um membro ativo. Quando se sentir apto, torne-se um dos líderes do grupo. Este último passo é crucial. Ser um líder na vida exige prática — então pratique! As possibilidades de fazer novos contatos e se conectar com os outros crescerão cada vez mais.

- *Faça terapia.*

Eu sei, eu sei, você deve estar pensando: "Ele quer que eu faça terapia para melhorar como converso com as pessoas?" Deixe-me explicar. Um, acho que só de agir com a vontade de ser melhor do que você é agora, não importa o meio, é um compromisso muito importante. Dois, algumas das pessoas mais bem-sucedidas que conheço já visitaram um terapeuta em certo momento da vida. Não estou sugerindo que a terapia o tornará alguém melhor, mas pode ajudá-lo a lidar com seus próprios medos e suas ansiedades sociais de um jeito mais produtivo. Muitos estudos financiados pelo Instituto Nacional de Saúde Mental relatam uma alta taxa de sucesso ao usar aconselhamento para aliviar as condições que costumam inibir uma pessoa tímida.

- *Apenas faça.*

Estabeleça para si a meta de iniciar conversas com uma pessoa nova por semana. Não importa onde ou com quem. Apresente-se a alguém no ônibus. Aproxime-se de alguém no bar e diga olá. Sugira um café com alguém que conheceu online, mas que nunca viu pessoalmente. Fique perto do bebedouro da empresa e se obrigue a puxar papo com um colega com quem nunca falou. Você descobrirá que fica cada vez mais fácil com a prática. E o melhor de tudo, você ficará confortável com a ideia da rejeição. Com esse pensamento, até o fracasso se torna um avanço. Use-o como aprendizado. Como escreveu o dramaturgo Samuel Beckett: "Falhe outra vez. Falhe melhor."

O medo debilita. Uma vez que percebe que não há benefício em se conter, toda situação e toda pessoa — não importa o quão pareça fora de seu alcance — se torna uma oportunidade de sucesso.

A Dona Coragem

Quando se trata de melhorar as habilidades de oratória, ninguém é melhor do que DeAnne Rosenberg, uma consultora de carreira de 32 anos e proprietária da própria empresa de consultoria de gestão, DeAnne Rosenberg Inc. Ela é a Dona Coragem, e por um bom motivo.

Em 1969, ela leu um artigo do *Wall Street Journal* que notava a ausência de uma voz feminina na A.M.A — American Management Association (Associação Americana de Gestão).

"Eles estavam entrevistando o então presidente da A.M.A., que teria dito: 'Não encontramos uma mulher que consiga falar com confiança em público sobre administração'", lembra Rosenberg.

Ela recortou o artigo e enviou uma carta para a associação, dizendo que não precisavam mais procurar. Duas semanas se passaram, e não recebeu resposta.

"Bem, não deixei para lá", ela se irritou. "Escrevi outra carta diretamente ao presidente, dizendo para tomar uma atitude ou parar de reclamar."

Dois dias depois, o presidente ligou para informar que haviam agendado uma palestra para ela. Rosenberg se tornou a primeira mulher a falar em nome da A.M.A.

A lição daquela fatídica série de eventos permanece com ela: a receita para a conquista é uma mistura de autoconfiança, persistência obstinada e audácia. Encontros audaciosos, como Rosenberg aprendeu, são o alicerce das carreiras de sucesso. Em seus muitos anos ensinando outros a superarem seus medos, ela criou um roteiro efetivo que qualquer um pode usar ao conhecer alguém novo.

Achei o roteiro útil. Creio que também pode ajudar muitos de vocês e, com prazer, ofereço-o a seguir:

1. Exponha a situação. "Vá direto ao ponto e mostre de forma clara como a vê, sem ser muito acalorado ou dramático", Rosenberg diz. Ela deixou claro para a A.M.A. que (a) não ter palestrantes mulheres era errado e (b) contratá-la seria um passo na direção certa. Faz sentido que, antes de falar de forma persuasiva — ou seja, antes de falar com paixão e conhecimento pessoal —, é necessário saber seu posicionamento.

2. Compartilhe seus sentimentos. Minimizamos a influência das emoções em nossos contatos diários, em especial no mundo dos negócios. Ouvimos que a vulnerabilidade é uma coisa ruim e devemos ter cuidado ao revelar nossos sentimentos. Mas, conforme ficamos confortáveis ao falar o que sentimos para os outros, nossos encontros ganham profundidade e sinceridade. Suas emoções são uma dádiva de respeito e cuidado com seus ouvintes.

3. Transmita o ponto principal. Esse é o momento da verdade em que você afirma, com total clareza, o que deseja. Se arriscará seu pescoço, é melhor saber o motivo. A verdade é o caminho mais rápido para uma solução, mas seja realista. Embora soubesse que Phil Knight, da Nike, não compraria nada por causa de uma conversa de cinco minutos em um ônibus em Davos, na Suíça, certifiquei-me de pegar seu e-mail e dizer que gostaria de entrar em contato com ele de novo algum dia. Então eu o fiz.

4. Use uma pergunta aberta. Um pedido, quando expresso como pergunta — que não pode ser respondida com um sim ou não —, é menos intimidador. O que você acha disso? Como podemos resolver este problema? A questão foi levantada; seus sentimentos, manifestados; seus desejos, articulados. Com uma sugestão ou pergunta aberta, você convida a outra pessoa a tentar encontrar uma solução em conjunto. Não insisti em um almoço específico em um horário particular com Phil. Deixei em aberto e não permiti que nosso primeiro contato fosse sobrecarregado por obrigações desnecessárias.

CAPÍTULO 6

O Idiota do Networking

A ambição pode te fazer rastejar tanto quanto voar.

— Edmund Burke

Ele é o homem ou ela é a mulher com um martíni em uma mão, cartões de visita na outra e um discurso de elevador pré-ensaiado sempre na ponta da língua. Ele ou ela é um artista da conversa, olhos atentos nos eventos em uma busca constante por um "peixe maior" para fisgar. Ele ou ela é a pessoa alegre até demais, falsa e implacavelmente ambiciosa que você não quer se tornar.

O idiota do networking é a imagem que muitas pessoas têm quando ouvem a palavra "networking". Mas, na minha opinião, esse tipo de contador de cartas e conector exagerado falha em compreender as nuances da conexão autêntica. O truque deles não funciona porque não sabem nada sobre a criação de relações significativas.

E eu aprendi do jeito difícil.

Se você me conhecesse quando jovem, talvez não gostasse de mim. Não tenho certeza nem de se eu gostava tanto assim de mim. Cometi todos os erros clássicos da juventude e da insegurança. Eu agia sozinho. Transparecia minha ambição insaciável, fazendo amizade com aqueles acima de mim e ignorando meus colegas. Muitas vezes as pessoas vestem uma máscara para seus subordinados, outra para o chefe e mais uma para os amigos.

Quando me tornei responsável pelo marketing da Deloitte, de repente, muitas pessoas se reportavam a mim. Tive grandes ideias sobre o que queria fazer — coisas nunca antes feitas pelo marketing no mundo da consultoria. E, finalmente, tinha uma equipe para fazê-las. Mas, em vez de ver meus funcionários como parceiros a serem cortejados para alcançar meus objetivos e os deles no futuro, eu os via como enviados para realizar minhas tarefas.

Junte isso com minha pouca idade (eu era vinte anos mais novo do que qualquer outro membro do Comitê Executivo) e você conseguirá entender por que a resistência em minha equipe atrasava todos nós. Tarefas que eu achava que deveriam levar horas acabavam levando dias. Eu sabia que precisava fazer alguma coisa, então procurei uma coach executiva, Nancy Badore, que treinava CEOs antes que houvesse um nome para tal coisa.

Em nosso primeiro encontro, sentados em meu escritório, mal tivemos a chance de trocar cumprimentos antes de eu deixar escapar: "O que preciso fazer para me tornar um grande líder?"

Ela olhou ao redor por alguns instantes, em silêncio. Quando finalmente falou, acertou-me em cheio. "Keith, olhe para todas as fotos na sua parede. Você fala sobre tentar se tornar um grande líder, mas não há uma foto no escritório inteiro de alguém além de você: com pessoas famosas, em lugares famosos, ganhando prêmios. Não há uma única foto de sua equipe ou de qualquer coisa que indique o que conquistaram, nada que levaria alguém como eu a saber que você se importa com eles tanto quanto se importa consigo mesmo. Entende que são as conquistas de sua equipe e o que fazem por você, e não para você, que gerará sua marca como líder?"

Fiquei chocado com a pergunta. Ela tinha toda a razão. Será que eu demonstrara preocupação genuína com a vida que meus funcionários levavam fora do trabalho? Por que não me esforcei para torná-los parte da liderança? Fazia isso com meus chefes desde o primeiro dia. Percebi, então, que meu sucesso duradouro dependia de todos ao meu redor. Que trabalhava para eles tanto quanto trabalhavam para mim!

Os políticos entendem isso como poucos executivos compreendem: votamos nas pessoas de quem gostamos e respeitamos. Grandes empresas são construídas por CEOs que inspiram amor e admiração. No mundo de hoje, gente ruim se dá mal.

Meu amigo e autor Tim Sanders me ensinou que existem duas razões para o fim da era dos negócios egoístas. Primeiro, vivemos em uma nova "abundância de escolha nos negócios", em tudo, desde produtos até planos de carreira. A escolha significa a ruína para colegas e líderes difíceis. "Numa época em que mais de nós têm mais opções do que nunca, não há necessidade de aturar um produto ou serviço que não cumpre o que promete, uma empresa de que não gostamos ou um chefe que não respeitamos", escreve. O segundo motivo é o que chama de "novo telégrafo". "É quase impossível para um produto ruim, uma empresa nociva ou uma pessoa vil manter sua triste realidade em segredo." As pessoas são bastante opinativas, bem informadas e munidas da internet.

O ponto principal é que, se você não gosta de uma pessoa, é mais fácil do que nunca escapar dela. Quando você não leva em consideração os interesses dos outros, eles descobrirão isso mais cedo ou mais tarde. Nossa cultura exige mais de nós hoje em dia. Exige que tratemos uns aos outros com respeito, que cada relacionamento seja visto como mutuamente benéfico.

Quando você olha para trás, para uma vida e carreira se conectando com os outros, quer ver uma teia de amizades para te ajudar, não os fragmentos de encontros ruins. Aqui estão algumas regras, baseadas em experiência própria, para garantir que você nunca se torne um Idiota do Networking:

1. Não fale da boca para fora.

Tenha algo a dizer e o faça com paixão. Certifique-se de ter algo a oferecer ao falar e ofereça com sinceridade. A maioria das pessoas ainda não percebeu que é melhor passar mais tempo com menos gente em uma reunião de uma hora, e ter uma ou duas conversas significativas, do que se envolver na rotina vaga e perder o respeito da maioria das pessoas que conhece. Recebo e-mails o tempo todo que dizem: "Caro Keith, ouvi dizer que você é um bom networker. Também sou. Vamos nos encontrar rapidinho e tomar uma xícara de café." Por quê? Reflito. Por que diabos as pessoas esperam que eu responda a um pedido assim? Elas me atraíram emocionalmente? Disseram que poderiam me ajudar? Buscaram alguma mínima semelhança entre nós? Sinto muito, mas o networking não é uma sociedade secreta com aperto de mão codificado praticado pela própria virtude. Devemos trazer qualidade para ele.

2. Não dependa da fofoca.

É claro que usar a fofoca é mais fácil. A maioria das pessoas ouve essas informações. Mas isso não será bom no longo prazo. Com o tempo, a fonte de informações secará conforme cada vez mais pessoas perceberem que você não é confiável.

3. Não chegue na festa de mãos vazias.

Quem são as estrelas do mundo digital hoje? São os escritores, blogueiros e gurus que fazem o melhor trabalho ao fornecer informações, conteúdo criativo, links ou até mesmo empatia para uma comunidade de indivíduos com ideias semelhantes. Muitos fazem tudo de graça, e sua recompensa são seguidores devotos que, em troca, dão tanto quanto recebem. É um ciclo. Ao se conectar, online e offline, você tem o valor do que oferece.

4. Não trate mal aqueles abaixo de você.

Em breve, alguns deles serão "superiores". Nos negócios, a cadeia alimentar é transitória. Deve-se tratar as pessoas acima e abaixo de você com respeito. Michael Ovitz, que já foi um dos mais poderosos agentes de Hollywood, era considerado um grande networker. Em 2002, um perfil bastante crítico feito pela *Vanity Fair*, com dezenas de fontes anônimas e não tão anônimas assim o criticando, era uma expressão muito pública de uma carreira deslumbrante que, de algum jeito, deu terrivelmente errado. As pessoas perguntavam: "O que aconteceu?" Ovitz tinha algumas habilidades interpessoais incríveis, mas as usou de maneira dissimulada. Tratava com indiferença, ou pior, aqueles de quem ele não precisava mais. Ex-amigos disseram que não era confiável e que seus relacionamentos não eram recíprocos. Não era uma surpresa que essas mesmas pessoas não apenas se divertissem, mas talvez também tivessem contribuído para sua queda.

5. *Seja transparente.*

"Sou o que sou", costumava dizer o personagem de desenho animado Popeye. Na era da informação, a franqueza — seja no que diz respeito às suas intenções, às informações que você fornece ou mesmo à sua admiração — tornou-se um atributo valioso e muito procurado. As pessoas respondem com confiança quando sabem que você está sendo direto com elas. Em uma conferência, quando vejo alguém que estou morrendo de vontade de conhecer, não escondo meu entusiasmo. "É um prazer finalmente conhecê-lo. Admiro seu trabalho de longe há um bom tempo e tenho pensado em como seria benéfico se pudéssemos nos conhecer." Fingir-se de tímido pode funcionar em um bar, mas não quando você procura estabelecer uma conexão mais profunda e significativa.

6. *Não seja eficiente demais.*

Nada parece menos sincero do que receber um e-mail em massa endereçado a uma longa lista de destinatários. Conectar-se com os outros não é uma questão de quantidade. Seu objetivo é estabelecer conexões genuínas com pessoas com quem possa contar.

Tenho vergonha de como aprendi essa lição. Sempre ouvi dizer que enviar cartões nas festas de fim de ano era uma boa ideia. Então, quando me formei em Yale, comecei a enviar um cartão nessa época para todos meus contatos. Quando estava na Deloitte, essa lista tinha milhares de pessoas, e eu contratava ajuda temporária para endereçar e até assinar os cartões. Bem, conseguem imaginar o que aconteceu. A intenção era boa, até que um colega de quarto da faculdade disse (na verdade, zombou) o quão grato estava por receber não um, mas *três* cartões naquele ano... todos com assinaturas diferentes. Não é sobre a quantidade, trata-se de uma conexão real.

Se você não está fazendo amigos enquanto se conecta, é melhor se contentar em lidar com quem não se importa muito com o que acontece com você. Ser antipático matará seus esforços de conexão antes de sequer começar. Por outro lado, gostarem de você pode ser a força mais potente e construtiva para fazer negócios.

HALL DA FAMA DOS CONECTORES

Katharine Graham (1917–2001)

"Cultive a confiança em todos."

A tragédia transformou Katharine Graham de esposa em editora da noite para o dia. Ela assumiu o *Washington Post* em 1963, após a morte do marido, Philip Graham. Seu jeito tímido e quieto parecia inadequado para lidar com as demandas de um dos jornais mais importantes dos Estados Unidos. Ela provou que todos estavam errados. Ajudou a construir um dos grandes jornais e uma das empresas de maior sucesso do país. Sob seu comando, o *Post* publicou os "Documentos do Pentágono", expôs o presidente Nixon com o caso *Watergate* e dominou a cena política e midiática de Washington com um estilo inimitável.

Na verdade, esse estilo é seu legado mais duradouro. Administrando o *Post* com compaixão, bondade e sinceridade, ela tornou-se uma figura poderosa. Sua influência lhe conferiu a capacidade de empoderar os outros — dos mais altos escalões da sociedade até os mais baixos — com um senso de dignidade e respeito.

Richard Cohen, um colunista do *Washington Post*, escreveu o seguinte, alguns dias após o funeral de Graham:

> Em um desagradável domingo de julho, há alguns anos, voltei da praia para Washington e peguei um táxi até o estacionamento do outro lado da rua do *Washington Post*, onde deixei meu carro. Uma tenda havia sido montada no estacionamento do *Post*. Era para uma festa da empresa, dada para pessoas cujos nomes você nunca ouve — que não assinam matérias, não aparecem na TV, conseguem anúncios, entregam o jornal ou talvez só limpem o prédio. No calor, vi Katharine Graham caminhando devagar em direção à festa.
>
> Ela já estava velha, e andar era difícil. Abriu caminho movendo-se com dificuldade. Tinha uma fazenda na Virgínia, uma casa em Georgetown, um apartamento em Nova York e, mais útil naquele dia terrivelmente quente, um imóvel perto do mar em Martha's Vineyard. Ainda assim, lá estava ela — incrivelmente, pensei — fazendo o tipo de coisa que vice-presidentes de fachada fazem em outras empresas.

Analise a vida de Katharine Graham e um tema inevitável surge: apesar de uma vida inteira livre de preocupações financeiras e um status social que beirava ao da realeza, ela fez amizade com *todos* — não só com aqueles que poderiam ajudar seu jornal ou aumentar sua posição nos bastidores do governo.

A maioria das reportagens sobre seu funeral mencionava nomes de celebridades como Henry Kissinger, Bill Clinton, Bill Gates, Warren Buffett e Tom Brokaw. Mas não é preciso ir muito longe para encontrar uma extensa lista de participantes não famosos. Segue uma amostra:

- Irvin Kalugdan, professor de educação especial do Condado de Fairfax, que fundou uma equipe estudantil de breakdance com uma doação de US$350 do *Washington Post*.

- Rosalind Styles, do Frederick Douglass Early Childhood and Family Support Center (um centro de apoio à infância e família), para o qual Graham ajudou a arrecadar fundos.
- Henrietta Barbier, da Bethesda, uma aposentada do serviço estrangeiro dos EUA, pertencia a um clube semanal de *bridge* com cerca de sessenta mulheres no Chevy Chase Women's Club. Disse que Graham nunca perdeu uma partida: "Ela entendia o jogo, fazia aulas e levava a sério."

Tudo isso revela uma verdade oculta sobre a habilidade de se conectar com os outros: os melhores nisso não fazem networking, fazem amigos. Ganham admiradores e confiança precisamente *porque* suas aberturas amigáveis chegam a todos. A ampliação do círculo de influência é um resultado involuntário, não um objetivo calculado.

O relacionamento de Graham com o ex-secretário de estado Henry Kissinger, mais do que com qualquer outro, destacou seu talento para a amizade pela amizade, opondo-se à amizade para propósitos ocultos.

De fora, os dois pareciam os amigos mais improváveis: afinal, os momentos cruciais da carreira de Graham foram golpes poderosos na de Kissinger. Primeiro, em 1971, Graham decidiu publicar os Documentos do Pentágono, documentos confidenciais que detalhavam o envolvimento dos Estados Unidos na Guerra do Vietnã. Um ano depois, o *Post*, a mando de Graham, iniciou suas investigações sobre o caso *Watergate*. Ambos levaram ao constrangimento do governo Nixon, do qual Kissinger fazia parte.

No entanto, lá estava Kissinger, o primeiro a falar e elogiar Graham em seu funeral. Ele e Graham assistiam filmes juntos com frequência.

Como Graham formou tal aliança, tal amizade? Como ela criou conexões com todos, desde professores anônimos até os mais famosos e poderosos do mundo? Conhecendo os próprios limites e cultivando a confiança nos outros; sendo discreta; pela sinceridade de suas intenções; deixando claro para os outros que levava seus interesses em consideração.

Em entrevista à CNN, Kissinger comentou: "Era um relacionamento estranho do ponto de vista de que o jornal dela estava muitas vezes do lado oposto das minhas opiniões, mas ela nunca tentou usar nossa amizade para beneficiar seu jornal. Nunca me pediu entrevistas especiais nem nada do tipo."

SEÇÃO 2

As Habilidades

CAPÍTULO 7

Faça Sua Lição de Casa

Uma conquista espetacular é sempre precedida por uma preparação espetacular.

— Robert H. Schuller

Quem você conhece, como os conhece e o que eles pensam de você depois não é algo que deve ser deixado ao acaso. Como diria Winston Churchill, a preparação é — se não a chave para ser um gênio — pelo menos a chave para soar como um.

Antes de me encontrar com qualquer pessoa a quem estou pensando em me apresentar, pesquiso que é essa pessoa e quais seus negócios. Descubro o que é importante para ela: seus passatempos, desafios, objetivos — dentro e fora dos negócios. Antes do encontro, costumo preparar, ou pedir ao meu assistente que o faça, um resumo de uma página sobre a pessoa que estou prestes a conhecer. O único critério para o que deve ser incluído é que quero saber como essa pessoa é como ser humano, quais suas convicções e quais conquistas lhe trazem maior orgulho.

Claro, você também deve estar por dentro do que acontece na empresa de alguém com quem deseja se relacionar. Teve um trimestre bom ou ruim? A empresa tem um produto novo? Acredite em mim, *todas* as pessoas se preocupam de forma espontânea, geralmente acima de qualquer outra coisa, com o que *elas* fazem. Se estiver informado o bastante para entrar confortavelmente no mundo delas e conversar com conhecimento de causa, sua apreciação será tangível. Como William James escreveu: "O princípio mais profundo da natureza humana é o desejo de ser apreciado."

Hoje, fazer essa pesquisa é fácil — e, no entanto, você ficaria surpreso com o quão poucas pessoas arranjam tempo para tal. Aqui estão algumas diretrizes, não tanto sobre onde, mas sobre como procurar:

- Google. Ir a uma reunião sem pesquisar alguém no Google é inaceitável. Além de informações relevantes, uma pesquisa rápida oferece algo mais sutil: uma noção do quão ativa a pessoa está online e quanta informação compartilha.
- LinkedIn. Dê uma olhada para ver como vocês estão conectados e de quais grupos ela participa. Leia com cuidado o histórico profissional e as informações do resumo. Esta parte geralmente revelará do que mais a pessoa se orgulha profissionalmente e talvez em quais metas está trabalhando. Confira também a última atividade na rede.
- Twitter. Verifique se ela tem uma conta ativa e como a usa. Procure também a conta da empresa e use a pesquisa dentro do próprio Twitter para ver se há alguma conversa em andamento.
- Documentos do departamento de relações públicas da empresa. Em geral, a maior parte estará disponível no site da empresa, o qual você deve visitar primeiro. Mas não custa nada ligar e explicar sobre a reunião agendada e que gostaria de algumas informações básicas.
- Relatórios anuais. Eles fornecerão uma boa ideia de para onde a empresa está indo e quais desafios e oportunidades estão por vir.

Observe que deixei o Facebook fora da lista, apesar do fato de ser um tesouro em potencial com informações altamente pessoais. Claro, coloque-o na lista enquanto se prepara. Porém, lembre de que nossas personalidades cuidadosamente expostas no Facebook costumam negligenciar nossas questões mais importantes ou apaixonantes.

É irônico que, embora o que compartilhamos tenha se tornado incrivelmente granular — tenho vergonha de admitir que uma vez postei uma foto minha sem camisa, escovando os dentes em um aeroporto —, nossa vontade de nos abrir ao público sobre coisas nos desafiam, que realmente importam, não mudou muito.

Começar a conhecer alguém significa, sem ter para onde fugir, entender quais são seus problemas ou necessidades. E neste ponto ainda não há substituto para o ato de fazer perguntas e ouvir com atenção. No trabalho, o desafio pode ser a linha de produtos. Mas, ao conversar com a pessoa, você descobrirá também que talvez seus filhos esperem conseguir um estágio, que elas enfrentam problemas de saúde ou apenas queiram calibrar suas tacadas no golfe.

A questão é que, após fazer o possível para se preparar, você ainda precisa ir além do monte de informações que formam nossa identidade pública e se conectar com alguém como um indivíduo. Encontre uma maneira de se tornar parte das coisas que mais interessam a essa pessoa e terá achado um meio de se tornar parte da vida dela.

Certa vez, participei de uma mesa redonda patrocinada pela Conferência Global do Milken Institute em Los Angeles, um encontro anual de três dias que reúne os principais pensadores e CEOs do mundo para trabalhar em problemas globais. Havia quinze participantes, todos executivos de empresas muito maiores que a minha.

Em muitos cenários, é provável que eu não estivesse me sentado ao lado deles, mas como ajudei a organizar a conferência (sempre uma vantagem), fui convidado a participar.

Tudo foi planejado tendo em mente a agenda apertada dos CEOs. Antes do evento, houve um breve bate-papo para permitir que os participantes socializassem e se conhecessem. Depois, um painel de discussão sobre o futuro do marketing, dados os desafios enfrentados pelas grandes marcas. Em seguida, um rápido jantar.

Em outras palavras, havia uma janela de cerca de três horas em que eu poderia usar a oportunidade para tentar estabelecer o começo de um ou dois relacionamentos.

Uma agenda de uma conferência bem-sucedida é sempre criada para maximizar o tempo dos participantes. Meu próprio objetivo nesses eventos é aproveitar ao máximo as breves oportunidades que posso ter para me tornar próximo de outras pessoas interessantes que ainda não conhecia.

A comida, na minha opinião, tem uma capacidade única de facilitar conversas. As pessoas costumam estar abertas, até ansiosas, para se divertir enquanto comem. No entanto, refeições em convenções são problemáticas. São apressadas e frenéticas, pedem conversa fiada agradável, mas comedida. Você nunca tem certeza de onde vai acabar sentando. E entre estranhos, geralmente é difícil focar além das pessoas que estão sentadas à sua esquerda ou direita.

E durante o painel, as pessoas focam suas próprias apresentações.

Resta, então, o momento de socialização. Nessas horas, gosto de ficar perto do bar. Praticamente todo mundo pega uma bebida em algum momento. Ao longo do dia, também verifico em quais salas as pessoas que quero encontrar estão reunidas naquele dia e organizo minha agenda para poder estar lá quando elas entrarem ou saírem. Parece um pouco manipulador, mas, na verdade, é apenas se colocar no lugar certo na hora certa.

O desafio nessas circunstâncias, assim como em todas as conversas, é tentar passar das trivialidades do bate-papo educado. Eu havia conhecido o principal organizador do evento nos meses anteriores e, com base em conversas casuais, tinha uma ideia de quem apareceria — não era informação privilegiada, mas foi útil para minha preparação. No meu escritório, havia biografias simples dos VIPs que iriam, para o caso de eu acabar encontrando ou me sentando ao lado deles. Meu assistente preparou alguns resumos sobre uma ou duas pessoas em particular que eu queria conhecer.

Tudo isso faz parte do que chamo de "apenas fazer sua lição de casa". O que, porém, não é suficiente. A ideia é encontrar um ponto comum que seja mais profundo e rico do que o que pode ser descoberto em um encontro acidental. Munido do conhecimento sobre as paixões, as necessidades ou os interesses de uma pessoa, você consegue mais do que se conectar; terá a oportunidade de criar um vínculo e *impressioná-la*.

Um grande político como Winston Churchill planejava seus encontros públicos da mesma maneira. Ele hoje é conhecido como um gênio da oratória, mestre na arte da réplica — o tipo de convidado fantástico para um jantar que capta toda a atenção dos presentes. O que é menos conhecido, mas que Churchill reconheceu nos próprios escritos, é o sangue, o suor e as lágrimas de preparação necessários para montar uma única frase ou contar uma piada inteligente. Ele percebeu o poder de conhecer seu público e saber como despertar suas emoções.

Então, como eu fiz?

Descobri que um dos CEOs, John Pepper, também estudara em Yale. Eu o admirava desde a universidade e tinha assistido sua palestra no *campus*. Antigo CEO da Procter & Gamble, Pepper estava comprometido com os direitos humanos e em garantir que a história da Underground Railroad fosse preservada em um museu dedicado ao assunto que ele estava fundando em Cincinnati. Pepper era conhecido por sua liderança e pelas inovações em marketing que havia levado para a Procter & Gamble. Mesmo depois de deixar o cargo, continuou a ser uma poderosa influência no conselho da P&G e no de várias outras empresas.

Com a informação de que ele havia estudado em Yale, sabia que teria uma biografia disponível no site da universidade. Então, entrei em contato com minha network de ex-alunos para obter mais informações. Lá, deparei-me com um achado de antigas afiliações e interesses universitários. Acontece que nós dois estudamos no Berkeley College em Yale. Isso significava que ele devia conhecer Robin

Winks, um professor muito admirado e respeitado para quem trabalhei durante a faculdade. Quando mencionei nossas muitas experiências em comum, nos demos bem.

Ao final da nossa conversa, John estava me dando conselhos perspicazes e contatos para minha jovem empresa (na época, a YaYa). Ele disse para mantermos contato nos anos seguintes. Eu esperava que nossos caminhos se cruzassem muitas vezes no futuro, e isso certamente aconteceu. Quando o professor Winks — Robin — faleceu apenas uma semana depois, compartilhamos nossas memórias dele. Alguns meses depois, conheci um empresário bem-sucedido de Cincinnati que estava se gabando do museu que preservava a Underground Railroad e fiz questão de colocá-lo em contato com John Pepper para angariar fundos. Provavelmente apresentei dois ou três potenciais doadores a John no ano passado.

Eu não tinha nenhuma afiliação ou organização em comum com a outra CEO que queria conhecer. Por sorte, uma pesquisa aleatória no Google revelou que ela havia corrido a Maratona de Nova York no ano anterior. Sei em primeira mão quanto comprometimento e sacrifício é necessário para treinar dia após dia a fim de correr e completar uma maratona. Eu tentei — e falhei. Comecei a treinar certo ano, mas, para minha decepção, meus joelhos começaram a doer. Aliás, estou sempre em busca de bons conselhos sobre como um dia posso conseguir correr uma maratona.

Quando encontrei essa CEO, falei: "Olha, não sei como você consegue. Gosto de pensar que estou em ótima forma, mas o treinamento para uma maratona acabou comigo. Precisei parar."

É claro que ela ficou surpresa. "Como diabos você sabe que eu corri uma maratona?", ela brincou, alegre. Lembre-se de que isso foi antes de todos postarem seus planos de treino, corridas que queriam participar e fotos da linha de chegada por toda a internet.

Nunca evito mencionar a pesquisa que fiz. "Sempre faço um esforço especial para saber mais sobre as pessoas que gostaria de conhecer." Inevitavelmente, as pessoas se sentem lisonjeadas. Você não ficaria? De imediato, a outra pessoa sabe que, em vez de sofrer por meia hora falando com um desconhecido, ela é capaz de se conectar com alguém com quem compartilha um interesse, alguém que se esforçou para conhecê-la melhor.

Por acaso, no dia anterior, eu havia participado do Barry's Boot Camp, um campo de treinamento com exercícios pesados, mas totalmente revigorantes, em West Hollywood, não muito longe da conferência. Eu disse: "Se quiser um treino incrível e diferente em algum momento, considere o campo." Em troca, recebi alguns conselhos valiosos para melhorar minha corrida. Mais tarde, ela tentou o treino comigo e adorou.

Até hoje, toda vez que nos encontramos, conversamos sobre o Barry's Boot Camp e dou a ela o relatório de progresso de meu objetivo de correr uma maratona. E o que descobri com aqueles que converti para o campo de treinamento é que, quando visitam LA, podem não ter tempo para uma reunião ou almoçar com os outros, mas com frequência fazem um desvio não comercial — e fazemos um treino intenso juntos.

Mais uma vez, seu objetivo em tal cenário é transformar o que poderia ser um encontro esquecível em uma amizade que floresça. Existem atalhos no meu sistema, mas este não é um deles. Eu não teria conseguido chegar nesses indivíduos e me conectar de fato sem fazer minha lição de casa.

CAPÍTULO 8

Anote Nomes

Depois de dedicar um tempo para descobrir qual é sua missão e onde almeja chegar, o próximo passo é identificar as pessoas que podem ajudá-lo no processo.

A organização e gestão bem-sucedidas das informações que fazem a conexão florescer são vitais, mas acompanhar as pessoas que conhece, as que deseja conhecer e fazer toda a lição de casa que o ajudará a desenvolver relacionamentos próximos com terceiros pode causar uma sobrecarga de dados. Como administrar isso?

O verdadeiro desafio não é mais acompanhar — praticamente tudo o que fazemos é rastreado; mesmo que não queiramos tal informação, alguém por aí com certeza quer. Clay Shirky resumiu a situação em 2008 e ainda está certo: "O problema não é o excesso de informações, é a falha do filtro." Nosso desafio atual é descobrir, entre os vários contatos que coletamos, quais são importantes. As pessoas que constroem plataformas sociais sabem disso e estão ficando melhores em ajudá-lo a filtrar. Porém, seus algoritmos nunca serão tão inteligentes quanto você em relação ao que realmente lhe importa.

A verdade é que você nem precisa de tecnologia para começar a ter uma noção. O necessário é foco e intenção. Tinta e papel são uma maneira perfeitamente adequada de acompanhar as principais prioridades de sua vida social em expansão. Sou um louco por listas, e você também deveria se tornar um.

Minha experiência na YaYa é um bom exemplo de como listas ajudam pessoas a alcançarem suas metas. No meu último dia na Starwood, fiz mais de quarenta ligações. Uma delas foi para Sandy Climan. O que é interessante sobre a chamada, e as dezenas de outras que fiz naquele dia, é que bem antes de qualquer uma dessas pessoas me conhecer, muitas já estavam em uma das várias listas que mantenho por anos.

Foi Sandy quem acabou me recrutando para a YaYa. Também não foi ruim que um dos outros investidores com participação na empresa, Knowledge Universe, fosse apoiado pelo famoso financista Michael Milken, que acabou se tornando meu mentor; eu o conheci por meio de um interesse mútuo sem fins lucrativos.

Em novembro de 2000, o conselho da YaYa me nomeou CEO e me deu duas metas: estabelecer um modelo de negócios viável e encontrar um grande investidor ou vender a empresa para um comprador estratégico com bastante capital. Naquele momento, a empresa tinha tecnologia para inventar jogos online que as corporações poderiam usar para atrair e educar seus clientes, mas não tinham clientes — nem receita.

Primeiro, sentei e estabeleci metas de noventa dias, um e três anos no meu Plano de Ação de Relacionamento. Cada uma exigia que eu me conectasse e desenvolvesse diferentes partes de minha network.

Em noventa dias, precisava conseguir credibilidade junto ao conselho, ganhar a confiança de meus funcionários e definir um rumo claro para o negócio.

Em um ano, queria ter contas *blue chip* suficientes para estar perto da lucratividade e tornar a empresa atraente para possíveis aquisições. O mais importante, precisava provar ao mundo exterior que a YaYa produzia algo que valia a pena. O conceito de *advergaming*, que na época ainda não era uma palavra, não era considerado um segmento viável no mercado publicitário. Os anúncios interativos eram fatalmente ineficazes, e os banners em sites eram considerados uma piada no setor. Tínhamos que nos diferenciar.

Em três anos, eu queria um modelo de negócios em vigor que pudesse funcionar sem mim, gerar liquidez para meus investidores e solidificar a posição da empresa como líder de pensamento na área de marketing online.

Para tornar esses objetivos possíveis, mapeei as peças mais importantes nas indústrias online e de jogos, desde CEOs e jornalistas até programadores e acadêmicos. Meu objetivo era conhecer quase todos eles dentro de um ano.

Para gerar entusiasmo em torno de nosso produto, fiz uma lista de pessoas que chamei de "influentes": os adotantes iniciais, jornalistas e analistas do setor que ajudam a espalhar o burburinho inicial sobre um produto ou serviço. Em seguida, listei clientes e compradores em potencial e pessoas que poderiam se interessar em nos financiar mais adiante. (Ao criar *suas* próprias categorias, elas devem corresponder aos seus objetivos.)

Ao criar essas listas, é importante nomear os verdadeiros tomadores de decisão, e não apenas uma organização. O objetivo é ter uma lista de nomes específica e de fácil acesso.

No início, concentre-se nas pessoas que fazem parte de sua network já existente. Aposto que você não faz ideia do quão vasta e difundida ela é de fato. Reserve um tempo para listar pessoas como:

> Parentes.
> Amigos de parentes.
> Todos os parentes e contatos do seu cônjuge.
> Colegas atuais.
> Membros de organizações profissionais e sociais.
> Clientes e consumidores antigos e atuais.

Pais dos amigos de seus filhos.
Vizinhos — antigos e atuais.
Pessoas com quem estudou.
Pessoas com quem trabalhou.
Pessoas de sua congregação religiosa.
Antigos professores e empregadores.
Pessoas com quem interage socialmente.
Pessoas que lhe prestam serviços.
Pessoas com as quais interage no Facebook.
Outras conexões online em redes sociais ou grupos comunitários.

Em seguida, insiro os nomes coletados em um banco de dados. Uma observação: o LinkedIn agora permite que se importem contatos, sejam membros da rede ou não, e que se veja suas mensagens com eles em todas as principais plataformas. Muito útil.

Em seguida, crio listas de contatos por região com as pessoas que já conheço e as que quero conhecer. Uma variedade de agregadores de contatos facilitam a classificação das listas. Quando estou em determinada cidade, tento ligar para o maior número de pessoas possível.

Carrego essas listas comigo aonde quer que eu vá. É nelas que está meu foco entre as reuniões. Tenho algo palpável para me encorajar a entrar em contato. Se papel não é para você, é possível fazer o mesmo usando aplicativos. Algumas das listas que você criar estarão relacionadas aos seu plano de ação; outras serão mais genéricas, ajudando-o a se manter conectado. O modo como as organiza pode variar. Tenho algumas por localização geográfica, indústria, atividade (outras para pessoas que gostam de correr, por exemplo, ou de passear pela cidade), se é conhecido ou amigo, e assim por diante.

Acrescentar nomes às suas listas é simplesmente uma questão de procurar no lugar certo. Nos estágios iniciais da YaYa, eu acompanhava todas as revistas relacionadas à publicidade e a jogos.

Se eu lesse sobre alguém que se enquadrasse em uma de minhas categorias, o acrescentaria na lista e descobriria suas informações de contato. Quando você procura pessoas para criar uma conexão, as encontrará em todos os lugares.

Um ótimo recurso para fazer listas é — parece quase absurdo — usar as listas de terceiros. Jornais e revistas fazem rankings assim o tempo todo.

Muito antes de me tornar um membro da lista *"40 Under 40"* da *Crain*, por exemplo, eu a usava há anos. Recorto rankings dos principais CEOs, profissionais de marketing mais admirados, empreendedores mais progressistas do país — todas essas listas são divulgadas em publicações locais e nacionais; cada indústria tem algo parecido.

Você quer não apenas saber quem atua na sua área, mas finalmente ser reconhecido como um deles. As pessoas que estão na *"40 Under 40"* não são necessariamente os quarenta melhores empresários. São, porém, provavelmente os mais conectados. E é provável que todos tenham almoçado juntos em algum momento. Quando você conhece essas pessoas e quem elas conhecem (incluindo os jornalistas da *Crain* responsáveis pela *"40 Under 40"*), é muito mais provável que esteja na lista na próxima vez que ela for publicada.

Ao adicionar nomes às suas listas, não se preocupe logo de cara se pode ou não se conectar com eles de imediato. Mapear o território é o ponto de partida.

A internet permite que se faça buscas incrivelmente detalhadas sobre milhões de contatos — mas você ainda precisa saber como afunilá-las. A mídia continua a fornecer um filtro. Além disso, o LinkedIn é inestimável. Um jovem amigo reclamou comigo outro dia que o site não o ajudou em sua busca por emprego; achava que os conselhos sobre o que fazer eram só propaganda. Então, perguntei como ele estava usando a rede. "Ah, enviei dezenas de currículos pela aba de vagas e entrei em contato com alguns recrutadores, mas não deu em nada."

Meu amigo não tinha percebido a verdadeira genialidade do LinkedIn: a capacidade de mapear de forma abrangente não apenas sua network, mas a de setores inteiros. É preciso olhar para o panorama geral. Pesquise os mais de 200 milhões de usuários por qualquer palavra-chave que consiga imaginar. A cada perfil que visitar, são exibidas pessoas semelhantes ao contato e um mapa útil da network dessa pessoa que pode filtrar por empresa, região e etc. E o site imediatamente informa se você tem conexões em comum com qualquer pessoa.

É o Santo Graal do networking! Se você não teve tempo para se conectar pelo LinkedIn recentemente, reserve duas horas em sua agenda esta semana para enviar convites personalizados para quantas pessoas tiver em sua rede. Ficará surpreso com a quantidade de conversas novas que consegue iniciar enviando uma simples solicitação na plataforma.

Há outra categoria que você pode querer adicionar, algo que chamo de meus "contatos ambiciosos". Existem aquelas pessoas muito importantes que não têm nada a ver com meu negócio, mas elas são simplesmente, ora, interessantes ou bem-sucedidas, ou ambas. Os participantes dessa lista podem ser qualquer pessoa, desde chefes de estado e magnatas da mídia, até artistas e atores, até mesmo pessoas de quem os outros falam muito bem. Eu as listo também.

Se você pudesse ver meu livro de endereços, eu poderia mostrar as informações de contato de Richard Branson, presidente do império do Grupo Virgin. Veja bem, não conheço Richard Branson… ainda. Mas quero. Se você descer um pouco na lista, encontrará Howard Stringer, CEO da Sony Corporation dos EUA. Ele já esteve em meus contatos ambiciosos. Agora eu o conheço.

As pessoas riem disso, mas os resultados falam por si.

Lembre-se, caso seja organizado, focado e insistente em anotar nomes, não há ninguém fora de seu alcance.

Quanto a mim, meus três anos na YaYa chegaram ao fim. Em 2002, a revista *Forbes* noticiou nossa extraordinária ascensão ao sucesso como uma startup que surgiu do nada com um conceito totalmente novo. O conceito de *advergaming* ganhou uma moeda cultural no mercado e o termo agora é usado tanto por CEOs quanto por jornalistas. Outro dia ouvi um CEO, que não sabia que tínhamos criado a palavra, gabando-se da ferramenta inovadora chamada *advergaming*, que aumentou mensuravelmente as vendas e o reconhecimento de seu produto. Conforme planejado, a YaYa acabou sendo vendida para uma empresa de capital aberto, dando aos investidores acesso à moeda líquida que buscavam e dando à YaYa o capital operacional necessário. E é claro que sem esse monte de listas para agradecer, ela nunca teria passado do primeiro ano de operações.

CAPÍTULO 9

Aquecendo a Ligação Fria

Ligações frias transformam até mesmo os mais competentes em uma pilha de nervos. Consigo me identificar com aqueles que ficam catatônicos só de pensar em ligar para um desconhecido.

Então, como lidar com uma ligação fria?

Primeiro, é tudo uma questão de atitude. Sua atitude. Você nunca estará totalmente pronto para conhecer novas pessoas; não há um momento perfeito. Seus medos nunca serão silenciados por completo, pois convidar a rejeição nunca será atraente. Sempre existe uma centena de razões para procrastinar. O truque é mergulhar de cabeça. Lembre-se, se você não acredita que conseguirá o que deseja com a ligação, provavelmente não vai. Então, parafraseando *Clube dos Pilantras:* "É só deixar rolar, e seja a bola." Você tem que se imaginar vencendo para vencer.

Precisa encarar o ato de conhecer novas pessoas como um desafio e uma oportunidade. A ideia em si deve ativar seu lado competitivo e silenciar a timidez que existe em todos nós que foge do comportamento socialmente aventureiro.

E, segundo, ligações frias são para otários. Eu não as chamo assim nunca.

Criei estratégias que garantem que todas as ligações que faço sejam calorosas.

Darei um exemplo. Jeff Arnold, fundador da WebMD, é um amigo. Anos atrás, ele comprou os direitos e as patentes de uma tecnologia que coloca conteúdo digital em um mini DVD para entregas únicas. Hoje, é claro, isso é completamente obsoleto, mas na época, era uma forma inovadora de colocar o conteúdo digital nas mãos das pessoas.

Conversando com ele e seu sócio, Thomas Tull, fiquei sabendo do acordo que haviam acabado de fechar com uma cadeia de cinemas para distribuir esses DVDs com bebidas vendidas nesses locais. Eles pensaram que, dada a demografia dos espectadores, uma empresa como a Sony Electronics poderia se beneficiar dessa nova tecnologia de distribuição. Mas não sabiam com quem entrar em contato na Sony e me procuraram em busca de opiniões.

Eu havia me encontrado várias vezes com o Sir Howard Stringer, CEO da Sony, então liguei para seu escritório. Mas, em vez de apenas esperar que Howard me respondesse, também queria encontrar outros caminhos. Na época, não conseguia pensar em mais ninguém na minha network que pudesse me colocar em contato com o responsável específico por essas decisões dentro da Sony. Quando não responderam meus telefonemas ou e-mails, pesquisei quais agências prestavam serviços a ela e descobri que a Brand Buzz, uma agência de marketing dentro da gigante Young & Rubicam, tinha a Sony como um dos principais clientes.

Ademais, o CEO da Brand Buzz na época, John Partilla, é um amigo próximo.

Então, liguei para ele. "Ei, John, tenho duas coisas para falar. Primeiro, quero que conheça um amigo meu chamado Jeff Arnold. Ele é brilhante e criativo, e você deveria conhecê-lo. É o cara que fundou a WebMD e abriu uma nova empresa, a Convex Group, que pode precisar dos seus serviços no futuro. E segundo, a Convex está lançando uma tecnologia incrível que distribui conteúdo digital de um jeito inovador. Acho que a Sony gostaria de saber disso."

De certa forma, ao contatá-lo dessa maneira, oferecia duas oportunidades: uma chance de conhecer alguém importante e interessante, talvez para negócios futuros, por meio de Jeff, e uma chance de ficar bem com o negócio que ele já tinha — a Sony — ao trazer novas oportunidades.

John estava feliz em poder ajudar. Ele conhecia o cara perfeito, o novo chefe de estratégia de mídia e internet da Sony, Serge Del Grosso. Pedi a John que enviasse um breve e-mail introdutório (com cópia para mim) antes que eu ligasse. Ao me incluir no e-mail, eu conseguiria incluir John em todos os envios subsequentes para Serge, além de tratar nosso encontro com certa urgência. Implicitamente, como resultado, tanto John quanto eu esperávamos uma reunião com ele.

Como acontece com várias negociações, isso por si só não resolveu o problema. Serge estava ocupado e nem ele nem seu assistente administrativo responderam após vários e-mails. Isso não é incomum. Muitas vezes, as pessoas não te responderão. Você precisa colocar seu ego de lado e persistir em ligar ou escrever. E quando por fim conseguir a conexão, não sabote seus esforços mostrando aborrecimento por não terem respondido tão rápido quanto gostaria. Também não deve se desculpar pela persistência. Apenas aja como se tivessem respondido de primeira. Faça com que seja uma experiência confortável para todos.

Marcar essas reuniões leva tempo. Cabe a você tomar a iniciativa. Às vezes, ser agressivo é necessário. Depois de algumas semanas sem resposta, liguei para o departamento de informações da Sony e acabei conseguindo a linha direta de Serge. Quando ligo diretamente para alguém com quem nunca conversei antes, tento fazê-lo em horários incomuns. Alguém ocupado tem mais chances de atender o próprio telefone às 8h ou às 18h30. Além disso, ele provavelmente está menos estressado, já que não está enfrentando as típicas pressões do horário comercial.

Liguei no início da manhã, mas caiu na caixa postal, então deixei um recado: "Só quero reiterar minha empolgação com nosso encontro. Nunca ouvi John falar de modo tão lisonjeiro de um parceiro de negócios. Entendo o quanto deve estar ocupado. Não tive resposta de seu assistente administrativo, mas tenho certeza de que ela virá. Até logo." Em momento algum você quer que suas interações fiquem tensas. Criar e manter um senso de otimismo e uma leve pressão em cima do compromisso faz parte do jogo.

Quando continuei sem respostas, liguei para a linha direta de Serge depois do expediente, por volta das 18h. Dessa vez, o próprio atendeu, e dei a proposta.

"Oi, Serge. É o Keith Ferrazzi. John fala muito bem de você há algum tempo, e finalmente consegui uma boa desculpa para fazer esta ligação.

Estou aqui em nome do meu amigo Jeff Arnold, fundador da WebMD, que tem um jeito inovador e muito poderoso de distribuir conteúdo digital. Considerando alguns dos produtos que você lançará neste trimestre, pode ser a parceria perfeita. Estarei em Nova York na próxima semana. Vamos nos encontrar. Ou, se não for possível desta vez, abrirei espaço na minha agenda para quando lhe for mais conveniente."

Em quinze segundos, usei minhas quatro regras para o que chamo de ligação *calorosa*: (1) transmitir credibilidade mencionando uma pessoa ou instituição conhecida — no caso, John, Jeff e a WebMD; (2) declarar sua proposta valiosa: o novo produto de Jeff ajudaria Serge a vender os novos produtos; (3) comunicar urgência e conveniência estando preparado para fazer o que for e quando for preciso para atender a outra pessoa nos termos dela; (4) estar preparado para oferecer um compromisso que garanta, no mínimo, uma continuação.

O desfecho? Eu estava no escritório de Serge na semana seguinte. E, embora seu orçamento não permitisse uma aplicação no curto prazo, ele entendeu totalmente o poder da mídia para seu público. Em retrospecto, quem sabe? Talvez ele tivesse uma leitura melhor sobre o futuro da tecnologia. Boa escolha, Serge!

Veja algumas regras que sigo, apresentadas em detalhes:

1. Prepare uma referência.

O motivo de uma ligação fria parecer tortura foi apresentado vividamente há cerca de cinquenta anos em um anúncio, recapitulado por Harvey Mackay em seu livro *Como Nadar Entre os Tubarões sem Ser Comido Vivo*. Ele retrata um desmancha-prazeres do mundo dos negócios encarando o leitor, que está no papel de vendedor. O desmancha-prazeres diz:

> Não sei quem você é.
> Não conheço sua empresa.
> Não sei o que a sua empresa defende.
> Não conheço os clientes da sua empresa.
> Não conheço os produtos da sua empresa.
> Não conheço a reputação da sua empresa.
> Então... O que é que você queria me vender?

É possível perceber a total falta de credibilidade que alguém tem ao fazer uma ligação fria. Credibilidade é a primeira coisa que se deseja estabelecer em qualquer interação, e, no fim, ninguém comprará de você a menos que transmita confiança. Ter um amigo em comum ou até um conhecido fará com que você se destaque imediatamente dos outros anônimos que disputam uma fração do tempo de alguém.

O que quero dizer com isso? Se você estiver ligando em nome do presidente, garanto que o Sr. Desmancha-prazeres do outro lado da linha ouvirá o que você tem a dizer. Falar das marcas de terceiros, sejam referências pessoais ou organizações, é uma tática útil para superar a relutância inicial de alguém.

Porém, a maioria de nós não trabalha para a Microsoft nem conhece o presidente da organização que estamos tentando contatar. Nossa tarefa, então, é procurar um caminho até a pessoa com quem tentamos nos conectar usando a nossa network de amigos, familiares, clientes, vizinhos, colegas de classe, associados e membros da igreja. Ao mencionar um vínculo em comum, de repente a pessoa para quem se está ligando tem uma obrigação não apenas com você, mas também com o amigo ou associado citado.

Hoje, encontrar um vínculo com alguém é muito mais fácil do que quando comecei.

De novo, o Google e as principais redes sociais são quase indispensáveis nesse processo. O LinkedIn imediatamente mostrará suas conexões em comum. Pesquise o nome da pessoa e é provável que descubra onde ela estudou, quais são seus interesses e de quais conselhos faz parte — conseguirá uma perspectiva de sua vida que deve lhe dar ideias sobre onde um contato mútuo pode ser encontrado. Quais esportes elas praticam? Com quais organizações sem fins lucrativos se preocupam? Você conhece outras pessoas envolvidas em causas semelhantes?

As pessoas costumavam dizer que havia apenas seis graus de separação entre qualquer um no mundo. Um estudo feito em 2011 com 720 milhões de usuários do Facebook determinou que o número mágico é, na verdade, 4,74. O sistema do LinkedIn se baseia em três graus de separação. Seja como for, estamos todos a apenas alguns cliques de distância.

2. Declare seu valor.

Conseguir uma referência ou instituição é apenas o ponto de partida. Isso o ajudará a ter uma porta de entrada. Uma vez que consiga fazer alguém ouvi-lo por trinta segundos, precisará estar preparado para entregar uma proposta de alto valor. Terá pouquíssimo tempo para articular por que essa pessoa não deve tentar desligar o telefone o mais rápido possível. Lembre-se, é tudo sobre ela. O que você consegue fazer por ela?

Ao pesquisar por uma conexão com quem deseja conhecer, primeiro obtenha informações sobre a empresa e a indústria para quem eles vendem. Vender é, em essência, resolver os problemas de outra pessoa. E você só consegue isso ao saber quais são esses problemas. Quando finalmente consegui falar com o Serge, por exemplo, já sabia que ele estava se preparando para lançar alguns produtos no próximo trimestre e precisaria de algo que se destacasse de verdade durante o agitado período de férias. Eu também sabia que o público-alvo dos lançamentos estava bem alinhado com quem ia aos cinemas.

Posso simplificar ligações frias personalizando-as com informações específicas que mostram que estou interessado o suficiente no sucesso delas por ter feito a lição de casa.

3. Fale pouco, diga muito. Seja rápido, conveniente e definitivo.

Você quer transmitir tanto um senso de urgência quanto de conveniência. Em vez de me despedir com "Devemos nos encontrar em breve", gosto de finalizar com algo como "Estarei na cidade na próxima semana. Que tal um almoço na terça? Sei que isso será importante para nós dois, então arranjarei tempo, não importa o que aconteça".

Você precisará, é claro, fornecer informações suficientes sobre sua proposta de valor para que a pessoa queira conversar um pouco. Mas também não fale demais. Se vier com um longo discurso de vendas sem descobrir o que o outro pensa, poderá desestimulá-lo logo de cara. É um diálogo, não um monólogo roteirizado. Até mesmo minha introdução de quinze segundos que acabei de citar deixou tempo para os casuais "uhum, sim" ou "hum" da outra parte. Nunca fale *sem parar*. Dê tempo para que acompanhem a conversa.

Lembre-se, na maioria dos casos, o único objetivo da ligação é marcar um encontro onde possam discutir a proposta com mais detalhes, não fechar a venda. Segundo minha experiência, os acordos, assim como as amizades, são feitos apenas pessoalmente, cara a cara. Seja o mais rápido possível na ligação a fim de garantir que a próxima vez que fale com a pessoa seja no escritório dela ou, melhor ainda, acompanhados de linguine e vinho.

4. Ofereça um compromisso.

Em qualquer negociação informal, vá com tudo desde o início, deixando espaço para acordos e a capacidade de acelerar seu fechamento. Encerrei minha ligação com Serge sugerindo que, mesmo que ele não quisesse ouvir nada sobre conteúdo digital, adoraria que nos encontrássemos apenas para conhecê-lo, dada a admiração e o respeito que nosso amigo em comum tinha por ele.

O livro *As Armas da Persuasão*, de Robert B. Cialdini, mostra como o compromisso é uma força poderosa nas relações humanas. Um exemplo usado para ilustrar essa ideia são os escoteiros, que muitas vezes são rejeitados de início ao tentarem vender rifas. No entanto, estatísticas demonstraram que quando o escoteiro oferece barras de chocolate, um item mais barato, os clientes compram o doce mesmo que não o querem de verdade. Ao ceder, as pessoas sentem como se estivessem cumprindo sua obrigação social para com os outros. Portanto, lembre-se, vá com tudo — isso o ajudará a se contentar com o que realmente precisa.

Aquecendo Virtualmente

Hoje em dia, o e-mail frio é comum, né? Conheço muita gente que tenta evitar o telefone por completo e, principalmente, interagir com alguém novo. Dizem que pela internet é mais eficiente. É claro que não é verdade — só *acham* que é porque o tempo que levam para o envio de e-mails já está embutido no fluxo de trabalho.

Deixando meu discurso de lado, a primeira regra de novas interações é conhecer alguém nos termos da pessoa, onde for mais provável que ela te ouça. Se ela quiser um e-mail, envie o e-mail.

Aqui está o que você precisa saber além das regras que já compartilhei para obter respostas de e-mails "calorosos".

- **O campo "Assunto" é seu tudo ou nada.** Se não for cuidadoso, seu e-mail pode nunca ser lido. Concentre-se na sua isca mais poderosa, seja a conexão em comum ou o valor específico que você tem a oferecer. Instigue a curiosidade.
- **Acerte a hora.** Há muito debate sobre a melhor hora para enviar um e-mail. Pessoalmente, gosto de enviar quando acho que a pessoa está disposta a responder o que recebe. Os momentos típicos são pela manhã, no almoço e nas últimas horas do expediente.
- **Seja breve.** Depois de escrever seu rascunho, a "melhor" versão geralmente será 50% menor. Sim, temos metade do interesse que acreditamos ter! Seu e-mail deve caber em uma única tela. Se eu precisar rolar o mouse para chegar ao assunto, já perdi o interesse.
- **Tenha uma chamada para a ação clara.** O que quer que eles façam? Faça o primeiro pedido de forma clara e concisa. Solicite quinze minutos ao telefone, não apenas uma vaga ligação. Sugira datas e horários, não "uma reunião em algum momento". Facilite o processo o máximo que puder e não os faça adivinhar o que busca.
- **Leia-o em voz alta.** Eu tinha uma assistente que fazia isso com todos os e-mails que escrevia, e eu sempre dava risada quando a pegava no flagra. Mas ela era esperta. Ao se ouvir, garantia que a linguagem fosse clara e coloquial, e também cronometrava um limite de 45 segundos.
- **Verifique a ortografia.** Não há desculpa para erros ortográficos e gramaticais em um e-mail. Escrevi dois livros e tenho uma URL com meu nome, e, ainda assim, recebo e-mails para "Keith Ferazzi" com um "r" só. Sei que você consegue fazer melhor que isso.

CAPÍTULO 10

Lidando Engenhosamente com os Assistentes

Vamos encarar os fatos: ter uma lista de nomes de com quem deseja se conectar nos negócios e um plano para o que dirá durante a ligação com essas pessoas não significa muito se você nunca conseguir falar com elas. Metade da dificuldade em criar essa conexão é, na verdade, chegar até alguém. É ainda mais difícil quando esse alguém é um grande Kahuna com uma muralha de caixa postal, endereços de e-mail ocultos e assistentes defensivos interferindo.

Então, como abrir essa porta?

Primeiro, faça do *gatekeeper* (a pessoa responsável por filtrar as tentativas de contato com a alta administração) um aliado, não um adversário. E nunca, *jamais* o irrite. Muitos assistentes executivos são sócios minoritários dos chefes. Não pense neles como "secretários" ou "assistentes". Na verdade, são associados e essenciais.

Sempre que tentei bater de frente com um auxiliar administrativo, perdi. É como aquela brincadeira pedra, papel e tesoura. Bem, neste caso, como Mary Abdo me ensinou, o "associado" supera todos os outros elementos.

Mary era a assistente de Pat Loconto, então CEO da Deloitte. No começo, nós nos dávamos muito bem. Lembro-me de um jantar com Pat e Mary. Ela precisou sair mais cedo, então eu a acompanhei até o lado de fora enquanto ela pegava um táxi. No dia seguinte, liguei para agradecer por organizar uma noite tão maravilhosa.

Ao que parece, as pessoas raramente ligavam para Mary para agradecê-la pela organização dos eventos, e ela ficou bem grata. Na manhã seguinte, até contou para Pat o quanto gostava de mim.

Mary era incrível: divertida, cheia de energia e histórias maravilhosas. Em meus primeiros dias na Deloitte, quando ligava para Pat, passava alguns minutos tagarelando com ela. "Mary, é muito divertido conversar com você." Parando para pensar, meu relacionamento com Mary foi claramente uma das razões mais importantes pelas quais tive acesso tão fácil a Pat. E minha relação com Pat foi uma das mais importantes de minha vida no mundo dos negócios.

No entanto, houve um momento em que tudo começou a mudar entre Mary e eu. Eu tinha acabado de me tornar CMO.

Naquela época, tinha minha própria assistente administrativa em tempo integral, a quem chamarei de Jennifer. Achei que ela seria tudo o que eu gostaria em uma assistente: inteligente, organizada, eficiente. Nós nos dávamos muito bem. O único problema era que Mary e ela não se entendiam — de jeito nenhum.

Mary gerenciava todos os assistentes administrativos em nossa área executiva. As duas começaram a bater de frente quase que de imediato. Jennifer teimava sem parar. Pensei que elas se resolveriam uma hora ou outra.

"Tudo é joguinho de poder. Ela está desperdiçando meu tempo", Jennifer reclamou.

Eu queria oferecer apoio. As reclamações e preocupações de Jennifer pareciam razoáveis para mim, mas eu estava ouvindo só um lado da história. Encorajei-a a trabalhar na melhoria do relacionamento entre as duas. E um dia, depois de ter sido arrastado para o meio de outra briga entre elas, perguntei a Mary se poderia se esforçar mais para se dar bem com Jennifer.

Mary não gostou de minha sugestão. Não demorou para que entrar na agenda de Pat ficasse cada vez mais difícil. Contornar a burocracia corporativa, que era moleza no passado, havia se tornado impossível. Minhas despesas estavam sendo examinadas minuciosamente, tomando meu tempo, e a pressão sobre Jennifer estava maior do que nunca, o que a fazia ter uma reação ainda pior.

Atingi meu limite. Fui até o escritório de Pat e disse, sem rodeios: "Olha, Mary, isso precisa acabar."

Se eu achava que Mary tinha ficado chateada antes — caramba! —, não era nada perto de sua ira agora.

A vida no escritório se tornou um pesadelo por um tempo.

Por fim, Pat me chamou de canto. "Keith", disse, "você fez tudo errado. Agora todo esse caos está dificultando a *minha* vida. Veja bem: também ouvi sobre sua assistente administrativa, só que pelo ponto de vista de Mary, e não quero ter que lidar com isso. Segundo, você está sendo estúpido. Mary gosta de você e sempre gostou. Faça-se um favor. Faça-*me* um favor. Custe o que custar, acerte as coisas com ela. Quando se trata destas questões, ela administra este lugar."

Pessoalmente, sempre me importei com Mary e a respeitei, mas aprendi algo: uma assistente como Mary tem grande poder. Secretários e assistentes são mais do que só associados prestativos para seus chefes. Se forem bons, tornam-se amigos de confiança, defensores e parte integrante da vida profissional e até pessoal.

Um dia, Jennifer, que era tão leal a mim quanto Mary era a Pat, veio e se ofereceu para pedir demissão. "Escute, estou infeliz e sua carreira estará em risco se tudo isso não se resolver", ela me disse. Foi um gesto incrivelmente atencioso, assim como uma forma de restaurar a sanidade em sua vida. Prometi ajudá-la a encontrar outro emprego (o que aconteceu depressa), e permanecemos bons amigos até hoje.

Quando fui contratar meu próximo assistente, fiz duas coisas. Primeiro, perguntei se Mary poderia pré-selecionar todos os candidatos e classificar suas principais escolhas. Fiquei com quem ela colocou em primeiro. Também pedi ao meu novo assistente para fazer o que Mary mandasse. Não demorou muito para fazer as pazes com ela. Pat tinha razão: Mary *gostava* de mim, e eu só precisava entender melhor o papel dela. Pat começou a receber minhas mensagens de novo, e a vida de todos nós ficou muito mais fácil.

Por mais importantes que os *gatekeepers* sejam dentro de uma organização, são muito mais quando você está trabalhando de fora.

Mais ou menos na mesma época, Kent Blosil, um representante de vendas de publicidade da *Newsweek*, era um dos vinte vendedores que batiam à minha porta em busca de uma venda. Mas eu tinha um comprador de mídia na agência, que pagávamos para ir a essas reuniões por mim e, via de regra, eu nunca falava com representantes de vendas de anúncios.

Kent era diferente. Sabia o tipo de influência que um *gatekeeper* exerce.

Ele ligava para Jennifer uma vez por semana. Era respeitoso e extremamente gentil. De vez em quando, a surpreendia com uma caixa de chocolates, flores ou algo do tipo. E, apesar das sugestões dela, eu ainda não via razão para participar da reunião.

Jennifer insistiu, e Kent foi parar na minha agenda em umas dez ocasiões diferentes sem meu conhecimento. Eu cancelava toda vez, mas ela continuou marcando horários para seu bom amigo porque achava que ele era diferente e tinha uma abordagem mais inovadora do que os outros.

"Faça-o se encontrar com meu comprador", finalmente respondi um dia.

"Não, você vai se encontrar com ele. Pode tirar cinco minutos do seu dia. Ele é muito legal e criativo e vale esse tempo." Então, cedi.

Kent certamente foi legal, mas também se preparou para a reunião, tinha uma profunda compreensão de meu negócio e uma interessante proposta de valor. Na reunião, uma das primeiras coisas que disse foi: "Se estiver tudo bem para você, gostaria de apresentá-lo aos três principais editores seniores da *Newsweek*. Estaria interessado?" Como alguém que dependia da mídia para cobrir a propriedade intelectual da Deloitte, essa era uma oferta importante.

"É claro", respondi.

"Aliás, estamos realizando uma conferência em Palm Springs, na qual alguns outros CMOs se reunirão com nossos editores e repórteres. Será uma conferência muito boa sobre estratégias de mídia na Nova Economia. Posso colocá-lo na lista de convidados?" Ele estava oferecendo um valor de negócio real, uma vez que muitos dos outros CMOs também seriam clientes da Deloitte. Seria uma oportunidade de networking pessoal entre meus colegas.

"Sim, eu gostaria de ir."

"Além disso, sei que seu cara da mídia está avaliando uma proposta que apresentamos há alguns meses. Não vou desperdiçar seu tempo com detalhes. Só quero que saiba que seria ótimo se pudéssemos fazer negócios juntos no futuro." E foi isso. Essa foi a apresentação de vendas de cinco minutos de Kent. Noventa e oito por cento de valor agregado para mim, dois por cento de vendas para ele.

Liguei para nosso cara da mídia depois que Kent saiu de meu escritório. "Vá até a *Newsweek*", pedi. "Cote um preço justo em relação às outras revistas que estávamos considerando e feche o negócio nesse segmento. Faça dar certo." E quando Kent foi para outra revista, o mesmo aconteceu com meus negócios.

Meu ponto? Sempre respeite o poder de um *gatekeeper*. Trate-os com a dignidade que merecem. Se o fizer, as portas se abrirão para você até mesmo para chegar aos tomadores de decisão mais poderosos. O que significa tratá-los com dignidade? Reconheça a ajuda que fornecem. Agradeça por telefone, com flores ou um bilhete.

E, sim, é claro que há momentos em que a situação exige mais do que gentilezas e presentes agradáveis. Às vezes você precisará usar a esperteza para conseguir uma reunião.

No verão passado, conheci uma ex-executiva da Disney em um voo para Nova York. No decorrer de nossa conversa, mencionei que era um recém-chegado em Los Angeles e estava sempre procurando conhecer gente legal e inteligente. Ela sugeriu que eu poderia gostar de conhecer um executivo promissor chamado Michael Johnson, o presidente da Walt Disney International.

Não havia nada específico que Johnson pudesse fazer pela minha empresa ou por mim naquele momento, mas senti que ele era alguém que eu deveria conhecer. Eu dirigia uma empresa de jogos de computadores, e vai saber se a Disney algum dia poderia se interessar pelo mundo dos jogos! A única questão era passar pelo *gatekeeper* de Johnson; em uma grande empresa como a Disney, isso costuma ser um problema.

Liguei para Michael Johnson quando cheguei em casa e, sem surpresa, recebi uma resposta quase fria.

"Sinto muito, o Sr. Johnson está viajando e ficará fora o mês inteiro", sua assistente disse.

"Tudo bem", respondi. "Diga a ele que um amigo da Jane Pemberton ligou. Por favor, peça que me retorne quando possível."

Você não quer parecer agressivo logo de cara. Lembre-se, você nunca, jamais quer irritar o *gatekeeper*.

Minha segunda ligação foi mais do mesmo: marcar presença e deixar claro que não iria embora.

"Oi, aqui é Keith Ferrazzi. Só estou ligando de volta porque não tive notícias do Michael." Novamente, sem ser muito insistente, comece a criar a presunção de que a resposta dele é algo iminente e esperado. A *gatekeeper* de Johnson educadamente anotou minha mensagem e me agradeceu por ligar. Pedi o e-mail dele, mas ela não me deu, alegando questões de privacidade.

Na terceira tentativa, ela foi menos educada. "Escuta", disse com um pouco de irritação na voz, "o Sr. Johnson está muito ocupado e não sei quem você é." Nesse momento eu poderia igualar o tom dela, e tudo iria água abaixo, ou…

"Sinto muito mesmo, sou amigo pessoal de uma amiga dele. Acabei de me mudar para a cidade e Jane sugeriu que conhecesse Michael e, honestamente, nem sei o motivo além do fato de ela ser uma grande amiga dele. Talvez tenha razão. Talvez eu tenha entendido errado. Talvez Michael não conheça Jane tão bem e não queira me conhecer. Peço desculpas se este for o caso."

Ao ser tão sincero e até vulnerável, coloquei a assistente em alerta. Ela agora teme que talvez tenha sido muito rude, quem sabe inapropriada, com um amigo de uma amiga do chefe. No fim das contas, sou apenas um cara seguindo o conselho de uma amiga. O mais provável é que ela recue, preocupada por ter batido a porta com muita força. Então, sugeri: "Por que eu simplesmente não envio um e-mail para Michael?" E a essa altura ela está pensando: "Quero sair dessa enrascada." Então finalmente consegui o e-mail dele.

A mensagem que enviei foi simples: "Caro Michael, sou amigo da Jane e ela sugeriu que falasse com você... Ela acha que deveríamos nos conhecer." Se tivesse algo específico para discutir, teria dito logo de cara, mas a melhor proposta de valor que eu tinha era a amiga em comum que achou que seria uma situação ganha-ganha.

Às vezes é eficaz utilizar vários meios de comunicação ao tentar se conectar com um novo contato importante. Um e-mail, carta, fax ou cartão-postal geralmente tem mais chances de chegar diretamente nas mãos da pessoa almejada.

A resposta de Johnson foi cordial e breve. "Quando for conveniente, ficarei feliz em encontrá-lo."

Então, voltei a falar com sua assistente com a informação de que Michael disse que ficaria feliz em me encontrar e que agora estava ligando para saber a data. E, por fim, o encontro de fato aconteceu.

Infelizmente, situações que exigem essa quantidade de manobras não são raras. É um trabalho duro e requer uma sutileza que só se consegue dominar por meio da prática contínua. Mas, uma vez que reconhece a importância dos *gatekeepers* e os transforma em aliados por meio do respeito, do humor e da compaixão, poucas portas não estarão abertas para você.

CAPÍTULO 11

Jamais Coma Sozinho

A dinâmica de uma network é parecida com a de um aspirante a celebridade em Hollywood: a invisibilidade é um destino muito pior do que o fracasso. Isso significa que você deve estar sempre se conectando com os outros — no café da manhã, no almoço, tanto faz. Isso significa que, se uma reunião der errado, você terá outros seis compromissos agendados iguais àquele ao longo da semana.

Ao construir uma network, lembre-se: acima de tudo, nunca, jamais desapareça.

Mantenha seus calendários de eventos sociais e de conferências cheios. Como um iniciante, deve trabalhar duro para permanecer visível e ativo em sua rede crescente de amigos e contatos.

Deixe-me exemplificar. Certa vez, tive a oportunidade de viajar com a então primeira-dama Hillary Clinton em um avião militar C130, cruzando o sudoeste de um evento político até outro. Ela acordou às 5h para tomar café da manhã e fazer ligações para a Costa Leste. Fez pelo menos quatro ou cinco discursos, participou de alguns coquetéis onde constantemente se comunicou com dezenas de indivíduos e visitou a casa de várias pessoas. Ela deve ter apertado 2 mil mãos só naquele dia. No fim da noite, quando a maior parte de nossa comitiva tentava voltar ao Air Force One, avião que transporta o presidente dos EUA, ela reuniu sua equipe, sentou-se de pernas cruzadas e começou a brincar e bater papo com eles sobre tudo o que havia acontecido no dia. Após cerca de uma hora de frivolidades, a Sra. Clinton começou a programar o dia seguinte. Independente de sua posição política, tanta determinação e ética de trabalho deve ser respeitada. Fiquei chocado com o número de pessoas de quem se lembrou do nome durante a viagem. Eu já estava com muita dificuldade em lembrar os nomes de todos do nosso grupo.

Vejo exemplos desse tipo de persistência e determinação por toda parte. Meus heróis particulares, devido à minha origem, são aqueles que vieram de baixo. Um amigo CEO veio de uma família proletária do meio-oeste — seu pai, assim como o meu, foi operário por quarenta e tantos anos. Ele dirá que não é o cara mais inteligente da sala, não tem o pedigree das universidades mais prestigiadas como seus colegas e não subiu na vida recebendo ajuda da família. Hoje, porém, ele é um dos CEOs mais respeitados em seu setor.

Sua fórmula não é complicada, mas rigorosa. Ele fala com pelo menos cinquenta pessoas por dia. Passa horas por semana caminhando pela fábrica da empresa, conversando com funcionários de todos os níveis hierárquicos. Se você enviar um e-mail para ele ou para seu assistente, pode ter certeza de que receberá uma resposta em poucas horas. Ele atribui seu sucesso à ética de trabalho do operário e à sensibilidade que aprendeu com o pai. Uma vez me disse que, embora tenha aprendido o que seus colegas de colarinho branco mais engomados sabem, eles nunca teriam a oportunidade de aprender o que ele sabia.

Agora, você tem que trabalhar *duro* para ter sucesso em se conectar com os outros, mas isso não significa que tenha que trabalhar muito. Há uma diferença. Algumas pessoas pensam que a construção de uma network requer dezoito horas por dia preso em reuniões e ligações. Se trabalho tantas horas ou se ao menos assim parece, não estou fazendo meu trabalho — pelo menos não o estou fazendo bem. Ou talvez esteja no emprego errado. Construir uma rede de amigos e colegas tem a ver com construir relacionamentos e amizades. Deve ser divertido, não demorado. Quando a sua estiver definida e suas metas estiverem anotadas, terá horas o suficiente durante o dia para fazer o que precisa ser feito.

Como encontro todas as pessoas que quero durante uma semana? Certa vez, alguém comentou cinicamente: "Precisaria me clonar para participar de tantas reuniões quanto você."

"Ah, você quase acertou", respondi. "Não me clono. Clono o evento."

Veja o que quero dizer. Alguns meses atrás, voei para Nova York para dois dias de negócios. Havia várias pessoas que eu queria ver: um antigo cliente e amigo, ex-presidente da Lego, que agora tentava descobrir o que queria fazer com o restante de sua vida; o COO da Broadway Video, com quem queria discutir um novo programa de entretenimento para a TV em nome de um de meus clientes; e um amigo próximo que eu não via havia muito.

Eu tinha dois dias, três pessoas que queria encontrar e só um horário disponível para todas. Como administrar uma situação assim?

"Clonei" o jantar e convidei todos. Eles se beneficiariam ao conhecer uns aos outros, e eu poderia encontrá-los e talvez até conseguir algumas sugestões criativas sobre o novo programa de TV. Meu amigo, que tem um senso de humor fantástico, gostaria do grupo e adicionaria um pouco de leveza ao que poderia ser apenas uma enfadonha reunião de negócios.

Pedi ao meu amigo que me encontrasse no hotel em que eu estava hospedado com meia hora de antecedência para um momento a sós. E se os detalhes do projeto que discutisse com o COO fossem privados, poderia agendar uma breve conversa individual com ele depois do jantar.

A questão é que sempre procuro incluir outras pessoas em tudo o que faço. É bom para eles e para mim, além de ser um meio de todos ampliarem seus círculos de amizades. Às vezes levo candidatos para um treino e conduzo a entrevista durante uma corrida. Como uma reunião de equipe improvisada, ocasionalmente peço a alguns funcionários que dividam uma carona comigo até o aeroporto. Descubro maneiras de triplicar minhas horas no horário comercial por meio de multitarefas. E no processo, conecto pessoas de diferentes partes de minha "comunidade".

Quanto mais conexões novas você fizer, mais oportunidades terá para fazer ainda mais conexões. Como diz Robert Metcalfe, inventor da Ethernet: "O valor de um sistema de comunicação cresce na razão do quadrado do número de seus usuários. No caso da internet, cada novo computador, cada novo servidor e cada novo usuário adicionado expande as possibilidades para todos que já estão lá. O mesmo princípio se aplica ao crescimento de sua rede de relacionamentos. Quanto maior fica, mais atraente se torna e mais rápido cresce. É por isso que digo que uma network é como um músculo — quanto mais a exercita, maior fica."

Essa clonagem também é uma boa maneira de garantir que uma reunião valha a pena. Se me encontro com alguém que não conheço muito bem, posso convidar alguém que de fato conheço só para garantir que a reunião não seja uma perda de tempo. Meus pupilos, por exemplo, sempre ficam animados ao participar desses eventos — e pode ser uma grande oportunidade de aprendizado. Isso faz com que passem um tempo comigo, tenham a chance de ver os negócios em ação e eu garanta que a motivação da reunião seja atendida. Na maioria dos casos, os pupilos acabam contribuindo também. Não subestime a capacidade dos jovens de encontrar novos *insights* criativos.

Ao tentar esse tipo de coisa, preste atenção especial à química entre as pessoas. Você tem uma noção de quem se dará bem com quem? Isso não significa que todos precisem ter a mesma criação e sensibilidade. Na verdade, misturar diferentes profissões e personalidades pode ser a receita perfeita para uma reunião incrível. Confie nos seus instintos. Um teste decisivo que costumo fazer é me perguntar se acho que vou me divertir. Se a resposta for sim, costuma ser um bom sinal de que a dinâmica funcionará.

Você tem levado algum colega para almoçar nos últimos tempos? Por que não o convidar para sair hoje — e inclui outras pessoas de diferentes partes da empresa ou de sua network profissional?

Uma das perguntas mais frequentes que recebi ao longo dos anos é como permanecer "visível" quando seus negócios são, em sua maioria, virtuais. Quer esteja no Kansas ou em Kuala Lumpur, os trabalhadores online precisam tomar alguns cuidados extras para manter suas conexões. A rede social é sua amiga, com certeza, mas não é igual a se sentar com as pessoas, conversar e colocar o papo em dia. Quanto maior nossas comunidades virtuais se tornam, mais as pessoas usam o contato pessoal como um filtro para o que é relevante de verdade. Recomendo que reserve algum tempo e dinheiro para conferências e visitas a cidades onde poderá ficar alguns dias ou mesmo uma única noite, durante a qual oferecerá um coquetel ou agendará várias reuniões.

Dito isso, a tecnologia evoluiu muito. Reuniões em grupo e individuais usando ferramentas como Google Hangouts, WebEx ou Skype podem fazer vocês se sentirem quase como se estivessem em uma sala juntos, uma vez que se sintam confortáveis em usá-las. Organize um "happy hour virtual" uma vez por mês para discutir um tópico específico. Ou crie um grupo com três ou quatro pessoas para se reunirem toda semana para estabelecer metas juntas e compartilhar atualizações pessoais e profissionais. Faça com que todos se comprometam durante três meses e vá reconstruindo o grupo conforme as pessoas entrem e saiam a cada trimestre. Uma vez por mês, peça aos membros do grupo para trazerem um amigo para apresentar aos demais.

Logo você terá uma rede de amigos e contatos em constante expansão.

Aprenda com os Contratempos

Apesar de todo sucesso lendário e grandeza como presidente, Abraham Lincoln perdia o tempo todo. Experimentou inúmeros contratempos comerciais, políticos e pessoais ao longo da vida. Mas nunca deixou que nenhum dos fracassos o desencorajasse de perseguir suas metas.

Lincoln fracassou nos negócios. Falhou como agricultor. Perdeu quando se candidatou para um cargo no poder legislativo. Teve um colapso nervoso. Foi rejeitado para uma vaga para administrar propriedades públicas. Quando finalmente foi eleito para o legislativo, perdeu a votação para ser o porta-voz. Concorreu ao Congresso e perdeu. Tentou uma vaga no Senado dos EUA e não conseguiu. Concorreu a vice-presidente e perdeu. Concorreu ao Senado e perdeu de novo. E, quando, por fim, foi eleito presidente, a nação para a qual tinha sido eleito ruiu. Mas, àquela altura, todas as atividades, experiências e pessoas que ele conheceu no processo o ajudaram a definir uma direção para o país que permanecerá como um dos maiores legados para os Estados Unidos.

O que quero dizer é que, por trás de qualquer pessoa bem-sucedida, há uma longa lista de fracassos. Porém, resistência e tenacidade como as de Lincoln podem superar esses contratempos. Ele sabia que a única maneira de avançar, seguir em frente, transformar seus objetivos em realidade, era aprender com seus contratempos, permanecer engajado e continuar tentando!

CAPÍTULO 12

Compartilhe Suas Paixões

Tenho uma confissão a fazer. Nunca participei de nenhum suposto "evento de networking" na minha vida.

Se bem organizados, esses encontros, em teoria, *poderiam* funcionar. Porém, a maioria é para os desesperados e desinformados. O participante médio muitas vezes está desempregado e ansioso para entregar seu currículo para qualquer um com as mãos livres — com frequência a mão de alguém que também está sem emprego e querendo espalhar o *próprio* currículo. Imagine uma congregação de pessoas sem nada em comum, exceto o desemprego. Não é exatamente uma receita para facilitar laços íntimos.

Quando se trata de conhecer pessoas, não é só sobre quem você conhece, mas também sobre como e onde isso aconteceu.

Por exemplo, veja a primeira classe em um avião. Voar assim não é algo que a maioria das pessoas consegue pagar, mas há uma camaradagem interessante entre os assentos dianteiros que você não encontrará na classe econômica. Para começar, sempre há vários líderes e influenciadores na frente, sentados um perto do outro por horas a fio. Como pagarem um valor absurdo pelo luxo de sair do avião alguns segundos antes dos demais passageiros, os companheiros na primeira classe assumem que você também é importante e muitas vezes procuram saciar a curiosidade sobre quem você é e por que é tão burro quanto eles a ponto de pagar um preço tão inflacionado. Não sei dizer quantos clientes e contatos valiosos conheci em uma conversa iniciada durante uma refeição a bordo. (A propósito, é a única hora aceitável para incomodar seu colega de assento.)

No chamado "evento de networking", a dinâmica é exatamente oposta. As pessoas presumem que você está no mesmo barco que elas — desesperado. É difícil ganhar credibilidade. Se está desempregado, não faz mais sentido ficar com os empregadores do que com os outros candidatos?

Existem maneiras e lugares melhores para passar seu tempo.

Interesses compartilhados são os alicerces básicos de qualquer relacionamento. Raça, religião, gênero, orientação sexual, etnia ou interesses comerciais, profissionais e pessoais são a cola da relação. Faz sentido, então, que os eventos e as atividades em que prosperará sejam os construídos em torno dos interesses pelos quais você é mais apaixonado.

A amizade é criada pela *qualidade* do tempo gasto entre dois indivíduos, não pela quantidade. Existe um equívoco de que, para construir um vínculo, duas pessoas precisam passar muito tempo juntas. Não é o caso. Fora de sua família e do trabalho, provavelmente você consegue contar nas duas mãos as pessoas que vê com frequência durante um mês. Ainda assim, é certo que tenha mais de dez amigos. É o que fazem juntos que importa, não quantas vezes se encontram. É por isso que se deve prestar bastante atenção ao local onde se sente mais confortável e às atividades de que mais gosta.

Normalmente, você se apaixona pelos eventos e pelas atividades em que se destaca, portanto, faz sentido torná-los o foco de seus esforços. Para mim, meu amor por comida e exercícios me levou aos encontros mais incríveis. Para outros, essa união pode vir de selos, cartões colecionáveis de beisebol, política ou paraquedismo.

Nos últimos anos, minha paixão por retribuir vem crescendo, e posso dizer que os relacionamentos forjados a serviço dos outros são algo especial de verdade. Agora planejo uma viagem anual em que minha família vai junto com meus amigos, colegas e clientes para Antígua, na Guatemala, onde trabalhamos com várias aldeias "adotadas". Antes, durante e depois, compartilhamos histórias e fotos em meu site e nas redes sociais e pedimos doações, para que não sejamos os únicos a vivenciar tal experiência. Acredito, sinceramente, que o tamanho do impacto dessas viagens não seja só na vida das crianças que ajudamos, embora só isso já bastasse. Também está na diferença que fazemos ao voltarmos como líderes, colegas e pais melhores, e no aumento da produtividade e da satisfação que continua durante o ano.

Podemos ver bem o poder da paixão compartilhada em unir as pessoas pela explosão de campanhas de financiamento coletivo e as plataformas que as tornam possíveis, como o Kickstarter, o site mais conhecido nos Estados Unidos. Ele se concentra no lançamento de projetos específicos, não na arrecadação de fundos em geral. Nos primeiros 4 anos de atividade, 3,7 milhões de pessoas arrecadaram mais de US$545 milhões para projetos que acreditavam merecer uma chance. Com o boca a boca se espalhando principalmente nas redes sociais, os entusiastas colocaram dinheiro em tudo, desde impressoras 3D caseiras até álbuns de música punk.

Quando somos apaixonados de verdade por algo, é contagiante. Nossa paixão atrai outras pessoas para quem somos e para o que nos importamos. Outros respondem baixando a *própria* guarda. É por isso que compartilhar sua paixão é importante nos negócios.

Consigo ter uma ideia melhor da provável reação de alguém nos negócios se me baseio na minha experiência com eles durante um jantar íntimo, ou depois de apenas um treino extenuante, do que em várias reuniões no escritório. É natural ficarmos mais relaxados fora do local de trabalho. Ou talvez seja o ambiente em si — sem mencionar o vinho durante o jantar. É impressionante o quanto se consegue aprender sobre alguém quando ambos estão fazendo algo de que gostam.

Tenho um amigo que é vice-presidente executivo de um grande banco em Charlotte. Seu lugar favorito para fazer networking é, de todos os lugares, a YMCA. Ele contou que, por volta das 5h ou 6h, o lugar está fervilhando com fanáticos por exercícios como ele, exercitando-se antes de irem para o escritório. Ele vasculha o lugar em busca de empreendedores, clientes atuais e potenciais. Então, enquanto sua e ofega no aparelho simulador de escada, responde perguntas sobre investimentos e empréstimos.

Além de comida e exercícios, às vezes levo as pessoas para a igreja. Isso mesmo, para a igreja. Frequento uma igreja católica predominantemente afro-americana e hispânica em Los Angeles, a de Santa Agatha. É maravilhosamente "pouco ortodoxa". Em vez de "passar a paz" adiante com simples apertos de mão, um coral gospel canta músicas alegres enquanto os fiéis caminham pela igreja se abraçando durante dez minutos. É uma cena incrível. Não tento impor minhas crenças a ninguém; as pessoas que levo lá — sejam atores, advogados, ateus ou judeus ortodoxos — costumam ver meu convite como um presente personalizado. Isso mostra que as considero tanto que estou disposto a compartilhar uma parte tão pessoal de minha vida.

Ao contrário da sabedoria popular do mundo empresarial, não acredito que deva haver uma linha rígida entre nossas vidas pública e privada. A velha guarda dos negócios vê a expressão de emoções e compaixão como vulnerabilidade; os novos empresários enxergam esses atributos como a cola que nos une. Quando nossos relacionamentos são mais fortes, nossos negócios e nossas carreiras são mais bem-sucedidos.

Veja o exemplo da Bonnie Digrius, uma consultora que trabalhava no Gartner Group. Bonnie envia aos seus contatos e associados um boletim informativo anual que é, bem, todo sobre ela. Escreve sobre as coisas novas e empolgantes em que está trabalhando ou sobre a família. Escreveu sobre como a morte do pai mudou sua vida. Você pode pensar que aqueles que receberam tal carta se sentiram desconfortáveis com uma demonstração pública de emoção. Foi exatamente o oposto. Mais e mais pessoas — homens, mulheres, colegas e desconhecidos — pediam para receber sua carta. Eles respondiam e contavam experiências semelhantes pelas quais passaram. Depois de alguns anos, Bonnie tinha uma network que se alastrava por todo o país. Ela escrevia com o coração e paixão e, por isso, recebeu em troca a confiança e a admiração de centenas.

Faça uma lista de suas maiores paixões. Use-as como um guia para quais atividades e eventos você deve procurar. Use-as para engajar novos e antigos contatos. Se você gosta de beisebol, por exemplo, leve clientes potenciais e atuais para uma partida ou os convide para participar de um jogo de escalação de time. Não importa o que faça, desde que seja algo que ame fazer.

Suas paixões e os eventos que constrói em torno delas criarão níveis maiores de intimidade. Preste atenção para combinar o evento com o relacionamento específico que está tentando construir. Tenho uma lista informal de atividades que utilizo para manter contato com meus amigos profissionais e pessoais. Aqui estão algumas das coisas que gosto de fazer:

1. Quinze minutos e um café. É rápido, fora do escritório e um ótimo jeito de conhecer alguém. Essa foi uma das minhas sugestões mais populares da primeira edição deste livro. Sei disso porque comecei a receber dezenas de pedidos semanais para tais encontros. Portanto, lembre-se de meu conselho anterior: certifique-se de expor com muita clareza por que esses quinze minutos serão valiosos para o convidado.
2. Conferências. Se participo de uma conferência em Seattle, por exemplo, pegarei uma lista de pessoas na área que conheço ou quero conhecer melhor e verei se elas gostariam

de se encontrar durante uma palestra particularmente interessante ou um jantar.
3. Convide alguém para um treino ou um passatempo (golfe, xadrez, colecionar selos, um clube do livro etc.).
4. Um café da manhã rápido, um almoço, drinques depois do trabalho ou jantar juntos. Não há nada no mundo como a comida para quebrar o gelo.
5. Convide alguém para um evento especial. Para mim, um evento especial como uma noite no teatro, um lançamento de um livro ou um show torna-se ainda melhor se eu levar alguém que acho que pode gostar da ocasião.
6. Diversão em casa. Enxergo os jantares em casa como sagrados. Gosto de tornar esses eventos o mais íntimos possível. Para garantir que sejam, costumo convidar apenas uma ou duas pessoas que não conheço muito bem. No final do jantar, quero que essas pessoas saiam de minha casa sentindo como se tivessem feito um novo grupo de amigos, o que é difícil se for um jantar cheio de desconhecidos.
7. Voluntariado. Trabalhe com uma organização para criar um evento que possa envolver de cinco a dez voluntários; reúna uma equipe para participar de uma caminhada beneficente; ou, para algo mais informal, reúna um grupo para preparar refeições e distribuí-las em uma área carente.

Claro, também precisamos reservar tempo suficiente para ficar com amigos e familiares, ou apenas um momento para ler ou relaxar. Enquanto enriquece sua vida incluindo outras pessoas sempre e onde pode, certifique-se de não negligenciar os relacionamentos mais importantes que tem.

Quando seu dia é alimentado pela paixão, cheio de pessoas interessantes com quem compartilhar, conectar-se parecerá menos um desafio ou uma tarefa e mais uma consequência natural de como faz as coisas acontecerem.

CAPÍTULO 13

Acompanhe ou Falhe

Com que frequência você fica cara a cara com uma pessoa que encontrou antes, mas de quem não consegue lembrar o nome?

Vivemos em um mundo digital acelerado que nos bombardeia com informações. Nossos e-mails são uma procissão constante de nomes novos e antigos exigindo nossa atenção. Nosso cérebro está sempre em ação, tentando acompanhar todos os bits, bytes e nomes com que cruzamos todos os dias. É natural que, para manter a sanidade, seja necessário esquecer ou ignorar a maior parte dos dados que clamam por uma vaga em nossas já superlotadas cabeças.

Em um mundo assim, é incompreensível que só uma pequena parcela de nós decida continuar acompanhando alguém depois de conhecê-lo. Não há como enfatizar isso o bastante: quando encontrar alguém com quem deseja estabelecer um relacionamento, dê um passinho extra para garantir que não se perderá no sótão mental dessa pessoa.

Recentemente, estive na Flórida dando um discurso em uma cerimônia de premiação para membros antigos e atuais de minha fraternidade universitária, *Sigma Chi*. É provável que eu tenha dado meu cartão e endereço de e-mail para pelo menos uma centena de pessoas naquela noite. Depois que o evento formal acabou, fui para o hotel nas primeiras horas da manhã e verifiquei meu e-mail. Encontrei uma mensagem simples e agradável de um jovem irmão da fraternidade expressando seus agradecimentos pelo discurso, o que significava para ele como alguém que teve um passado parecido, e sua esperança de que um dia possamos nos sentar para tomar uma xícara de café. Nas duas semanas seguintes, mais de cem pessoas enviaram e-mails ou telefonaram para expressar sentimentos semelhantes. O que me lembro melhor é o que recebi primeiro.

Os presentes mais inesquecíveis que já recebi são aqueles cujo valor não pode ser mensurado em dólares nem centavos. São cartas, e-mails e cartões sinceros que recebo de pessoas me agradecendo pela orientação e por conselhos.

Quer se destacar na multidão? Assim ficará muito à frente, acompanhando melhor e de forma mais inteligente determinada pessoa do que as hordas que lutam pela sua atenção. O fato é que a maioria das pessoas não faz um *follow-up* (acompanhamento) muito bom, se é que o faz. Fazê-lo direito por si só já o eleva acima de 95% de seus colegas. Ele é o martelo e os pregos de seu kit de ferramentas de networking.

De fato, o FOLLOW-UP É A CHAVE DO SUCESSO EM QUALQUER ÁREA.

Garantir que um novo conhecido guarde seu nome (e a impressão favorável que passou) é um processo que você deve iniciar logo após conhecer alguém.

Dê a si mesmo entre 12 e 24 horas após conhecer alguém para iniciar o *follow-up*. Caso encontre alguém em um avião, envie um e-mail mais tarde naquele dia. Se for durante um coquetel, faça o envio na manhã seguinte. Para encontros acidentais e casuais, o e-mail é uma ótima ferramenta para deixar uma mensagem rápida dizendo: "Foi um prazer conhecê-lo. Precisamos manter contato."

Nesse tipo de mensagem, gosto de citar algo específico sobre o qual conversamos pessoalmente — seja um passatempo ou um interesse comercial em comum— que sirva como um lembrete mental de quem sou.

Você pode enviar uma solicitação no LinkedIn após o e-mail se perceber que a pessoa usa a plataforma. Dependendo das circunstâncias e do quão bem nos demos, envio uma solicitação no Facebook também. Algumas pessoas são cautelosas quanto ao uso do Facebook para contatos profissionais, então sempre tenho o cuidado de oferecer uma saída fácil: "Se você usa o Facebook para novos amigos, adoraria me conectar por aqui. Caso contrário, não se preocupe, manteremos contato de outra maneira."

Quando saio de um encontro, coloco o nome e o e-mail do novo conhecido na minha lista de contatos e programo a agenda para me lembrar dentro de um mês de enviar outro e-mail para a pessoa, apenas para manter contato.

Por que se dar ao trabalho de conhecer novas pessoas se não pretende torná-las parte de sua vida?

Após reuniões de negócios, comecei a fazer algo que meu colega de classe da HBS e ex-COO, James Clarke, acredita funcionar. No seu *follow-up*, sempre reitera os compromissos assumidos por todos e pergunta quando é possível marcar um segundo encontro para prosseguir com a relação.

Quando a outra pessoa concordar em fazer algo, seja um encontro para tomar um café na próxima vez que estiver na cidade ou assinar um contrato importante, tente fazer isso por escrito. Não deve ser estereotipado ou rígido, apenas algo como "Foi ótimo conversar com você durante o almoço ontem. Queria dar continuidade a algumas ideias que discutimos. Creio que a Ferrazzi Greenlight pode atender aos interesses de sua empresa e aprimorei os detalhes. Da próxima vez que estiver na cidade, adoraria encaixá-la na sua agenda para batermos papo por cinco ou dez minutos".

A pessoa responderá casualmente em nove a cada dez vezes, aceitando sua oferta de se encontrar de novo. Então, quando chegar a hora de essa conversa acontecer, você pode ligar para ela, contando com o compromisso que está "por escrito" no e-mail como seu ajudante. Ela já havia concordado em se encontrar. Agora a questão é quando, e sua persistência garantirá que isso aconteça em algum momento.

Mas lembre-se — e isso é fundamental — de não relembrá-los do que podem fazer por você; em vez disso, foque aquilo você consegue fazer por eles. Trata-se de lhes dar um motivo para querer manter esse contato.

Outra forma eficaz de acompanhar alguém é encaminhar artigos relevantes para as pessoas em sua network que possam estar interessadas no assunto. Quando fazem isso comigo, fico tremendamente grato; isso mostra que estão pensando em mim e nos problemas que estou enfrentando.

Embora o e-mail seja uma forma perfeitamente aceitável de fazer o *follow-up*, existem outros métodos a serem considerados. Uma nota de agradecimento manuscrita nos dias de hoje tem capacidade de atrair a atenção de alguém. Quando foi a última vez que você recebeu uma carta escrita à mão? Quando recebe algo endereçado diretamente a você, presta atenção.

A nota de agradecimento é uma oportunidade de reforçar a percepção de continuidade em um relacionamento e criar afeição. Mencione qualquer informação pertinente da qual tenha deixado de falar no encontro. Enfatize tanto seu desejo de se encontrar de novo quanto sua oferta de ajuda.

Aqui estão alguns lembretes sobre o que incluir em seus *follow-ups*:

- Sempre expresse gratidão.
- Certifique-se de incluir um item relevante da reunião ou conversa — uma piada ou um momento engraçado compartilhado.
- Reafirme quaisquer compromissos que ambos tenham feito — independente de quem esteja mais interessado neles.
- Seja breve e objetivo.
- Sempre enderece a nota de agradecimento à pessoa pelo nome.
- Use e-mail *e* correio tradicional. A combinação adiciona um toque personalizado.
- Depois de enviar o e-mail, envie solicitações para se conectar por meio das redes sociais.
- A pontualidade é fundamental. Faça os envios o mais rápido possível após uma reunião ou entrevista.
- Muitas pessoas esperam até as festas de fim de ano para agradecer ou entrar em contato. Por que esperar? Se agir depressa, seus *follow-ups* serão mais oportunos, mais apropriados e certamente mais lembrados.
- Não se esqueça de fazê-lo com aqueles que atuaram como intermediários entre você e outra pessoa também. Informe ao ajudante como foi a conversa e expresse sua gratidão pelo auxílio.

Torne-o um hábito. Automatize-o. Quando o fizer, os dias de luta para se lembrar do nome das pessoas — e delas tendo dificuldades para se lembrar do seu — serão coisa do passado.

CAPÍTULO 14

Seja um Comandante das Conferências

Estrategistas militares sabem que a maioria das batalhas é vencida antes de o primeiro tiro ser disparado. O lado que determina onde, quando e como um confronto é travado geralmente ganha uma vantagem intransponível. E assim é com a maioria das conferências de sucesso. Transformar uma conferência em seu território e estabelecer metas com antecedência é o que transforma uma participação casual em uma missão.

Não seja só um participante; seja um comandante das conferências!

As conferências são boas principalmente para uma coisa. Não, não é o café com biscoitos nos intervalos. Nem o caro esclarecimento sobre negócios. Elas fornecem um fórum para encontrar o tipo de gente que pensa como você e que pode ajudá-lo a cumprir sua missão e atingir suas metas. Às vezes, antes de decidir participar de uma conferência, uso informalmente um processo simples de pensamento do tipo "retorno sobre o investimento". O provável retorno que terei dos relacionamentos que estabeleço e construo é igual ou superior ao preço da conferência e ao tempo que passo lá? Se sim, compareço. Caso contrário, não vou. Simples assim. Pode parecer uma visão bastante pragmática das conferências, mas funciona.

Logo após vendermos a YaYa, os novos proprietários instituíram uma série de políticas de redução de custos em relação a viagens e conferências. Achei tal decisão completamente errada.

Os proprietários viam as conferências como perda de tempo — eventos agradáveis para executivos indulgentes, em vez de geradores de receita. Na visão da nossa nova empresa-mãe, os custos de enviar pessoas para alguns eventos por ano pareciam uma despesa desnecessária para uma *startup*.

Discordei veementemente e prometi convencê-los do contrário. Comecei a registrar o número de projetos que geravam receita provenientes diretamente de pessoas que conheci em conferências. Os proprietários ficaram surpresos quando apresentei uma planilha mostrando negócios sucessivos e como uma parte significativa da receita poderia ser rastreada até determinada conferência.

A indisposição desses executivos em relação a essas reuniões de negócios — e estão longe de serem os únicos com tais atitudes — decorre de uma percepção errônea muito comum de que as conferências são lugares para se obter conhecimento. Errado. Ideias tangíveis e acionáveis vêm principalmente da experiência, dos livros e de outras pessoas. Mesas redondas e palestras podem ser divertidas, até mesmo inspiradoras, mas é raro haver tempo para transmitir conhecimento de verdade.

Mas talvez não exista lugar melhor para ampliar sua network profissional e, ocasionalmente, fechar negócios. Deixe-me dar um exemplo com as vendas. No antigo modelo de vendas, 80% do tempo de um vendedor era gasto marcando reuniões, fazendo apresentações e tentando fechar um negócio. Os outros 20% eram gastos no desenvolvimento de um relacionamento com o cliente. Hoje, focamos principalmente na venda por meio dos relacionamentos. Vendedores inteligentes — na verdade, funcionários e proprietários inteligentes de empresas de todos os tipos — gastam 80% do tempo construindo relações sólidas com as pessoas com quem fazem negócios. A apresentação mais elegante de PowerPoint não consegue competir com o desenvolvimento de afeto e confiança reais ao conquistar o coração e a mente de outras pessoas.

Aqueles que usam conferências do jeito certo têm uma grande vantagem em reuniões em seus setores. Enquanto outros se sentam em silêncio, fazendo anotações, contentes em beber água mineral de graça, esses homens e mulheres estão marcando reuniões individuais, organizando jantares e, em geral, fazendo de cada evento uma oportunidade de conhecer pessoas que possam mudar a vida deles.

Se você tem a impressão de que essas pessoas não seguem as mesmas regras dos outros participantes, você está certo. Elas foram muito além dos típicos conselhos de Coloque Seu Crachá, Cumprimente Todos Calorosamente, Estabeleça Contato Visual e outras dicas comuns que não os distinguem do resto da horda.

Sim, existe um guia para aproveitar ao máximo uma conferência. Meu amigo Paul Reddy, um executivo da área de softwares, afirma que as pessoas são bolas ou pinos de boliche nessas situações. Se você é a bola, você entra (ou rola) em uma conferência, um evento ou uma organização e arrasa com tudo. Com uma pitada de ousadia e engenhosidade, deixa uma impressão positiva em seu caminho, cria amizades e atinge suas metas. Os pinos estão sentados, plácidos, esperando que algo, qualquer coisa, aconteça com eles.

Não pense na sua próxima conferência como um retiro de negócios. Veja como uma campanha bem coordenada para levar sua missão adiante. Aqui estão as regras que sigo em todos os eventos de que participo:

Ajude o Organizador (Melhor Ainda, *Seja* o Organizador)

Conferências são pesadelos logísticos. Nos bastidores, há milhares de diferentes coisas necessárias para se realizar uma reunião de negócios bem-sucedida. O caos que pode surgir é uma oportunidade para entrar e ajudar — e se tornar um membro no processo.

Uma vez dentro, é possível descobrir quem estará presente e quais serão os eventos importantes. E você se encontrará em todos aqueles jantares e coquetéis não listados que são oferecidos para os grandes nomes da conferência.

Como se tornar parte do processo? Não é tão difícil assim. Primeiro, revise os materiais do evento, visite o site e descubra quem é o principal contato para a organização da conferência. Faça uma ligação. A pessoa responsável por esse tipo de evento costuma estar sobrecarregada e estressada. Gosto de ligar para ela alguns meses antes do evento e dizer: "Estou muito ansioso pela conferência que você está organizando. Estou interessado em ajudar a tornar este ano o melhor de todos e também disposto a dedicar grande parte de meus recursos — seja tempo, criatividade ou conexões — para tornar o evento deste ano um grande sucesso. Como posso ajudar?"

Garanto que o coordenador ficará encantado. Digo isso porque já fui responsável por essas organizações estressantes em meus primeiros dias como CMO da Deloitte.

A Deloitte Consulting estava trabalhando com Michael Hammer para desenvolver uma prática de reengenharia confiável. Achamos que uma conferência poderia ser uma ótima maneira de apresentar nosso relacionamento com Michael ao mercado, fortalecer nossa marca e conquistar clientes. Então, propusemos uma conferência conjunta organizada pela Deloitte e Michael Hammer. Traríamos a experiência do setor e os estudos de caso, e ele compartilharia sua expertise em reengenharia e compreensão de como conduzir uma conferência de primeira classe.

Isso me deu a chance de ver os bastidores de como uma conferência bem-sucedida é orquestrada e, claro, construir uma ótima relação com Mike. Tornei-me bastante consciente de o quão poderoso era saber com antecedência quem estaria presente; o motivo de alguns palestrantes serem escolhidos e outros não; e quais eram os melhores fóruns para networking.

Desde o início, nossa ideia era aplicar métodos à loucura costumeira das conferências. Um sistema de monitoramento que registrava diariamente nosso progresso em relação aos objetivos que estabelecemos para nós mesmos foi implementado. A meta de cada sócio da Deloitte era conhecer duas pessoas que lhes foram designadas dentre os convidados que sabíamos que estariam presentes. Cada um recebeu uma pessoa como alvo principal — alguém que queríamos muito conquistar como cliente. A outra era alguém que achávamos que a empresa se beneficiaria em conhecer, talvez um membro da mídia. A meta básica era simples: conhecer gente nova.

Como sabíamos de antemão quem participaria, os sócios conseguiram breves biografias das pessoas designadas, listando quem eram, o que faziam, suas realizações e seus passatempos e os possíveis desafios enfrentados por sua empresa que a Deloitte poderia resolver. Foi informação suficiente para uma conexão de verdade ser criada quando o encontro entre as partes finalmente aconteceu.

Também demos aos sócios uma lista de ideias de como chegar até seus alvos e o que dizer quando se encontrassem. Ao final de cada dia, os sócios relatavam quem conheceram, onde e como foi o encontro. Caso alguém tivesse dificuldade em encontrar a pessoa selecionada, definiríamos estratégias para o dia seguinte, garantindo que o sócio e a pessoa a quem ele fora designado se sentassem à mesma mesa na hora do jantar, ou eu mesmo faria questão de apresentá-los, ou pediríamos a Mike que o fizesse em alguns casos.

O que eu havia criado sem saber era uma unidade de comandos em conferências, preparada com antecedência e informada sobre quem deveria encontrar, como (pesquisamos) e onde. Os resultados foram surpreendentes. A conferência estava lotada. Como resultado, a Deloitte conseguiu uma quantidade sem precedentes de negócios. Desde então, aperfeiçoamos essa arte na Ferrazzi Greenlight, e não apenas aconselhamos empresas sobre como tirar o máximo de proveito das conferências, mas as grandes organizadoras de conferências também nos procuram para ajudá-las a projetar eventos que terão resultados para as pessoas e empresas participantes.

O segredo é trabalhar bastante para tornar a conferência um sucesso para todos. Na conferência de Hammer, quase todos os participantes ficaram chocados com a quantidade de negócios que fecharam. O ambiente certo havia sido criado para o sucesso do networking.

Claro, Michael Hammer foi brilhante como sempre, e todos nós aprendemos muito com ele sobre conteúdo. Entretanto, o sucesso geral veio da organização de uma conferência em torno de sua real função: uma reunião íntima de profissionais com ideias semelhantes em uma atmosfera que facilita relacionamentos lucrativos.

Ouça. Melhor Ainda, *Fale*

Você acha que se tornar um palestrante é grande coisa? É o pensamento de muita gente. Estou aqui para dizer que não é tão difícil quanto pensa, mas talvez seja mais importante do que imagina.

Nada assusta mais algumas pessoas do que a ideia de passar um tempo falando sobre o que fazem na frente de uma plateia, mesmo que ela seja composta de pessoas geralmente receptivas (como família e amigos!).

Acalme-se. Primeiro você precisa saber que palestrar é uma das maneiras mais fáceis e *eficazes* de fazer com que você, sua empresa e suas ideias sejam vistos, ouvidos e lembrados, e não é necessário ser o Tony Robbins para encontrar um fórum de pessoas dispostas a ouvi-lo.

Quantas pessoas se encontram diante de uma plateia um dia? Os números assustam. Existem milhares de fóruns e eventos acontecendo por todos os motivos imagináveis diariamente. E todos precisam de alguém para dizer algo um pouco inspirador ou perspicaz aos seus convidados. A maioria dos palestrantes, infelizmente, não oferece nenhum dos dois.

Se você acha que as pessoas que fornecem esses *insights* são só aquelas que estão no topo de suas respectivas áreas, está enganado. Então, como você ganha experiência?

A Toastmasters International, por exemplo, oferece um fórum para desenvolvimento da oratória, com mais de 8 mil clubes se reunindo semanalmente em grupos de até 30 ou 40 pessoas, onde muitos discursos e oradores são criados. Em uma escala maior, o grupo norte-americano de palestrantes é imenso. O Convention Industry Council (CIC) informa que o setor de reuniões contribui com mais de US$100 bilhões anualmente para o PIB dos Estados Unidos, com mais de US$263 bilhões em gastos diretos. Isso coloca as conferências à frente das indústrias automobilística, de transporte aéreo e cinematográfica em termos de PIB! O ponto é que a oportunidade de falar existe em todos os lugares, remunerada ou não. É divertido, pode ser lucrativo e não há melhor maneira de se tornar conhecido — e conhecer outras pessoas — em um evento. Estudos vêm mostrando que quanto mais discursos alguém dá, maior tende a ser sua faixa de renda.

Como palestrante em uma conferência, você tem um status especial, facilitando muito na hora de conhecer pessoas. Os participantes esperam que vá até eles e os cumprimente. Eles, por sua vez, oferecem um respeito que não concedem aos colegas na audiência. Credibilidade instantânea e fama falsa são atribuídas quando se está no palco (independentemente da plateia ou setor).

Como se tornar um orador em uma conferência? Primeiro, você precisa de algo para dizer: necessita de conteúdo (que discutirei em outro capítulo). Isso requer que se desenvolva um discurso sobre o nicho que ocupa. Na verdade, pode desenvolver vários discursos diferentes, atendendo a diversos públicos (de novo, abordarei isso mais tarde).

Se você der o primeiro passo e conhecer o organizador, conseguir uma palestra não é tão difícil. No início, é melhor começar pequeno. Deixe-me dar um exemplo. Um amigo meu deixou a grande empresa onde trabalhava anos atrás a fim de abrir seu próprio negócio de consultoria. Ele precisava se estabelecer como um especialista na área de marcas e, embora tivesse pavor de falar em público, sabia que seria a melhor forma de interagir com clientes em potencial e espalhar sua mensagem. Começou aos poucos, conhecendo todos os organizadores de eventos menores, locais e específicos do setor. Ele pedia, em troca da própria ajuda, que essas pessoas lhe cedessem um espaço em um horário vago no final do evento para que pudesse palestrar (ele organizaria as coisas) para um pequeno grupo de pessoas.

Inicialmente, ele nem estava listado na programação da conferência. Encontrava pessoas durante o evento e lhes dizia que estava organizando uma reunião íntima de profissionais interessados em falar sobre questões de marca. A atmosfera informal permitiu que ele passasse seu conteúdo adiante sem a pressão de um grande público, ao mesmo tempo em que recebia feedback valioso de quem comparecia. Em pouco tempo, as salas em que palestrava começaram a ficar maiores, seus discursos, mais refinados, e o público passou de íntimo a intimidador — embora, a essa altura do campeonato, ele tivesse superado a maioria dos medos.

E se você estiver em uma conferência e não for o palestrante? Existem outros jeitos de se distinguir. Lembre-se, você não está lá só para aprender coisas novas com os outros — está lá para conhecer pessoas e fazer com que se lembrem de você.

Quando começarem as perguntas, tente ser uma das primeiras pessoas a levantar a mão. Uma questão realmente bem formulada e perspicaz é uma pequena oportunidade de ser visto pelo público. Certifique-se de se apresentar, dizer em que empresa trabalha, o que faz e, em seguida, faça uma pergunta que mexa com o público. Preferencialmente, a questão deve estar dentro de sua gama de expertise, para que você tenha algo a dizer quando alguém vier e disser: "Aquela foi uma pergunta interessante."

HALL DA FAMA DOS CONECTORES

Susan Cain

"Há zero correlação entre ser o mais falante e ter as melhores ideias."

Susan Cain é uma introvertida confessa que, em 2012, ficou diante de uma multidão de milhares no palco principal das conferências TED e deu uma das palestras mais assistidas na história do evento. Estimulou os introvertidos a celebrar seus dons únicos e a encontrar maneiras de causar impacto em um mundo que favorece os extrovertidos. A palestra foi uma das favoritas de Bill Gates e dos críticos culturais eruditos da *New Yorker*, entre outros.

A fim de se preparar para o dia, Caine deu início ao que chamou de Ano Para Falar Perigosamente. Primeiro, juntou-se a Toastmasters, onde podia praticar falar na frente de outras pessoas com frequência, para uma multidão de estranhos que não apresentavam risco e a apoiavam. Passou duas horas com o professor de oratória do TED, que a ensinou a baixar o tom de voz e a respirar usando o diafragma.

Logo estava praticando mais publicamente. Quando seu livro *O Poder dos Quietos: Como os Tímidos e Introvertidos Podem Mudar um Mundo que Não Para de Falar* foi lançado, ela foi convidada para o programa CBS This Morning e tinha 21 entrevistas em rádios — tudo no primeiro dia de lançamento.

Por fim, uma semana antes do TED, Caine passou todos os dias, o dia todo, praticando com um segundo professor. Eles começaram no sofá e passaram para o palco, enquanto ele fornecia feedback contínuo e um ombro amigo.

O uso de um adereço forneceu mais conforto e um final elegante. Ela carregou uma mala com alguns dos livros favoritos para o palco. Para encerrar, pediu aos introvertidos que fossem corajosos o suficiente para compartilhar o que havia em suas próprias malas, "porque o mundo precisa de você e das coisas que carrega".

O discurso de Caine estimulou os introvertidos a celebrar traços que não são amplamente promovidos por nossa cultura tagarela:

> consideração, sensibilidade, autocorreção, habilidades auditivas aprimoradas. Mas o que tornou sua palestra mais memorável foi que, de pé no palco, ela personificou a própria coragem e vulnerabilidade que incitava os outros a terem. Para introvertidos e extrovertidos, essa é a maior arte para falar em público com sucesso.

Para todos vocês, introvertidos: "Não pense na introversão como algo a ser curado", como Caine escreveu em *O Poder dos Quietos*. Seu desempenho no TED ressalta duas das melhores maneiras de se causar impacto enquanto protege seu tempo de inatividade: falar em público e participar de conferências. Essas são oportunidades de grande repercussão e curto prazo que podem te exaurir, mas também carregam o potencial de recompensá-lo com tantos novos contatos quanto os extrovertidos conseguem ao sair seis noites por semana.

Guerrilha: Organize uma Conferência Dentro de uma Conferência

Comandantes de verdade não se restringem pela programação que recebem ao se inscrever no evento. Quem disse que não pode organizar seu próprio jantar durante a conferência ou uma discussão informal sobre um tópico específico que é importante para você?

Os jantares dos eventos costumam ser uma grande bagunça.

A atenção das pessoas é dispersa; todo mundo está tentando se destacar, ser educado e engajado com dez desconhecidos diferentes, ouvir o discurso principal e conseguir algumas garfadas da comida medíocre — tudo ao mesmo tempo. Não é um bom ambiente para conversas.

Nessas horas, fico tentado a voltar para meu aposento, pedir o serviço de quarto e passar o resto da noite na frente do meu notebook. Isso, no entanto, seria uma terrível oportunidade perdida.

A alternativa é pegar essas uma ou duas horas inúteis e organizar seu *próprio* jantar.

Gosto de fazer isso pelo menos uma vez durante a maioria das conferências. Antes do evento, pesquiso um bom restaurante nas proximidades e envio pré-convites para um jantar privado que ofereço junto com o evento agendado. Você pode fazer isso *ad hoc* durante o dia ou enviar convites oficiais com antecedência. Um jeito pelo qual tive grande sucesso foi enviar um fax para o hotel (a maioria das conferências tem um hotel anfitrião onde a maioria dos VIPs se hospedará), que eles recebem quando chegam na noite anterior à conferência, convidando-os para jantar ou beber junto com um grupo naquela noite. Pense nisso: sem secretárias para filtrar o recado. É provável que essas pessoas não tenham planos na chegada, e mesmo que tenham, você já se destacará quando finalmente as encontrar durante a conferência, e garanto que essas pessoas ficarão gratas por ter pensado nelas. Se o discurso principal estiver sendo feito por alguém particularmente interessante, transformarei meu evento em bebidas antes ou depois do jantar.

Muitas vezes, criar seu próprio fórum é a melhor maneira de garantir que as pessoas que deseja conhecer estejam na mesma hora e lugar. O ideal é convidar um grupo de oradores para seu jantar, o que proporcionará várias estrelas como atração para seu pequeno evento. Lembre-se, até mesmo um desconhecido se torna uma miniestrela após palestrar em um evento.

Foi o que fiz por muitos anos no Renaissance Weekend, um encontro anual no fim de semana do Ano-Novo para políticos, empresários e outros profissionais: enviava um convite bem-humorado perguntando a algumas pessoas se gostariam de fugir do jantar oficial e ir a um bom restaurante em outro lugar. No Renaissance Weekend, eles até têm uma noite projetada para sair por conta própria para fazer exatamente isso. A tática funciona melhor em longas conferências de três dias. Assim como na faculdade, todo mundo gosta de sair do *campus*. Se a conferência for na sua cidade natal, seja ousado o suficiente para convidar pessoas para sua casa e mimá-las, como sempre fiz com a Conferência Global do Milken Institute, com sede em Los Angeles. Ela é uma das melhores dos Estados Unidos, tanto em termos de conteúdo quanto de convidados. Todos os anos, faço um jantar na minha casa um dia antes do início do evento. As pessoas costumam chegar à cidade no dia anterior mesmo, e um jantar divertido e íntimo é sempre preferível a comer a comida do hotel sozinho.

O jantar não é a única forma de organizar uma conferência dentro de uma conferência. As mais longas costumam ser preenchidas com passeios sociais — golfe, excursões e visitas a locais históricos. Muitas vezes, tais eventos são simplesmente terríveis. Já foi para o museu com outras quatrocentas pessoas? É como se você fosse um gado no rebanho.

Não há motivos que o impeçam de assumir a liderança no desenvolvimento de sua própria excursão pessoal ou visita a um lugar menos cheio que os organizadores da convenção talvez não tenham pensado. Um antigo colega da Starwood costumava fazer isso nos eventos que aconteciam no inverno. Esquiador ávido, ele pesquisava a melhor área de esqui da região — geralmente algumas encostas remotas que ninguém havia se dado ao trabalho de descobrir. Ele não tinha problemas em atrair outros esquiadores que estavam entusiasmados com a perspectiva de um pouco de neve fresca.

Quanto mais ativo você se tornar como "anfitrião" de sua própria conferência dentro de uma conferência, mais ajudará outros a fazerem conexões, tornando-se um centro de influência. Ao conhecer pessoas durante seu jantar ou evento, não se apresente somente; apresente a outros as pessoas que conhece. Se seus novos conhecidos não iniciarem uma conversa depressa, conte um fato sobre um para o outro. "Sergio foi o encarregado dos esforços globais de marca da Coca-Cola durante o auge. Você não está querendo renovar a marca da sua empresa, David? Não poderia encontrar alguém que ofereça um canal de disseminação melhor do que Sergio."

Escolha um Grande Kahuna

Se você conhecer a pessoa mais popular da conferência — aquela que conhece todo mundo —, poderá ficar com ela enquanto conversam com as pessoas mais importantes do evento. Os organizadores da conferência, palestrantes, CEOs e profissionais de renome que estão participando são todos Kahunas valiosos.

Verifique a programação da convenção para ver os nomes das figuras inspiradoras e importantes. Participe dessas sessões. Chegue cedo nos eventos em que eles falarão. Fique perto das principais entradas ou mesas de inscrição. Esteja preparado para se apresentar ou fique atrás a fim de conseguir uma rápida chance de conhecê-los.

Deve se lembrar de conversar com os palestrantes *antes* que subam ao palco. Muitas vezes, aquele anônimo desinteressante tomando iogurte na mesa do café da manhã assume a aura de uma celebridade após falar no palco. Encontre-os antes que ganhem status de famosos e terá mais chances de se conectar. Ou peça ao organizador da conferência (que se tornou seu amigo de qualquer forma) para mostrá-los caso não saiba como eles são.

Seja um Centro de Informações

Após criar uma oportunidade de conhecer novas pessoas, torne-se um "centro de informações" — um papel fundamental de qualquer bom networker. Como? Vá além da simples memorização do folheto da conferência. Identifique coisas que as pessoas ao seu redor gostariam de saber e vá preparado. Isso pode incluir fofocas comerciais, os melhores restaurantes locais, festas particulares etc. Passe as informações importantes adiante ou deixe que outras pessoas saibam como obtê-las. Tal papel não termina com o evento de networking, é claro. Como uma fonte de informação, você é alguém que sempre vale a pena conhecer.

Torne-se um Repórter

Hoje em dia, toda conferência tem uma audiência onipresente: as conversas em andamento através do Twitter e outras redes sociais.

Antes do evento, identifique os principais influenciadores que twittam e que estarão presentes e crie uma lista para conseguir segui-los com facilidade. Verifique as hashtags e se torne parte ativa da conversa durante as sessões. Tire fotos das pessoas que você conhecer e das festas e sessões que frequentar — tanto para twittar quanto para ajudá-lo a se lembrar delas. Faça anotações sobre tudo e, quando o evento terminar, transforme isso em uma história ou uma série de fotos para postar em seu blog ou Facebook, enviar por e-mail para quem você conheceu etc.

Dica profissional: não espere semanas após a conferência. Faça isso no avião para casa e poste imediatamente para que chegue às pessoas enquanto a conferência ainda está fresca.

Domine o Esbarrão Sincero

O esbarrão é a principal arma em seu arsenal de comando nas conferências. Reduzido à sua essência, são os dois minutos que você tem com alguém com quem está "esbarrando" e que deseja conhecer. Seu objetivo deve ser sair de lá com um convite para se reconectar posteriormente.

O esbarrão, como outras práticas, tem nuances. O perfeito é aquele que parece rápido e significativo ao mesmo tempo. Chamo esse ideal de "esbarrão sincero".

Ele é um esforço para fazer contato depressa, estabelecer conexão suficiente para garantir o próximo encontro e seguir em frente. Você acabou de pagar caro para participar dessa conferência (a menos que seja um palestrante, aí costuma ser grátis!) e quer conhecer o máximo de pessoas que puder no tempo disponível. Não está procurando fazer um melhor amigo. Está querendo, no entanto, criar uma conexão suficiente para garantir que haja um *follow-up* posterior.

Criar uma conexão entre duas pessoas requer certo nível de intimidade. Em dois minutos, precisa olhar profundamente nos olhos e no coração da outra pessoa, ouvir com atenção, fazer perguntas que vão além dos negócios e revelar um pouco sobre você de uma maneira que mostre certa vulnerabilidade (sim, vulnerabilidade; é contagiosa!) na interação. Todas essas coisas se somam para criar uma conexão genuína.

Impossível, você exclama. Ah, mas eu já vi ser feito e faço. O esbarrão sincero não é só baboseira teórica.

Existem algumas pessoas que precisam de poucos segundos, em vez de minutos, para conseguir tal esbarrão. O ex-presidente Bill Clinton, por exemplo, é o mestre. Eu o observei de perto enquanto ele cumprimentava vários simpatizantes e fãs (e, às vezes, oponentes ferrenhos). A cada pessoa, o presidente Clinton trocava um aperto de mãos. Na maioria das vezes, usava as duas mãos ou segurava o cotovelo da pessoa para criar cordialidade instantânea. Fazia contato visual direto e, naquele momento fugaz, uma ou duas perguntas pessoais. Não sei quantas vezes já ouvi diferentes pessoas no mesmo evento comentarem como era incrível ser o único foco da atenção daquele homem. Até mesmo a oposição.

A profundidade dessa conexão não vem do desejo do presidente de dar a própria opinião ou comentário sobre política. Seu objetivo é muito simples e poderoso ao mesmo tempo. Ele quer que você goste dele (então, nas suas palavras, agora famosas, "sente" o que você sente). Quando ele mostra nesses breves momentos que gosta e se preocupa com você, a resposta humana é retribuir. Ele está bem sintonizado na estação de rádio que todos nós ouvimos em nossa mente: WIIFM — também conhecida como *What's in It for Me*? [O que há para mim?, em tradução livre]. Nunca ouvi Clinton pedir um voto ou falar sobre si durante os encontros rápidos e casuais. Suas perguntas sempre giravam em torno do que a outra pessoa estava pensando, o que a preocupava.

A maioria das pessoas acha que conferências são bons momentos para se divulgarem. Correm de sala em sala tentando desesperadamente se vender. Mas um comandante sabe que é preciso fazer as pessoas gostarem de você primeiro. As vendas vêm depois — nas conversas de *follow-up* após a conferência. O evento é a hora de começar a construir confiança e um relacionamento.

Conheça Seus Alvos

Você está pronto para o esbarrão. Agora só precisa de alguém em quem esbarrar.

Em cada conferência, mantenho em um pedaço de papel dobrado no bolso do paletó uma lista das três ou quatro pessoas que mais gostaria de conhecer. Risco-os quando as encontro. Ao lado dos nomes, anoto o que conversamos e como entrarei em contato posteriormente. E, depois de conhecer e cativar alguém, vocês acabam conversando várias vezes durante a conferência.

No entanto, não se pode depender do acaso para encontrar as pessoas em coquetéis ou intervalos. Costumo pedir ao organizador da conferência para apontar a área onde estarão e observo onde se sentam. A maioria das pessoas continua nos mesmos lugares durante o evento.

Por exemplo, Barry Diller, o CEO da InterActiveCorp, era alguém que eu queria conhecer havia anos. É um visionário no comércio e na mídia, tem uma habilidade incrível de prever, antes de qualquer um, onde a inovação se transformará em lucro. Sente o cheiro do dinheiro.

Pesquisando mais sobre uma das conferências que eu participaria, notei que ele constava como palestrante na programação. Descobri quando e onde isso aconteceria e consegui acesso à área que ele usaria para subir e descer do palco. Fiquei em um lugar onde seria quase impossível ele passar sem me dar um leve encontrão.

Enquanto ele passava, chamei sua atenção. "Sr. Diller, meu nome é Keith Ferrazzi. Trabalho para Barry Sternlicht como CMO na Starwood. Ele comentou antes que nós dois deveríamos conversar, e pensei em fazer a apresentação por conta própria. Sei que está ocupado, mas gostaria de saber se posso ligar para o seu escritório e marcar um encontro quando voltarmos para casa?"

Pausa — durante a qual ele respondeu: "Claro, ligue para o meu escritório em Nova York."

"Perfeito. Queria conversar com você sobre várias ideias que tenho para o seu negócio, e também sou admirador da sua carreira e do trabalho pioneiro que você faz há tempos." E foi isso. Joguei minha maior e melhor carta: meu chefe, um colega empreendedor visionário por quem Diller tinha respeito. Com um nome tão grande quanto o dele, às vezes o esbarrão pode não ser tão sincero quanto gostaria. Ainda assim, com pouco tempo, consegui ganhar credibilidade ao divulgar um nome conhecido e confiável, mostrei certa vulnerabilidade ao admitir que admirava sua carreira e sugeri que tinha algo a oferecer com minhas ideias. Esse encontro resultou em uma oferta de emprego e apresentações dentro da empresa dele que ainda são importantes para meus negócios atuais.

Sua introdução impactante mudará dependendo das circunstâncias. Costuma ser duas ou três frases, adaptadas ao evento, sobre o que você pode ou deseja fazer por eles.

Intervalos Não São para Fazer Uma Pausa

O verdadeiro trabalho em uma conferência acontece nos intervalos.

Certifique-se de ficar de olho no lugar certo. Já reparou como os convidados se reúnem na cozinha ou em algum outro lugar central quando você faz encontros em casa? Um local acolhedor e localizado no meio de tudo costuma ser o centro de qualquer festa. O mesmo vale para uma reunião de negócios. Determine onde a maioria das pessoas se reunirá, ou pelo menos passará, e fique lá. Pode ser perto da mesa de comida, do bar ou da recepção.

Esteja preparado nessas horas. A US News & World Report revelou a técnica de Henry Kissinger para se destacar em um ambiente: "Entre. Dê um passo à direita. Examine-o. Veja quem está lá. Você quer que outras pessoas o vejam."

Kissinger reconhece que grandes networkers sabem como causar uma primeira impressão inesquecível. Enxergam um ambiente cheio de pessoas como um campo de futebol. Lembre-se de cuidar de seu uniforme. Não subestime a importância de se vestir bem em lugares onde você será notado. E comece a encontrar os outros.

Follow-Up

Se você não me achava maluco antes, agora achará com certeza.

Sei que já lhe disse para fazer o *follow-up*, mas acho que isso é de vital importância. Então, de novo: acompanhe seus contatos. Depois, faça-o novamente. Então, após tê-lo feito, faça mais uma vez.

Não gosto de adiar porque assim existe a possibilidade de não ser feito. Quantos de vocês têm cartões de eventos que aconteceram meses ou até mais tempo atrás? São oportunidades perdidas. Durante as palestras, sento-me no fundo e escrevo e-mails de *follow-up* para as pessoas que conheci no intervalo anterior. Todos com quem você conversou durante a conferência devem receber um e-mail para lembrá-los do compromisso firmado para conversarem de novo. Também gosto de mandar um recado para os palestrantes, mesmo que não tenha tido a chance de conhecê-los.

Aqui está um exemplo real de um de meus e-mails de *follow-up*:

> *Oi, Carla,*
>
> *Uau, foi muito divertido! Eu não esperava que shots de tequila fizessem parte da conferência de CIO da Forbes. Definitivamente temos que transformar isso em algo anual. Aliás, também gostaria de seguir com nossa discussão sobre sua estratégia de marketing e seu interesse no trabalho de estratégia de fidelidade da Ferrazzi Greenlight, aquele que fizemos como um meio de ajudar a alcançar*

seu grupo demográfico de mulheres adultas. Quando, esta semana, você consegue me ligar, ou em que momento estará disponível?

Além disso, gostaria de dizer que ouvi pelo menos três pessoas diferentes falarem sobre a sua apresentação e como você foi uma ótima oradora. Parabéns!

Atenciosamente,
Keith

São as Pessoas, Não os Palestrantes

A esta altura do campeonato, é provável que você já tenha descoberto essa regra. Não costumo considerar o conteúdo das conferências particularmente útil. Leio bastante. Penso nesses assuntos com frequência e converso com muita gente. Quando chego nas conferências, já conheço o conteúdo do que será dito.

Claro, existem exceções, como quando Michael Hammer falou sobre reengenharia e, num passe de mágica, transformou a conversa em uma lição de vida e uma comédia stand-up. Epifanias à parte, a maioria dos discursos em conferências é de mais um vice-presidente sênior falando sobre seu projeto de melhoria de processos. Mesmo quando o orador é interessante, a mentalidade é a mesma: trata-se sempre das pessoas.

Não Seja Esta Pessoa

O SOLITÁRIO: o aperto de mão frouxo, o fato de ficar no canto mais distante da sala, o comportamento despretensioso — todos os sinais de que essa pessoa acha que está ali para assistir aos palestrantes.

A SOMBRA: este sujeito é um codependente total e pensa que a primeira pessoa que conhece é seu BFF (melhor amigo para sempre).

Por medo, seguem seu BFF durante toda a conferência. Você gastou bastante dinheiro para não aproveitar a oportunidade de conhecer muitas pessoas *diferentes*. Então as encontre! Você tem toda a vida para construir relacionamentos com elas. Colete o máximo de *follow--ups* possível.

O CAÇADOR DE CELEBRIDADES: este tipo de sujeito canaliza cada pedacinho de energia para tentar encontrar a pessoa mais importante do evento. O problema é que, se quem ele quer conhecer for de fato a pessoa mais importante da conferência, ela ficará com a guarda alta. E talvez até guardada, literalmente. Um jovem amigo foi ver o rei da Jordânia discursar recentemente e voltou em êxtase. Esperou uma hora ou mais, junto com outras quinhentas pessoas, por uma chance de apertar a mão do rei. Perguntei ao meu amigo: "Como, exatamente, você se beneficiou daquele encontro?"

"Posso dizer que o conheci", respondeu timidamente. Eu disse a ele que provavelmente havia pelo menos um punhado de dignitários e membros do gabinete do rei naquela sala que ninguém conhecia ou tinha interesse em fazê-lo. Não teria sido melhor ter conversado com um deles, em vez de apertar a mão de alguém que não se lembrará dele além disso? Talvez ele pudesse ter iniciado um relacionamento. Em vez disso, conseguiu uma foto e um aperto de mão.

O LANÇADOR DE OLHARES BAJULADORES: nada lhe dará uma má reputação tão rápido. Em vez disso, seja como Bill Clinton. Se você passar só trinta segundos com alguém, encha-os de aconchego e sinceridade. Nada lhe dará uma boa reputação tão rápido.

O DISTRIBUIDOR/ACUMULADOR DE CARTÕES: este cara distribui seu cartão como se a cura do câncer estivesse escrita no verso. Sinceramente, cartões são superestimados. Se você tiver sucesso no encontro e conseguir uma promessa para uma reunião futura, um pedaço de papel será irrelevante. Essa pessoa se vangloria do número de contatos que tem. Na verdade, não criou nada além de uma lista telefônica com nomes e números de pessoas para as quais fazer ligações frias.

CAPÍTULO 15

Conectando-se aos Conectores

Tornou-se parte da sabedoria convencional que seis graus (ou menos!) é o que nos separa de qualquer outra pessoa no mundo. Como é possível? Porque alguns desses graus (pessoas) conhecem muito, muito mais gente do que o restante de nós.

Vamos chamá-los de superconectores. Todos conhecemos pelo menos uma pessoa assim, que parece conhecer todo mundo e que todo mundo parece conhecer. Você encontrará um número desproporcional de superconectores que atuam como headhunters, lobistas, angariadores de fundos, políticos, jornalistas e especialistas em RP, pois tais cargos exigem as habilidades inatas dessas pessoas. Eu diria que elas devem ser os pilares de qualquer network próspera.

O que Michael Jordan foi para o basquete ou Tiger Woods é para o golfe, elas podem ser para a sua network. Então, quem são de verdade e como você pode fazer para que se tornem membros valiosos de seu círculo de associados e amigos?

Em seu best-seller *O Ponto da Virada*, Malcolm Gladwell cita um estudo clássico de 1974, feito pelo sociólogo Mark Granovetter, que pesquisou como um grupo de homens em Newton, Massachusetts, encontrou seus empregos atuais. O estudo, apropriadamente intitulado "*Getting a Job*" [Conseguindo um Emprego, em tradução livre], tornou-se um trabalho seminal na área e as descobertas foram confirmadas repetidas vezes.

Granovetter descobriu que 56% dos entrevistados acharam o emprego atual por meio de uma conexão pessoal. Apenas 19% usaram o que consideramos rotas tradicionais de busca, como classificados em jornais e recrutadores. Cerca de 10% se candidataram diretamente com o empregador e conseguiram a vaga.

O que quero dizer? Contatos pessoais são a chave para abrir portas — não é uma ideia tão revolucionária. O que é surpreendente, porém, é que dessas conexões pessoais que renderam dividendos para os participantes do estudo, apenas 17% viam tais contatos com frequência (tanto quanto fariam se fossem bons amigos) e 55% só viam seus contatos ocasionalmente. E, veja só, 28% mal se encontravam com essas pessoas.

Em outras palavras, não são necessariamente os laços fortes, como família e amigos próximos, que se mostram mais poderosos; pelo contrário, muitas vezes as pessoas mais importantes de nossa network são meros conhecidos.

Como resultado do estudo, Granovetter imortalizou a frase "a força dos laços fracos" ao mostrar de forma persuasiva que quando se trata de conseguir novos empregos — ou até mesmo novas informações ou ideias —, os "laços fracos" costumam ser *mais* importantes do que aqueles que se considera fortes. Por quê? Pense a respeito. Muitos de seus amigos e contatos mais próximos frequentam as mesmas festas, geralmente trabalham em coisas parecidas e vivem mais ou menos no mesmo mundo que o seu. É por isso que eles raramente têm informações que você já não tenha.

Por outro lado, seus laços fracos costumam ocupar um mundo bem diferente do seu. Eles saem com pessoas diferentes, muitas vezes em mundos distintos, com acesso a todo um inventário de conhecimento e informações indisponíveis para você e seus amigos mais próximos.

As mães estavam erradas — vale a pena, sim, conversar com estranhos. Como Malcolm Gladwell escreveu: "Conhecidos, em suma, representam uma fonte de poder social, e quanto mais conhecidos você tem, mais poderoso você é."

Ao longo deste livro, tento enfatizar que o mais importante é desenvolver relacionamentos profundos e de confiança, não contatos superficiais. Apesar da pesquisa de Granovetter, acredito que as amizades são a base para uma network poderosa de verdade. Para a maioria de nós, cultivar uma longa lista de meros conhecidos além do esforço já dedicado ao círculo de amigos é muito desgastante. A ideia de ser grato a uma centena de pessoas — enviar cartões de aniversário, convites para jantares e todas as coisas que fazemos para aqueles próximos a nós — parece estranhamente desgastante.

Só que, para alguns, não é. São os tais superconectores. Pessoas como eu, que mantêm contato com milhares de pessoas. O segredo não é apenas que conhecemos milhares de pessoas, mas que elas são parte de muitos mundos distintos, e as conhecemos bem o bastante para ligarmos para elas. Uma vez que você se torna amigo de um superconector, está a apenas dois graus de distância das milhares de pessoas diferentes que conhecemos.

Um psicólogo social chamado Dr. Stanley Milgram provou essa ideia em um estudo de 1967. Ele realizou um experimento que pretendia mostrar que nosso mundo grande e impessoal é, na verdade, bem pequeno e amigável.

Foi o estudo de Milgram que criou a noção de "seis graus de separação". No experimento, ele enviou um pacote para algumas centenas de pessoas aleatoriamente selecionadas no Nebraska, que foram instruídas a fazer um pacote chegar até um corretor anônimo em Boston, o qual não conheciam. Cada pessoa só poderia enviar o pacote para alguém que conhecessem pelo primeiro nome e que pensassem ter mais probabilidade de conhecer o desconhecido do que elas. Cerca de um terço dos pacotes chegou ao destino final após uma média de apenas seis despachos.

O surpreendente foi que, quando todas essas cadeias de pessoas foram analisadas, Milgram descobriu que a maioria das cartas passou pelas mãos dos mesmos três nebrascanos. A descoberta evidencia que, se você deseja ter acesso ao poder social de conhecidos, é útil conhecer alguns superconectores.

Os conectores podem ser encontrados em todas as profissões imagináveis, mas me concentrarei nas oito mais frequentes. Cada um desses tipos me fornece um link para um mundo inteiro de pessoas, ideias e informações que, de forma muito significativa, tornaram minha vida um pouco mais divertida, ajudaram minha carreira ou tornaram as empresas para as quais trabalhei mais bem-sucedidas.

1. Donos de restaurantes

A 57th Street não é exatamente Lower Manhattan, mas era o centro para Jimmy Rodriguez, o empresário da noite que transformou o Bronx em uma tendência com seu primeiro restaurante. Jimmy's Downtown, seu segundo restaurante, atraiu o mesmo grupo de celebridades, políticos e atletas em busca de boa comida e bons momentos.

Quando eu estava em Nova York, aquele era o meu lugar. A cena era exclusiva sem ser pomposa: luz suave, um bar de ônix reluzente e uma trilha sonora de R&B faziam o local parecer um country club moderno. Jimmy voava entre as mesas, oferecendo aperitivos grátis e apresentando-o a pessoas que ele achava que você gostaria de conhecer.

Era como um clube privado, sem taxas de filiação.

Lembro-me dele como um verdadeiro conector. De fato, é um requisito para a maioria dos proprietários de restaurantes. Quando eu estava em Chicago, meu lugar era o Gordon's Restaurant, em Los Angeles, o Wolfgang Puck. O sucesso de seu empreendimento depende de um grupo central de clientes regulares que enxergam o restaurante como uma casa longe de casa.

E é muito fácil conhecer um dono de restaurante. Os espertos farão de tudo para tornar sua experiência agradável. Tudo o que você precisa fazer é entrar em contato e frequentá-lo muitas vezes.

Quando estou em uma cidade nova, costumo pedir às pessoas uma lista de alguns dos restaurantes mais badalados — e consagrados. Gosto de ligar com antecedência e pedir para falar com o proprietário (embora o *maître* sirva) e dizer que saio com frequência, às vezes em grandes grupos, e estou procurando um lugar novo no qual me divertir bastante!

Se você não sai tanto quanto eu, encontre um ou dois restaurantes de que goste e vá lá quando sair. Torne-se um cliente regular. Faça questão de conhecer a equipe. Quando estiver saindo a trabalho, leve outras pessoas para lá. Quando precisar organizar um evento, use-os.

Após conhecer o proprietário, será como seu próprio restaurante — um lugar com um quê de exclusividade e prestígio que um clube privado transmite com todo o aconchego e conforto de seu lar.

Com certo planejamento prévio e um pouco de lealdade, um dono de restaurante não só compartilhará a generosidade de sua cozinha com você, mas também lhe apresentará seus outros clientes.

2. Headhunters

Recrutadores. Conselheiros que auxiliam na busca por empregos. *Executive search*. São como *gatekeepers*. Em vez de responder a um executivo, no entanto, os bem-sucedidos de verdade podem responder a até centenas de executivos na área em que recrutam.

Headhunters são casamenteiros profissionais, ganham seu salário apresentando candidatos para empresas que estão contratando. Se a pessoa conseguir o emprego, o headhunter receberá uma comissão considerável, normalmente uma porcentagem da compensação do primeiro ano de contrato do candidato escolhido.

Como resultado, os headhunters são um misto interessante entre vendedores e socialites. Para encontrar candidatos, costumam colocar anúncios de vagas. Também contatam prováveis candidatos diretamente, talvez por indicação de um amigo ou colega. Nas indústrias em que se especializam, tornam-se fontes inestimáveis de nomes e informações.

O ponto ideal para um headhunter gira em torno de duas questões: você está contratando seus serviços para fazer uma pesquisa ou os está ajudando a fazê-la em nome de outra pessoa. Se está procurando um emprego, deixe o máximo de empresas de recrutamento dispostas a procurá-lo.

Mantenho um arquivo de headhunters: quem são e o que procuram. E retorno todas as suas ligações, ajudando a buscar pessoas para suas vagas pela minha. Sei que eles me ajudarão com acesso a alguns de seus clientes quando eu precisar. Afinal, eles estão no negócio do networking!

Qualquer um pode contatar um headhunter? Para ser sincero, eles preferem ser a pessoa que entra em contato. Mas se tiver o cuidado de não tentar se vender antes de oferecer sua própria network, eles serão receptivos. Nos primeiros anos de minha carreira, quando não estava em posição de contratá-los e não conhecia pessoas que utilizavam tais serviços, eu ia direto ao ponto: "Em quais buscas está trabalhando? Como posso ajudá-lo a encontrar pessoas?"

O outro conselho nessa área é agir como um pseudo-headhunter, sempre atento a fim de conectar quem busca e quem oferece empregos, ou consultores e empresas. Quando ajuda as pessoas a conseguir um novo emprego, elas tendem a se lembrar de você se souberem da abertura de uma nova vaga. Além disso, se ajudar, digamos, um fornecedor seu a conseguir um novo cliente, eles geralmente estarão mais abertos a negociar preços em seu próximo projeto. Ajudar os outros a encontrar bons funcionários é uma moeda de troca.

3. Lobistas

Bem-informados, persuasivos e autoconfiantes, os lobistas costumam ser networkers impressionantes.

Em virtude de seu trabalho, estão intimamente familiarizados com os métodos de grandes organizações e com o funcionamento dos governos locais e nacionais. São pessoas quase sempre intensas, cujo objetivo é influenciar os políticos a votar na legislação de uma forma que favoreça os interesses que elas representam.

Como trabalham? Os lobistas costumam oferecer coquetéis e jantares de confraternização, permitindo que interajam com os políticos — e seus oponentes — em uma atmosfera casual. Seus esforços mais populares envolvem longas horas gastas ao telefone e escrevendo cartas, tentando fazer com que a comunidade se envolva em uma causa. Tudo isso os torna um grupo bastante fácil de agradar. Você consegue realizar um evento para eles? Voluntariar seus serviços? Indicar outros voluntários para a causa? Apresentá-los a potenciais clientes?

Lobistas tendem a esbarrar em muita gente útil de se conhecer, incluindo aquelas que são poderosas e bem-sucedidas.

4. Angariadores de fundos

"Siga o dinheiro" são palavras pelas quais os angariadores de fundos vivem. Sabem onde ele está, o que será necessário para obtê-lo e, o mais importante, quem tem maior probabilidade de doá-lo. Como resultado, os angariadores, quer trabalhem para uma organização política, universidade ou grupo sem fins lucrativos, tendem a conhecer absolutamente todo mundo. E, apesar de terem o trabalho nada invejável de tentar convencer as pessoas todos os dias a gastarem seu suado dinheiro, quase sempre são incrivelmente queridos. É um trabalho altruísta, muitas vezes feito pelas melhores razões, e a maioria de nós reconhece que qualquer pessoa que tenha um bom amigo que angaria fundos tem uma porta aberta para um novo mundo de contatos e oportunidades.

5. Pessoas da área de RP

O pessoal de relações públicas passa o dia inteiro ligando, bajulando, pressionando e implorando aos jornalistas que cubram seus clientes. A relação entre mídia e RP é difícil, mas no final das contas, a necessidade os une como primos que não se veem há muito.

Um bom amigo que trabalha com RP pode ser sua entrada no mundo da mídia e, às vezes, das celebridades. Elana Weiss, que colidera a empresa de relações públicas que usei chamada Rose Group, me apresentou Arianna Huffington (por meio de um conhecido no escritório de Arianna), a notável autora e colunista política. Desde então, Arianna se tornou uma amiga, confidente e uma das presenças ilustres de meus jantares em Los Angeles.

6. Políticos

Todos os políticos são networkers inveterados. Precisam ser. Trocam apertos de mãos, beijam bebês, dão discursos e vão a jantares, tudo em nome de ganhar a confiança de pessoas o bastante para serem eleitos. A importância dos políticos se dá pelo poder político deles, em vez da riqueza. Qualquer coisa que você possa fazer para ajudá-los a ganhar poder com os eleitores, ou exercer o poder no cargo, auxiliará bastante a garantir um lugar em seu círculo íntimo.

O que um político pode fazer por você? Os da prefeitura de sua cidade podem ser fundamentais para lidar com o emaranhado da burocracia governamental local. E os políticos de qualquer tipo, se bem-sucedidos, são celebridades — e suas networks refletem isso.

Como você pode se conectar? Participe da junta comercial local. Executivos locais, empresários e empreendedores geralmente ocupam a câmara. Em todas as comunidades, há muitos jovens políticos querendo crescer na carreira política. Logo no início, antes da sua ascensão à notoriedade, você pode conquistar muita lealdade e confiança ao apoiar seus objetivos e contribuir quando eles decidirem se candidatar.

7. Jornalistas

Jornalistas são poderosos (a exposição certa pode transformar uma empresa ou um ninguém em alguém), necessitados (estão sempre procurando uma história) e relativamente desconhecidos (poucos alcançaram fama suficiente para se tornarem inacessíveis).

Durante anos, desde que estava na Deloitte, visitei jornalistas de diferentes revistas, levando-os para jantares e dando várias boas ideias para matérias. Agora conheço pessoas que ocupam cargos importantes em quase todas as principais revistas de negócios dos Estados Unidos. O que, aliás, é uma das razões pelas quais, menos de um ano depois de assumir a YaYa, com apenas um pingo de receita, a empresa — e, mais importante, a ideia que ela tentava vender — apareceu em publicações como *Forbes*, *The Wall Street Journal*, CNN, CNBC, *Brandweek*, *Newsweek*, *The New York Times*... E a lista continua.

8. Autores, blogueiros e gurus

Redes sociais e mudanças dramáticas na economia da área editorial deram origem a uma nova categoria de superconector: o autor-guru. As editoras costumavam criar autores famosos por meio da grande força das relações públicas, imprimatur e amplas redes de distribuição. Agora, os indivíduos criam suas próprias comunidades para se tornarem os superconectores do próprio espaço particular online.

Encontrá-los não é difícil: use ferramentas como a Alexa e o Klout, que medem a influência para conseguir uma métrica aproximada de quem está dominando determinado espaço. Veja o Twitter atrás das melhores listas e para ver quem é retweetado com mais frequência e, em seguida, torne-se seu stalker mais charmoso. Conecte-se a eles nas redes sociais, ouça o que estão dizendo e, com o tempo, dê sua opinião. Depois de saber o que interessa a eles de verdade, dê o próximo passo na comunicação ao enviar um e-mail de valor agregado. Não se preocupe se não receber uma resposta; em um mês, envie outro. Procure oportunidades de conhecê-los pessoalmente em conferências, sessões de autógrafos e outros eventos.

Criar nem que seja um laço fraco com alguém bastante influente online — o suficiente para que estejam dispostos a te retweetar — valerá muito a pena quando tiver notícias ou uma postagem que gostaria que as pessoas na internet vissem.

Existem oito profissões diferentes feitas sob medida para superconectores. Conecte-se com alguns. E há outros — advogados, corretores etc. Torne-se parte de suas networks e faça com que virem parte da sua. Corte o cordão umbilical e não fique só com o pessoal que encontra no bebedouro do escritório. Misture-se. Procure pessoas que não se parecem, não agem e não soam como você. Busque ideias de pessoas com as quais normalmente não conversa, que habitam mundos profissionais para onde não costuma viajar.

Em uma palavra: conecte-se. Em quatro palavras mais apropriadas: conecte-se com os conectores.

HALL DA FAMA DOS CONECTORES

Paul Revere (1735-1818)

Entender o legado de Paul Revere para o mundo do networking é tão simples quanto compreender o seguinte: algumas pessoas são *muito* mais bem conectadas do que outras.

Se você se mudasse para uma cidade pequena e desejasse, por algum motivo, conhecer todos na cidade, o que faria? Iria de porta em porta, cumprimentando uma pessoa por vez? Ou tentaria encontrar um morador conectado que pudesse abrir todas as portas para você?

A resposta é óbvia.

Hoje, esse cidadão conectado pode ser, digamos, o diretor da escola, o comissário da liga esportiva infantil ou o pastor da igreja. Mas na época de Paul Revere — pense na região metropolitana de Boston nos anos 1770 —, as pessoas mais conectadas eram como ele, dono de uma ourivesaria no North End da cidade, empresários e comerciantes que lidavam com indivíduos de todas as nuances da sociedade e cultura de Boston.

Revere era um indivíduo muito social: formou vários clubes por conta própria e ingressou em tantos outros. Na adolescência, ele e seis amigos formaram uma sociedade de sineiros de igreja; já adulto, ingressou no North Caucus Club, sociedade fundada pelo pai de Samuel Adams para escolher candidatos ao governo local. Em 1774, quando as tropas britânicas começaram a apreender munições, formou mais um tipo de clube, responsável por monitorar os movimentos das tropas. Além disso, ele pertencia à Loja Maçônica de St. Andrew, onde conhecia ativistas revolucionários como James Otis e Dr. Joseph Warren.

Tudo isso ajuda a explicar por que Revere, entre todos os bostonianos no ano anterior à revolução, serviu como mensageiro para o Comitê de Correspondência de Boston e o Comitê de Segurança de Massachusetts, cavalgando com correspondências para o Congresso Continental na Filadélfia. Também foi ele quem divulgou a Festa do Chá de Boston para Nova York e Filadélfia. Revere, em suma, era um homem que não conhecia apenas as pessoas — sabia das fofocas, rumores, notícias e as ouvia de todas as fontes da sociedade de Boston.

Em abril de 1775, soube das ordens britânicas para capturar líderes rebeldes e desarmar os colonos à força. Então, seus companheiros rebeldes e ele criaram um sistema de alerta: duas lanternas brilhando no campanário da Old North Church de Boston (o edifício mais alto da cidade) indicavam que as tropas britânicas estavam avançando para Boston pelo mar; uma vela indicava avanço terrestre. De qualquer forma, os rebeldes em Boston e nos subúrbios vizinhos saberiam quando e para onde fugir e pegar em armas.

A parte "um se por terra, dois se por mar" desta história é bastante conhecida. O que é menos sabido é que o conhecimento de networking de Revere é o que permitiu a *ele* — e talvez só a ele — ser o encarregado de iluminar o campanário da igreja.

A igreja, por acaso, era anglicana; o reitor era um grande apoiador da Coroa. Mas Revere conhecia o sacristão, John Pulling, por meio do North Caucus Club. E mediante a loja, conheceu o encarregado pela manutenção da igreja, Robert Newman, que tinha a chave do prédio.

As conexões de Revere foram cruciais para ele naquela fatídica noite. Após acender as lanternas, precisava chegar em Lexington, para alertar os líderes rebeldes Sam Adams e John Hancock. Primeiro, dois conhecidos remaram com Revere através do rio Charles, para Charlestown; lá, um cavalo o esperava, emprestado por outro amigo, o diácono John Larkin.

Perseguido por britânicos, Revere foi desviado ao norte de Lexington, para a cidade de Medford. Por conhecer o chefe das forças armadas de Medford, foi até a casa dele e o avisou. Os dois alertaram a cidade antes de Revere seguir para Lexington.

A parte da história sobre Lexington é bem conhecida. Menos conhecido é que na mesma noite em que Revere fez sua cavalgada à meia-noite, um homem chamado William Dawes saiu galopando na outra direção para reunir as milícias do oeste de Boston. Revere despertou um exército, enquanto cerca de três pessoas vieram das cidades que Dawes visitou. Por quê? Ele era um conector; conhecia todo mundo e, portanto, conseguia ir em uma aldeia após a outra, batendo nas portas certas, chamando todas as pessoas certas pelo nome.

Os historiadores dizem que Revere foi abençoado com um "gênio misterioso para estar no centro dos eventos". Mas não é preciso ser um gênio para isso — bastam envolvimento e interesse ativo em sua comunidade e uma amizade (ou duas) com um conector.

CAPÍTULO 16

Expandindo Seu Círculo

A maneira mais eficiente de ampliar e utilizar todo o potencial de seu círculo de amigos é simplesmente conectá-lo ao de outra pessoa. Não vejo uma network de pessoas como uma "rede", na qual você pesca contatos como um cardume de bacalhau lutando para escapar. Encare isso como uma série de links interconectados em que cada um funciona de forma colaborativa para fortalecer e expandir a comunidade como um todo.

Tal colaboração significa ver cada pessoa na sua network como um parceiro. Como um negócio onde os cofundadores assumem a responsabilidade por diferentes partes da empresa, os parceiros se ajudam e, por extensão, ajudam suas respectivas networks, assumindo suas respectivas responsabilidades e fornecendo acesso a elas conforme necessário. Em outras palavras, há um intercâmbio. Os limites de qualquer network são fluidos e constantemente abertos.

Deixe-me dar um exemplo do que quero dizer usando minha própria vida. Em uma tarde de sábado, fui encontrar meu amigo Tad e sua esposa, Caroline, no Hotel Bel-Air em Los Angeles. Ele me apresentou a Lisa, a gerente do hotel, que é impressionante: alta, loira, articulada, charmosa, engraçada e casual ao mesmo tempo.

"Se entre vocês dois houver um único desconhecido em Los Angeles, ficarei muito surpreso", Tad disse. Aos seus olhos, éramos mestres networkers. Lisa era, como muitos no setor hoteleiro, uma superconectora.

Dez minutos após nos conhecermos, sabíamos que seríamos grandes amigos. Falávamos a mesma língua.

Lisa tinha ouvido falar dos jantares de negócios que eu oferecia com frequência. Seus convidados deveriam ficar no Bel-Air durante os passeios em Los Angeles, ela disse. Olhei ao redor do hotel e pensei em como seria memorável realizar alguns de meus eventos em um ambiente tão chique. Será que poderíamos formar uma parceria?

Então, fiz uma sugestão simples.

"Lisa, vamos dividir jantares por alguns meses. Você oferece um no Bel-Air e me dá metade da lista de convidados. Então, faço um dos meus e lhe entrego metade da lista. Dividiremos a conta de cada evento, economizando um monte de dinheiro para ambos, e juntos conheceremos muita gente nova e empolgante. Ao coorganizar os eventos, nós os tornaremos muito mais bem-sucedidos."

Ela concordou, e nossos jantares foram um enorme sucesso. A combinação única de pessoas do mundo dos negócios e do entretenimento foi divertida e interessante. Além de apresentarmos nossos amigos a um grupo totalmente novo de pessoas, a dinâmica das festas foi eletrizante.

Os políticos, mestres inveterados do networking, fazem intercâmbio assim há anos. Eles têm o que chamamos de "comissões anfitriãs", grupos de pessoas de diferentes realidades sociais que são leais a um político específico e encarregadas de apresentar seu candidato ao seu respectivo círculo de amigos. Um típico político consolidado terá uma comissão anfitriã de médicos, advogados, profissionais de seguros, estudantes universitários e assim por diante. Cada comissão é formada por pessoas bem conectadas em seus referentes mundos e que organizam festas e eventos que dão ao político acesso a todos os seus amigos. Na minha opinião, isso oferece um ótimo modelo para quem está procurando expandir sua própria network.

Existem mundos aos quais você quer ter mais acesso? Se sim, veja se consegue encontrar uma figura central dentro dele para atuar como sua própria comissão anfitriã de uma pessoa só. Contextualizando para os negócios, digamos que você planeje vender um novo produto que sua empresa apresentará ao mercado em alguns meses, e grande parte do público-alvo será de advogados. Fale com seu advogado pessoal, conte a ele sobre o produto e pergunte se estaria disposto a ir com alguns colegas de profissão para um jantar que você gostaria de oferecer. Diga que ele e os amigos não só darão uma olhada antecipada nesse fabuloso novo produto, mas também terão a oportunidade de conhecer seus amigos, que podem se tornar clientes em potencial. Eles se tornarão responsáveis pela realização de eventos que o conduzirão ao grupo de amigos deles. Você ficará responsável por fazer o mesmo.

Esse tipo de parceria funciona maravilhosamente bem. Mas a dinâmica implícita precisa ser de benefício mútuo. Deve ser uma relação ganha-ganha para todos os envolvidos.

Se você estiver fazendo intercâmbio com o círculo de amigos de outra pessoa, certifique-se de dar o devido reconhecimento a quem o conduziu até esse novo mundo e o faça em todas as conexões subsequentes que ela ajudou a promover.

Nunca se esqueça da pessoa que te levou ao baile. Certa vez, por engano, chamei um novo amigo para uma festa sem convidar a pessoa que nos apresentou. Foi um erro terrível e um infeliz lapso de julgamento de minha parte. A confiança é essencial para um intercâmbio de networks que exige tratar os contatos da outra pessoa com o máximo de respeito.

À medida que sua comunidade cresce, a parceria se torna cada vez mais uma necessidade. Passa a ser uma questão de eficiência. Um contato tem a chave para todos os outros relacionamentos na network dele. Ele ou ela é o *gatekeeper* de um mundo totalmente novo. Você pode conhecer dezenas, até mesmo centenas de outras pessoas por meio de sua relação com outro conector importante.

Duas regras de ouro rápidas:

1. Você e a pessoa com quem está intercambiando contatos devem ser parceiros igualitários que dão tanto quanto recebem.
2. Você deve ser capaz de confiar em seus parceiros, porque, afinal, está atestando por eles, e o comportamento deles para com sua network é um reflexo seu.

Tenha cautela — nunca dê a qualquer pessoa acesso completo a sua lista de contatos. Não é algo para todos. Você deve saber quem em sua network está interessado em ser contatado e como fazê-lo. O intercâmbio de contatos deve ocorrer em eventos, funções ou causas específicas. Considere, com cuidado, como seu parceiro deseja usar sua network e como você espera usar a dele. Assim, você será mais útil para a outra pessoa, e esse é o tipo de reciprocidade genuína que faz com que a parceria e o mundo funcionem.

CAPÍTULO 17

A Arte do Bate-Papo

Todos temos o que é preciso para encantar as pessoas ao nosso redor — colegas, desconhecidos, amigos, o chefe. Mas ter e saber como trabalhar com isso é a diferença entre passar a vida nas sombras e comandar o centro do palco de onde quer que esteja.

Você não nasceu com aquele ingrediente essencial que é o charme, o dom da eloquência. E daí? Poucos nasceram.

Todos nós já lutamos contra aquele velho medo de entrar em uma sala cheia de completos desconhecidos e não ter nada a dizer. Em vez de olhar para um mar de novos amigos e associados em potencial, vemos obstáculos terríveis entre nós e o bar. Isso acontece em reuniões de negócios, conferências, reuniões de associações de pais e mestres e em quase todos os fóruns onde ser social é importante. É por isso que saber bater papo é tão importante. Além disso, é a razão pela qual, para quem não tem jeito para bate-papo, situações como essas, que podem nos ajudar a encontrar tanta gente, são também os momentos que mais nos fazem sentir vulneráveis e inquietos.

Nesse ponto, a tecnologia não ajudou nem um pouco. Os tímidos veem o e-mail e o bate-papo virtual como uma ótima saída de emergência para não interagir com outras pessoas. A verdade, porém, é que esses novos jeitos de se comunicar não são particularmente bons para criar relacionamentos. O meio digital tem tudo a ver com velocidade e brevidade. Pode tornar a comunicação eficiente, mas não é eficaz quando se trata de fazer amigos.

Ainda assim, alguns são capazes de lidar com situações sociais com relativa facilidade. Como conseguem?

A maioria das pessoas supõe que a resposta é que a capacidade de se ter êxito em um bate-papo é, de alguma forma, inata, algo com o qual você nasce. Embora reconfortante, essa suposição é completamente falsa. Conversar é uma habilidade adquirida. Se você tiver a determinação e as informações adequadas, a conversação, assim como qualquer outra habilidade, pode ser aprendida.

O problema é que muitas das informações disponíveis estão totalmente erradas. Conheço muitos CEOs que se orgulham do comportamento conciso e objetivo. Afirmam, com orgulho, seu desinteresse em "jogar o jogo"; deleitam-se com a própria incapacidade de ser qualquer coisa além de rudes.

Mas o fato é que o bate-papo — do tipo que acontece entre duas pessoas que não se conhecem — é a conversa mais importante que temos. A linguagem é o método mais direto e eficaz para comunicar nossos objetivos. Quando dramaturgos e roteiristas desenvolvem personagens para suas obras, a primeira coisa que decidem é a motivação. O que a personagem deseja? O que busca? Quais são seus desejos? As respostas ditam o que tal personagem dirá ou não nos diálogos. Essa prática não é só do mundo dramático; é um reflexo de como nós, humanos, somos programados. Usamos palavras não apenas para articular e concretizar nossos próprios desejos mais profundos, mas também para aliciar outras pessoas para saciarem esses desejos.

Há cerca de dez anos, Thomas Harrell, professor de psicologia aplicada na Graduate School of Business de Stanford, começou a identificar as características de seus ex-alunos mais bem-sucedidos. Estudando um grupo de MBAs uma década após a formatura, descobriu que a média de notas não tinha peso no sucesso. A única característica comum entre os graduados mais bem-sucedidos era a "fluência verbal". Aqueles que construíram negócios e subiram na escada corporativa com incrível velocidade eram os que podiam conversar seguramente com qualquer pessoa e situação. Investidores, clientes e chefes eram pouco assustadores, como se fossem colegas, secretárias e amigos. Na frente de uma plateia, em um jantar ou em um táxi, essas pessoas sabiam como falar.

Como o estudo de Harrell confirmou, quanto melhor você usa a linguagem, mais rápido consegue progredir na vida.

Então, qual deve ser sua meta com o bate-papo? Boa pergunta. O objetivo é simples: iniciar uma conversa, mantê-la, criar um vínculo e sair com o outro pensando "Eu curto essa pessoa" ou qualquer variação geracional dessa frase que prefira usar.

Muito já foi dito sobre como se deve fazer isso. Mas, na minha opinião, os especialistas entenderam mal o que funciona melhor. A primeira coisa que os especialistas em bate-papo costumam fazer é estabelecer regras sobre o que pode ou não ser dito. Afirmam que, quando se conhece alguém pela primeira vez, deve-se evitar questões desagradáveis, excessivamente pessoais e muito controversas.

Errado! Não escute essa gente! Nada contribuiu mais para o desenvolvimento de tagarelas chatos em todos os cantos. A ideia de que todos podem agradar todo mundo sempre é completamente equivocada. Pessoalmente, prefiro estar interessado no que alguém está dizendo, mesmo discordando, do que ficar catatônico.

Quando se trata de causar boa impressão, diferenciar-se é o mais importante. Confunda as expectativas. Balance-as. Como? Existe um jeito garantido de se destacar no mundo profissional: seja você mesmo. Creio que a vulnerabilidade — sim, a vulnerabilidade — é um dos ativos mais subestimados nos negócios hoje.

Muitas pessoas confundem sigilo com importância. As escolas de negócios nos ensinam a manter tudo em segredo. Mas o mundo mudou. O poder, hoje, vem de compartilhar informações, não de retê-las. Mais do que nunca, as linhas que demarcam o pessoal e o profissional se atenuaram. Somos uma sociedade aberta, e isso exige um comportamento equivalente. E, via de regra, poucos segredos valem a energia necessária para mantê-los secretos.

Ser franco com as pessoas confere respeito; oferece a honra da franqueza. As questões com as quais todos nos preocupamos são os pontos sobre os quais mais queremos falar. Claro, isso não é um chamado para ser confrontador ou desrespeitoso. É um chamado para ser honesto, aberto e vulnerável o suficiente para permitir de verdade que outras pessoas entrem na sua vida, assim elas podem ser vulneráveis em troca.

Quantas negociações teriam terminado melhor se ambas as partes envolvidas tivessem simplesmente sido honestas e francas sobre suas necessidades? Mesmo quando há discordância, descobri que as pessoas o respeitam mais por colocar suas cartas na mesa.

Seja na mesa de negociação ou na de jantar, nossa propensão à inibição cria uma barreira psicológica que nos separa daqueles que gostaríamos de conhecer melhor. Quando saímos de uma conversa formal, hesitante e desconfortável em que escondemos nosso verdadeiro eu, consolamo-nos ao descartar o encontro ou — com mais frequência — a pessoa, pensando: "Não tínhamos nada em comum, de qualquer forma."

Mas a verdade é que todos têm algo em comum. E você não encontrará essas semelhanças se não se abrir e expor seus interesses e preocupações, permitindo que os outros façam o mesmo.

Isso traz algumas implicações reconfortantes. Ao saber que a franqueza sincera é mais eficaz do que as piadas prontas na hora de iniciar uma conversa significativa, a ideia de "quebrar o gelo" se torna fácil. Muitos de nós acreditam que "quebrar o gelo" significa fazer uma observação brilhante, espirituosa ou extraordinariamente perspicaz. Porém, poucos de nós são como Jay Leno ou David Letterman. Quando você percebe que o melhor quebra-gelo são algumas palavras vindas do coração, o ato de iniciar uma conversa se torna bem menos assustador.

Sempre me surpreendo com o poder do princípio da vulnerabilidade na arte de bater papo. Recentemente, participei de uma reunião do Conference Board, um encontro anual para executivos das áreas de marketing e comunicação. Como é de praxe, os participantes se reúnem para um jantar na véspera do evento.

Naquela noite, sentados à mesma mesa que eu estavam os diretores de marketing de empresas como Walmart, Cigna, Lockheed, Eli Lilly, eBay e Nissan. Todos administravam grandes orçamentos de marketing. A importância deles para meu negócio era significativa. Era uma ocasião que exigia o meu melhor.

O único problema era que eu havia deixado o meu melhor em algum lugar de Pittsburgh durante o voo para o evento. A trilha sonora de minha vida naquela noite foi melancólica. Horas antes, recebi o último e definitivo e-mail que confirmava meus piores temores: estava solteiro de novo. Havia acabado de vivenciar um término traumático e emocionalmente desgastante. Não estava com vontade de conversar.

Sherry, a mulher sentada ao meu lado, a quem tinha acabado de conhecer, não fazia ideia de que eu não estava sendo eu mesmo. Conforme a conversa avançava na mesa de jantar, percebi que estava fazendo todas as coisas que digo aos outros para nunca fazerem. Estava me escondendo atrás de perguntas educadas e sem importância sobre nada em particular.

Lá estávamos nós, Sherry e eu, olhando um para o outro e conversando, sem realmente dizer nada. Estava claro que mal podíamos esperar pela chegada da conta.

Em algum momento, reconheci o quão absurdo era meu comportamento. Sempre disse às pessoas que acredito que toda conversa que se tem é um convite para arriscar revelar quem realmente somos. O que de pior poderia acontecer? Eles não corresponderem. E daí? Provavelmente não valia a pena conhecê-los em primeiro lugar. Mas se o risco se provar digno, bem, você acabou de transformar uma conversa com potencial para ser monótona em algo interessante ou até pessoalmente esclarecedor — e, na maioria das vezes, um relacionamento de verdade é formado.

Foi nessa hora que me abri e disse o que estava sentindo. "Sabe, Sherry, preciso me desculpar. Não nos conhecemos muito bem, mas costumo ser bem mais divertido do que estou sendo agora. Foi um dia difícil. Acabei de ter uma reunião onde os membros de meu conselho me colocaram sob grande estresse. Pior ainda: acabei de passar por um término muito difícil e isso está me deixando para baixo." Simples assim, tirei o coelho da cartola. Uma abertura arriscada, um momento vulnerável e sincero, e a dinâmica de nossa conversa mudou de imediato.

Claro que ela poderia ter se sentido desconfortável com uma admissão tão pessoal. Em vez disso, isso a deixou à vontade. "Caramba, não tem problema. Acredite, eu entendo. Todo mundo passa por isso. Deixe-me contar sobre o *meu* divórcio."

Nós nos envolvemos na conversa de um jeito inesperado. Os ombros de Sherry relaxaram. Seu rosto suavizou e se abriu. Eu me senti atraído pelo papo pela primeira vez naquela noite. Ela continuou contando sobre seu doloroso divórcio e todas as coisas pelas quais passou nos meses seguintes. De repente, a discussão foi parar nas ramificações emocionais dos términos e como podem ser desafiadoras. Para nós dois, acabou sendo um momento catártico. Mais do que isso, Sherry me ofereceu conselhos maravilhosos.

O que aconteceu a seguir surpreendeu até a mim. Ao ouvir nossa conversa, vários membros normalmente contidos do grupo interromperam a própria conversa e foram atraídos para a nossa. A mesa inteira se concentrou nas provações e tribulações comuns do casamento e dos relacionamentos: homens, mulheres, gays, heterossexuais, não importava. Pessoas antes pensativas e retraídas agora davam testemunhos pessoais, enquanto o restante de nós acompanhava com nossas próprias histórias. No fim da noite, estávamos rindo e conversando intimamente; o evento se transformou em um jantar incrível. Durante anos, eu esperava ansioso para ver meus amigos nesse evento anual. São pessoas importantes para mim — sim, alguns deles se tornaram clientes, mas a maioria são amigos de verdade com os quais sinto que posso contar.

HALL DA FAMA DOS CONECTORES

Brené Brown

"A vulnerabilidade é o berço da inovação, criatividade e mudança."

Brené Brown, uma pesquisadora voltada para estudos qualitativos, estuda a ciência da conexão humana. Foi atraída para a área, ela dirá, porque os dados permitem que você "controle e preveja". Por meio deles, conseguiria tornar o mundo aparentemente bagunçado em algo organizado e previsível. Seguro. Ou foi o que pensou.

Professora da Graduate School of Social Work da Universidade de Houston, Brown queria descobrir o que separa aqueles que sentem conexão e pertencimento daqueles que lutam para se conectar. O que descobriu, depois de seis anos entrevistando milhares de pessoas, foi que a chave para se conectar com os outros e encontrar sentido na vida não era ter tudo sob controle — até então, seu próprio *modus operandi* para administrar a vida e os relacionamentos.

Na verdade, era o oposto. Era estar aberto à *vulnerabilidade* — o inimigo mortal do controle. Ao analisar milhares de entrevistas, ela encontrou um padrão entre aqueles que se sentiam dignos de pertencimento e conexão, os quais denominou de "coração aberto". O que tinham em comum era o que Brown chama de *coragem*, no sentido da definição original da palavra, "contar a história de quem você é com todo o coração". Tiveram a coragem de ser imperfeitos, de arriscar se machucar e, acima de tudo, de se abrir com autenticidade. "Acreditavam que o que os tornava vulneráveis também os tornava bonitos", ela descobriu.

E não era só a chave para a conexão, mas também para a inovação, a criatividade e a mudança, todas as quais exigem disposição para arriscar um passo rumo ao desconhecido. A vulnerabilidade não era uma fraqueza nos negócios, como a maioria parecia supor. Na realidade, era o caminho mais certeiro para o sucesso.

O que aconteceu após a descoberta foi "um colapso" ou um "despertar espiritual", dependendo se perguntasse a ela ou ao seu novo

> terapeuta. Passou um ano lutando para abraçar a vulnerabilidade na própria vida e nos relacionamentos e aprendeu um pouco na jornada. Compartilhou essas percepções em um livro chamado *A Coragem de Ser Imperfeito: Como Aceitar a Própria Vulnerabilidade, Vencer a Vergonha e Ousar Ser quem Você É*, que a revista *Fast Company* classificou como um dos dez melhores livros de negócios de 2012.
>
> Então, como encontramos nossa própria coragem? Começa com a dissipação dos mitos sobre a vulnerabilidade ser "uma fraqueza, que podemos optar por deixá-la de lado, que é uma autorrevelação sem filtro e que podemos nos virar sozinhos", ela contou à *Fast Company*.
>
> Ela também deu a recomendação comovente de "praticar gratidão e alegria nos momentos de terror... [e] acreditar que somos suficientes. Porque quando adquirimos o sentimento de: 'sou suficiente', então paramos de gritar e começamos a escutar". Não se preocupe, você não estará sozinho se tentar seguir seu conselho: a palestra que ela deu está entre os dez vídeos mais baixados da história das conferências TED.

A mensagem aqui é a de que podemos passar pelas situações da vida, especialmente conferências e outras reuniões profissionais, tendo conversas superficiais e ordinárias com desconhecidos que continuam sendo desconhecidos. Ou podemos colocar um pouco de nós, nosso verdadeiro eu, em risco, dar às pessoas um vislumbre de nossa humanidade e criar a oportunidade para uma conexão mais profunda. A escolha é nossa.

Hoje em dia, raramente temos perante a chance de introduzir tópicos que alguns consideram fora dos limites. Espiritualidade, romance, política são algumas das questões que fazem a vida valer a pena.

Claro, sempre há iniciadores de conversas infalíveis adequados para todas as funções de um negócio: como você começou na sua empresa? O que mais gosta na sua profissão? Pode me contar sobre alguns desafios do seu trabalho? Mas a segurança — seja na conversa, nos negócios ou na vida — costuma produzir resultados "seguros" (leia-se: chatos).

Os verdadeiros vencedores, aqueles com carreiras impressionantes, relacionamentos calorosos e carisma imparável, são os que colocam tudo para fora e não perdem muito tempo e energia tentando ser algo (ou alguém) que não são. Charme é só uma questão de ser você mesmo. Sua singularidade é o seu poder. Todos *nascemos* com características inatas para sermos mestres em bate-papo.

A melhor maneira de se tornar bom em bate-papo é não ser raso. Essa é a arte; aqui está um pouco da lógica por trás:

Aprenda o Poder dos Sinais Não Verbais

Você está em uma reunião, quando se vira para a pessoa ao seu lado. E ela para você, e, em uma fração de segundo, sua mente faz mil cálculos. Nesse instante, está tentando descobrir se deve correr, lutar ou ser amigável. Isso, segundo os antropólogos, é pensar como um homem das cavernas.

Enraizado em nosso código genético, está o condicionamento a ter medo de estranhos. Será que vão nos comer ou nos alimentar? É por isso que formamos as primeiras impressões tão depressa; temos que decidir se é ou não seguro nos aproximarmos.

Você tem cerca de dez segundos antes que uma pessoa decida, inconscientemente, se gosta ou não de você. Nesse curto espaço de tempo, não costumamos trocar muitas palavras; nosso julgamento é baseado principalmente pela comunicação não verbal.

Como fazer alguém que não o conhece se sentir à vontade para conversar?

Agora não é o momento de se fazer de difícil, manter distância ou ser misterioso. Essas reações bastante comuns podem funcionar para pessoas como Marlon Brando, mas para o resto de nós, são registradas como "mantenha distância!" em nossa mente pré-históricas. Pelo contrário, devemos tomar a iniciativa de criar a impressão que queremos passar. As pessoas se impressionam com a determinação social quando ela é oferecida com compaixão e cordialidade. A maneira como alguém o percebe é determinada por uma série de coisas que você faz antes de sequer pronunciar sua primeira palavra.

- Primeiro, ofereça um sorriso caloroso. Isso diz: "Sou acessível."
- Mantenha o equilíbrio de contato visual. Se não piscar 100% do tempo, isso é qualificado como um olhar malicioso. É simplesmente assustador. Se mantiver contato visual menos de 70% do tempo, parecerá desinteressado e rude. Em algum ponto intermediário, é o equilíbrio que você está procurando.
- Descruze os braços e relaxe. Cruzar os braços pode fazê-lo parecer na defensiva ou fechado. Também sinaliza tensão. Relaxe! As pessoas perceberão sua linguagem corporal e reagirão de acordo.
- Concorde com a cabeça e se incline para a pessoa, mas sem invadir seu espaço. Você só quer mostrar que está envolvido e interessado.
- Aprenda a tocar nas pessoas. Tocar é um ato poderoso. A maioria das pessoas transmite suas intenções amigáveis com apertos de mão; algumas vão além usando as duas mãos. Meu jeito favorito de diminuir a distância entre a pessoa com quem estou tentando estabelecer um vínculo é tocar o cotovelo dela. Transmite a quantidade certa de intimidade, sendo um dos favoritos dos políticos. Não é muito perto do peito, o qual protegemos, mas é um pouco mais pessoal do que uma mão.

Seja Sincero

Quer você gaste cinco segundos ou cinco horas com um novo contato ou conhecido, faça o tempo valer. Em Los Angeles, onde moro, os lançadores de olhares são um item básico das festas. Estão sempre olhando de um lado para o outro na tentativa de descobrir a pessoa mais importante do cômodo. Francamente, é um hábito repugnante e que com certeza afastará as pessoas.

A maneira mais certeira de se tornar especial aos olhos dos outros é fazê-*los* se sentirem especiais. O contrário, claro, também é verdadeiro: faça as pessoas se sentirem insignificantes, e sua importância para elas com certeza diminuirá.

Desenvolva Câmbio Conversacional

Ao conhecer alguém novo, esteja preparado para ter algo a dizer. Acompanhe os eventos atuais. Cultive nichos de interesses. Uma única especialidade (culinária, golfe, jardinagem) pela qual você nutra paixão terá poderes expansivos surpreendentes.

Depois da escola de negócios, saciei minha paixão por comida e tirei alguns meses para fazer cursos na Le Cordon Bleu, em Londres. Naquela época, achei que era um gasto frívolo de meu tempo. Mas meu conhecimento e minha paixão pela culinária que vieram dessa experiência entraram em jogo várias vezes durante conversas casuais. Mesmo quem não se interessa muito por comida gosta de ouvir minhas histórias engraçadas e às vezes embaraçosas sobre aprender cozinha francesa em Londres. O que você fala é menos importante do que como o fala. É edificante e interessante ouvir alguém falar sobre algo pelo qual tem grande interesse. O que quer dizer que você também pode falar sobre as paixões dos outros. Meu COO na YaYa, James Clarke, por exemplo, escalou o Monte Everest enquanto trabalhava praticamente durante todo o tempo, exceto na semana em que estava de fato escalando. As histórias surpreendentes que me contou sobre a experiência são agora um excelente tópico para conversas.

Só se lembre de não monopolizar a conversa ou entrar em histórias prolixas. Compartilhe sua paixão, mas não a pregue.

Ajuste Sua Janela de Johari

A Janela de Johari é um modelo, inventado por dois psicólogos norte-americanos, que fornece uma percepção sobre o quanto as pessoas revelam de si. Algumas são introvertidas, revelando pouco; mantêm sua janela relativamente fechada. Outras pessoas são extrovertidas, revelando muito e mantendo as janelas abertas. Essas tendências também mudam em diferentes ambientes. Em situações novas e estranhas, com pessoas desconhecidas, nossa janela permanece pequena; revelamos pouco e esperamos que os outros façam o mesmo. Se, por outro lado, o clima for seguro e de confiança, com pessoas parecidas, partilhamos mais de nós. Nossas janelas se abrem mais.

A comunicação bem-sucedida depende, de acordo com o modelo, do grau em que conseguimos alinhar a nós e às nossas janelas uma combinação com aqueles com quem interagimos.

Greg Seal, um de meus primeiros mentores e quem me recrutou para a Deloitte, chamou minha atenção para esse conceito, e serei eternamente grato. Como um jovem impetuoso e franco, minha janela estava escancarada. Quer eu estivesse tentando vender serviços de consultoria para um contido CEO de uma empresa de engenharia ou trabalhando com a turbulenta equipe de vendas dela, meu estilo permanecia constante. Na época, eu não entendia por que, por exemplo, a equipe de vendas saía das reuniões comigo animada e o CEO mal podia esperar que eu saísse de seu escritório. Quando Greg apresentou a ideia da Janela de Johari e a necessidade de ajustar o quão aberta ou fechada ficava, dependendo de com quem você estava falando, fez todo o sentido. Greg permanecia fiel a si mesmo, não importava com quem falasse, mas transmitia sua mensagem em um tom e estilo que melhor se adequavam à pessoa.

A Janela de Johari de cada um pode estar mais ou menos aberta dependendo das circunstâncias. E diferentes profissões — desde aquelas que exigem muita habilidade interpessoal, como vendas, até as que costumam ser mais solitárias, como contabilidade — atraem pessoas cujas janelas compartilham tendências semelhantes. A janela de um programador, por exemplo, pode não abrir por completo a menos que ele ou ela esteja perto dos amigos. Já a de um profissional de marketing tende a estar aberta independentemente do ambiente.

A chave é saber que, ao conduzir um bate-papo, devemos estar cientes dos diferentes estilos disponíveis e nos adaptar à pessoa com quem estamos conversando. Sei que posso ser sociável, divertido e franco quando me encontro com a equipe da Ferrazzi Greenlight. Em uma reunião com, digamos, banqueiros de investimento, que costumam ser dinâmicos e analíticos, reduzo a empolgação e foco em ser mais ponderado e preciso. Se nos dirigirmos a alguém com o estilo errado, a janela pode se fechar sem revelar nada. Nenhuma conexão é estabelecida.

Ao longo de meu dia, entro em contato com centenas de pessoas diferentes, cada uma com seu estilo de comunicação distinto. O conceito da Janela de Johari me ajudou a ter consciência da necessidade de adaptar minha abordagem de comunicação a cada um com quem quero me conectar.

Uma técnica útil que uso é tentar me imaginar como um espelho para a pessoa com quem estou falando. Qual é a cadência de seu discurso? Quão alto ela fala? Qual sua linguagem corporal? Ao ajustar seu comportamento para espelhar a pessoa com quem conversa, ela automaticamente se sentirá mais confortável. Isso não significa, é claro, que você deva ser dissimulado. Na verdade, isso mostra que você é sensível ao temperamento emocional dos outros. Está apenas acordando seu estilo para garantir que as janelas permaneçam abertas.

Saia Graciosamente

Como terminar uma conversa? Durante as reuniões e encontros sociais, muitas vezes sou bastante direto. Mencionarei algo significativo que foi dito durante nossa conversa e acrescentarei: "Há tanta gente maravilhosa aqui esta noite. Eu me sentiria negligente se não tentasse pelo menos conhecer algumas delas. Poderia me dar licença por um segundo?" As pessoas em geral entendem e apreciam a honestidade. Sempre existe a opção do drinque. Digo: "Vou buscar outro drinque. Gostaria de um?" Se disserem não, não tenho obrigação de voltar. Caso respondam que sim, com certeza participarei de outra conversa a caminho do bar. Quando voltar com a bebida, direi: "Acabei de encontrar algumas pessoas que você deveria conhecer. Venha".

Até Nosso Próximo Encontro

A fim de estabelecer uma conexão duradoura, o bate-papo precisa terminar com um convite para continuar o relacionamento. Seja cortês e firme um acordo verbal para um novo encontro, mesmo que não tenha relação com os negócios. "Você realmente parece entender de vinho. Gostei de aprender com você, deveríamos nos encontrar algum dia para falar sobre isso. Cada um pode levar uma das garrafas mais interessantes que tem."

Aprenda a Ouvir

Como William James frisou: "O princípio mais profundo da natureza humana é o desejo de ser apreciado."

Você deve se guiar pela ideia de que é preciso primeiro buscar entender, depois ser entendido. Muitas vezes, estamos tão preocupados com o que vamos dizer a seguir que não ouvimos o que está sendo dito agora.

Existem algumas maneiras de deixar claro para o outro que você está interessado e ouvindo ativamente. Tome a iniciativa e seja o primeiro a cumprimentar. Isso demonstra confiança e mostra de imediato seu interesse na outra pessoa. Quando a conversa começar, não interrompa. Demonstre empatia e compreensão concordando com a cabeça e usando todo seu corpo na interação. Faça perguntas que demonstrem (com sinceridade) que você acredita que a opinião dela é valiosa. Foque os triunfos dela. Ria das piadas.

E sempre, sempre se lembre de seu nome. Nada soa mais como música para os ouvidos de alguém do que o próprio nome. No momento da apresentação, associarei visualmente o nome de uma pessoa ao seu rosto. Segundos depois, repetirei o nome para ter certeza de que entendi e, de novo, de tempos em tempos, ao longo da conversa.

Tenha um Bom Papo

Hoje em dia, querendo ou não, boa parte do nosso bate-papo diário é virtual, seja por e-mail, bate-papos online ou atualizações nas redes sociais. No primeiro escritório de minha empresa em Nova York, a equipe ficava reunida em uma sala tão pequena, que eles a chamavam de brincadeira de "fábrica clandestina". Quando fui visitar, a princípio pensei que era o local de trabalho mais monótono do mundo. Então, um funcionário começava a rir do nada ou balançava a cabeça, e percebi que havia um estrondoso fluxo de comunicação e colaboração fluindo entre eles. Para manter a paz no lugar, estavam usando o Skype para se comunicar, apesar de se sentarem quase colados, e era tão natural e íntimo para eles quanto ter uma conversa normal.

Adote um tom casual e coloquial nos bate-papos virtuais — ler suas mensagens em voz alta o ajudará a conseguir. Faça o possível para corrigir os erros de digitação durante a conversa, mas não analise tanto a ponto de retardar a comunicação.

Aproveite o tempo extra para escrever um adeus caloroso em um e-mail. Mantenha os canais virtuais de bate-papo abertos durante certa parte do dia. Tenha uma piada na manga. Encontre maneiras de adicionar leveza no fluxo de trabalho — apenas o suficiente para aumentar a produtividade sem criar uma distração para você e para os outros.

Se Todo o Resto Falhar, Cinco Palavras que Nunca o Fazem

"Você é maravilhoso. Conte-me mais."

HALL DA FAMA DOS CONECTORES

Dale Carnegie (1888–1955)

"Aprender a 'bater papo' é vital"

O falecido professor Thomas Harrell, da Graduate School of Business de Stanford, adorava pesquisar as características dos antigos alunos. Sua principal descoberta, como já sabemos, é que os graduados bem-sucedidos são sociais, comunicativos e extrovertidos. As "habilidades de convivência", mais do que qualquer outra coisa, determinavam quem progredia.

E é por isso que o legado de Dale Carnegie — a primeira pessoa a vender bate-papo como uma habilidade corporativa — permanece intacto quase sete décadas após o lançamento do seu best-seller *Como Fazer Amigos e Influenciar Pessoas* em 1936.

Para Carnegie, o bate-papo se tornou um meio de autopromoção. Nascido em 1888, filho de um criador de porcos do Missouri que passou dificuldades a vida inteira, Carnegie cresceu com vergonha de ser pobre. A sensação não sumia por completo e, quando jovem, ele cogitou suicídio. Quando tinha 24 anos e lutava para sobreviver na cidade de Nova York, Carnegie se ofereceu para dar aulas de oratória durante a noite na YMCA da 125th Street. Menos de dez pessoas assistiram à sua primeira aula. Durante semanas, Carnegie compartilhou com seus alunos as habilidades que aprendeu como o ótimo debatedor que foi no ensino médio e como discente do Missouri State Teachers College. Ensinou a evitar a timidez, aumentar a autoconfiança e aliviar a preocupação usando ideias que pertencem, na época e agora, ao senso comum. Lembre-se dos nomes das pessoas. Seja um bom ouvinte. Não critique, condene ou reclame.

Após as primeiras aulas, ficou sem histórias para contar. Então, pediu aos alunos que se levantassem e falassem sobre as próprias experiências — e deu feedback sobre suas performances. Foi aí que ele percebeu que, conforme os alunos superavam o medo de falar e ficavam mais à vontade para conversar abertamente sobre si, a autoconfiança deles aumentava.

Nas aulas de Carnegie, empresários, vendedores e outros profissionais encontravam um lugar dedicado ao autoaperfeiçoamento acessível e com bom senso. Em 1916, o curso fez tanto sucesso que ele precisou treinar, pela primeira vez, instrutores oficiais do Curso Dale Carnegie. Em 1920, publicou *Public Speaking* [Falando em Público, em tradução livre], um texto oficial que usou para o lançamento de Cursos Carnegie em Boston, Filadélfia e Baltimore.

E é possível que nada disso acontecesse se Carnegie não tivesse incentivado suas turmas iniciais a se abrir e compartilhar *suas* histórias. Não é surpresa que ele nunca tenha deixado de enfatizar a escuta como uma habilidade crucial de networking. Em uma época em que os computadores e o e-mail tiram o toque pessoal dos negócios, a lógica simples de Carnegie permanece tão relevante quanto possível. Pessoas, afinal, ainda são pessoas, e um lembrete das seguintes lições não faria mal:

- "Interesse-se genuinamente por outras pessoas."
- "Seja um bom ouvinte. Incentive os outros a falarem sobre si mesmos."
- "Deixe a outra pessoa falar bastante durante a conversa."
- "Sorria."
- "Fale de acordo com os interesses da outra pessoa."
- "Ofereça apreciação honesta e sincera."

Embora tenha aplicado com sucesso os fundamentos do bate-papo inteligente na própria vida, Carnegie relutou, no começo, em compartilhar seus segredos em um livro. O curso custava US$75, e Carnegie não queria distribuir seu conteúdo. Mas Leon Shimkin, editor da Simon & Schuster, tinha se formado e se apaixonado pelo curso. Shimkin finalmente o convenceu, para o benefício de todos nós, a escrever um livro. "Talvez praticando o mesmo tipo de elogios e persistência que o próprio Sr. Carnegie advogava e admirava — o Sr. Shimkin o venceu", escreveu Edwin McDowell para o *New York Times* em 1986.

Para Shimkin e milhões como ele, Carnegie nos encorajou com a crença de que podemos aprender a nos relacionar melhor com os outros — e alcançar grande sucesso —, não importando quem ou o quão pobre somos.

SEÇÃO 3

Transformando Conexões em Companheiros

CAPÍTULO 18

Saúde, Patrimônio e Filhos

O que você realmente quer? Lado a lado, essas cinco palavras podem ser as que mais ressoam universalmente.

Como discuti no capítulo "Qual É a Sua Missão?", a resposta para essa pergunta principal determina tudo o que você faz e todas as pessoas que o ajudam a atingir suas metas. Ela fornece o modelo para todos seus esforços ao contatar e se conectar com os outros. Da mesma forma, quando se entende a missão de alguém, você tem a chave que abrirá a porta para o que é mais importante para ela. Saber disso o ajudará a criar laços profundos e duradouros.

Na minha primeira conversa com uma pessoa que acabo de conhecer, seja um novo pupilo ou um contato comercial, tento descobrir quais motivações a impulsionam. Muitas vezes, tudo se resume a uma das três coisas: ganhar dinheiro, encontrar o amor ou mudar o mundo. Você ri — a maioria o faz quando confrontada com a realidade de seus desejos mais profundos.

Fique à vontade com essa realidade. Aprender a se tornar um conector significa, de certo modo, aprender a se tornar um terapeuta sem formação. Ao seguir nesse caminho, você se tornará um observador atento da psique humana. Precisará aprender o que mexe com as pessoas e a melhor forma de satisfazê-las. Significa chamar sua atenção quando a vê sendo menos que honesta consigo mesma.

Os construtores de relacionamentos mais bem-sucedidos são, de fato, um misto habilidoso entre gurus financeiros, sexólogos e benfeitores versáteis.

Conectar-se é uma filosofia de vida, uma visão de mundo. Seu princípio orientador é que as pessoas, todas elas, cada uma que conhece, são uma oportunidade de ajudar e de ser ajudado. Por que dou tanta importância à dependência mútua? Para começar, porque, por necessidade, somos todos seres sociais. Nossa força vem do que fazemos e sabemos em conjunto. O fato é que ninguém progride no mundo sem muita ajuda.

Sem contar coisas como intimidação e manipulação, só há um jeito de conseguir com que uma pessoa faça algo. Sabe o que é?

Essa está longe de ser uma pergunta trivial. Os negócios são, afinal, a capacidade de motivar um grupo de indivíduos a levar uma ideia do papel para a realidade, pegar uma teoria e transformá-la em prática, ganhar a adesão de seus funcionários e colegas, encorajar outros a executar seus planos.

Se ainda não tem certeza da resposta, não desista; muitas pessoas não sabem. Há centenas de novos livros publicados todos os anos tentando descobrir como gerar lealdade e motivação. A maioria chega à conclusão errada.

Entendem errado por causa das suposições que fazem. Está na moda exclamar: tudo é novidade! Tudo está diferente! Os negócios mudaram! As respostas, sugerem, devem ser encontradas na tecnologia, em novas formas de liderança ou em teorias organizacionais excêntricas. Mas há algo de fato novo ou diferente nas pessoas? Não.

Os princípios de como lidar com outras pessoas são os mesmos que Dale Carnegie adotou há mais de sessenta anos e que provaram ser universais e atemporais.

A única maneira de conseguir que as pessoas façam algo é reconhecer sua relevância e, assim, fazê-las se sentir importantes. O desejo mais profundo de todo mundo ao longo da vida é ser importante e reconhecido.

Qual o melhor jeito que existe de mostrar apreço e elogiar os outros do que se interessar por quem são e quais suas missões?

Há uma nuance a mais em descobrir o que importa para as pessoas. Ajudá-las a realizar seus desejos mais profundos é fundamental não apenas para formar um vínculo com elas, mas também para manter esse laço forte e crescente. A lealdade pode ser a virtude esquecida da era moderna, mas continua sendo a marca registrada de qualquer relacionamento sólido e um valor que muitas empresas estão trabalhando bastante para trazer para suas práticas diárias.

Lealdade, para mim, significa permanecer fiel a alguém (ou algo, como uma marca ou um segmento de clientes) nos altos e baixos. Lealdade é uma maratona, não uma corrida de velocidade. Como qualquer bom gestor de marca sabe, não se ganha a lealdade do cliente depressa. Ela precisa ser conquistada. Como?

Deixe-me contar uma história sobre Michael Milken: sim, o guru financeiro e negociador, mas também um filantropo e perspicaz entendedor do comportamento humano. Por meio da Entertainment Media Ventures (EMV), Mike era um investidor na *startup* a que me juntei depois da Starwood. E durante meu recrutamento para CEO, deixei claro para ele e meu amigo Sandy Climan, que liderava a EMV, que uma grande motivação para aceitar o cargo seria aprender com Mike enquanto dirigia a empresa. Eu já tinha conhecido Mike alguns anos atrás, enquanto atuava como consultor da DuPont, quando ela iniciava um empreendimento conjunto para consumidores de leite de soja. Mike sempre foi alguém que tive vontade de conhecer — um de meus primeiros contatos ambiciosos. Descobri, por meio de alguns artigos que li, que ele tinha muito interesse pela soja e seus efeitos curativos. Lutara contra um câncer de próstata, o que ele transformou em uma paixão pelos cuidados com a saúde e pela importância da medicina preventiva. Para Mike, a dieta era um componente integral dessa mistura e aquilo se tornou uma paixão pessoal e filantrópica.

Desde o início de minha gestão como CEO, procurei melhorar a empresa e aprofundar meu relacionamento com Mike. Ele, por sua vez, colocou-me sob sua asa e abriu as portas de seu mundo para mim.

Se ele estivesse indo para Nova York para uma de suas muitas arrecadações de fundos para a CaP CURE, que apoia pesquisas científicas para encontrar a cura do câncer de próstata, ou viajando para algum lugar a fim de reconhecer e dar dinheiro a professores excepcionais por meio da Milken Family Foundation, eu tentava pegar carona. Meu único objetivo era observar como ele trabalhava e, talvez, conseguir insights durante o processo. Fiz questão de identificar clientes ou clientes em potencial em qualquer destino dele, então foi um tempo bem gasto também para a YaYa.

Na maior parte do tempo, trabalhávamos em silêncio. Ele se aventurava pelas dez bolsas de livros que carregava consigo aonde quer que fosse, e eu, é claro, ficava digitando no meu computador, enviando e-mails e me conectando, focado na geração de receita e no desenvolvimento dos negócios da YaYa. Havia muito o que aprender só de observar o que ele lia e como pensava ou refletia.

Em uma viagem em particular, começamos a conversar sobre as paixões das pessoas, o que realmente importava para elas. Foi então que recebi um ponto de vista profundo sobre pessoas e lealdade. Veja bem, Mike, além de ter uma mente quantitativa brilhante, também é perito na arte de se relacionar.

Eu o vi passar horas conversando com pessoas pelas quais nunca esperaria que ele se interessasse: secretárias, os velhos ou jovens demais, os com e sem poder. Ele ama pessoas, suas histórias e como elas enxergam o mundo. Quando lhe mencionei isso, ele me lembrou do que Ralph Waldo Emerson disse certa vez: "Todo homem que conheço é superior a mim em algum sentido. Nessa perspectiva, aprendo com ele." Todos tinham algo para ensinar a Mike.

Esse foco nas pessoas era a razão pela qual muitas mostravam tanta lealdade a ele. Compartilho do sentimento. Perguntei como tanta gente havia se envolvido tanto nos relacionamentos que tinham com ele. O que ele sabia a mais que os outros? Mike parou por um instante, como faz quando gosta (ou não) de uma pergunta. Em seguida, sorriu.

"Keith", respondeu, "há três coisas no mundo que geram laços emocionais profundos entre as pessoas: saúde, patrimônio e filhos".

Existem muitas coisas que podemos fazer pelos outros: dar bons conselhos, ajudar a lavar o carro ou a se mudar. Mas saúde, patrimônio e filhos nos afetam de maneiras que os demais atos de bondade não o fazem.

Quando ajudamos alguém com um problema de saúde, impactamos de maneira positiva o patrimônio pessoal dessa pessoa ou nos interessamos de verdade por seus filhos, geramos uma lealdade que nos une pela vida toda.

A experiência de Mike era, de fato, apoiada por pesquisas. O psicólogo Abraham Maslow criou uma teoria delineando a hierarquia das necessidades dos seres humanos. Todos temos as mesmas, Maslow acreditava, e as mais básicas devem ser satisfeitas antes que as superiores possam ser atendidas.

A maior necessidade humana, Maslow disse, é a autorrealização: o desejo de se tornar o melhor que conseguir. Dale Carnegie reconheceu esse fato com astúcia. Mas Maslow argumenta que não podemos atender às nossas necessidades mais elevadas até cuidarmos daquelas que estão na base da pirâmide, como as de subsistência, segurança e sexo. É dentro desse grupo — onde residem a saúde, o patrimônio e os filhos — que Mike dizia que a lealdade é criada. Ao abordar essas três questões fundamentais, conquistam-se duas coisas: (1) ajuda alguém a satisfazer as necessidades que mais precisam ser atendidas e (2) permite que a pessoa tenha a oportunidade de subir na pirâmide de necessidades para atingir alguns dos desejos superiores.

Refleti sobre minha própria vivência e descobri que ele tinha toda a razão.

Recentemente, um amigo foi diagnosticado com câncer de próstata. Por causa de meu relacionamento com a fundação CaP CURE, conhecia o médico-chefe de lá. Liguei para ele a fim de saber se poderia se encontrar com meu amigo. Outro amigo, Mehmet Oz, que dirige o Instituto Cardiovascular da Universidade Columbia e é fundador e diretor do Programa de Medicina Complementar do Hospital Presbiteriano de Nova York, está sempre atendendo as ligações das pessoas para quem o recomendo.

Sei por experiência própria como, em momentos turbulentos, um especialista reconfortante não tem preço. Durante a doença cardíaca de meu pai, uma amiga da família chamada Arlene Treskovich, que trabalhava para um dos melhores cardiologistas de Pittsburgh, deu acesso a conselhos médicos pelos quais poucas famílias operárias de Pittsburgh conseguiriam pagar. Ela estava apenas seguindo a educação que recebeu; sua mãe, Marge, havia trabalhado no Hospital Latrobe e costumava garantir que qualquer membro de nossa família ou nossos amigos que estivessem hospitalizados recebessem tratamento de realeza, mesmo que isso significasse ganhar uma gelatina extra da cozinha quando ela já estava fechada. Até hoje, eu faria qualquer coisa que Arlene me pedisse.

Às vezes, basta se interessar e oferecer apoio emocional. Deixe-me dar um exemplo. Robin Richards foi o presidente e fundador do portal de música MP3.com e construiu uma das empresas online de maior destaque no mundo. Ele habilmente manteve o MP3.com durante um período muito difícil antes de vendê-lo para a Vivendi, que posteriormente o contratou como um dos principais executivos. Conheci Robin na época porque ele conduzia uma negociação para comprar nossa empresa.

O acordo acabou fracassando, mas durante o processo, descobri que Robin tinha um filho pequeno que sofria de um tipo terrível de câncer. Quando ele compartilhou comigo essa informação bastante dolorosa e particular durante o jantar, a dinâmica que tantas vezes acompanha uma negociação voou pela janela. Falamos sobre nossas experiências em comum, e eu o apresentei a Mike, que era igualmente apaixonado na busca por uma cura para esse tipo de câncer. Robin e eu somos bons amigos até hoje, e sei que faríamos muita coisa um pelo outro.

Você já ajudou alguém a perder peso ao sugerir uma boa dieta? Encontrou uma vitamina ou suplemento específico que o ajudou e passou o conhecimento adiante? Podem parecer pequenas coisas, mas com essas três questões, saúde e alimentação incluídas, os menores gestos significam tudo.

Quando se trata de patrimônio, penso nos muitos homens e mulheres que ajudei na busca por empregos. Embora não seja o mesmo que ganhar milhões por meio de instrumentos financeiros inovadores, como Mike havia feito para muita gente, um trabalho alterou de maneira significativa a situação econômica desses amigos. Se alguém que conheço está procurando emprego, uso minha network para achar leads. Se já encontraram um emprego no qual estão interessados, ligo para quem toma a decisão. Às vezes, ajudo alguém na revisão do currículo ou atuo como uma referência. Faço o que posso. E faço o mesmo pelas empresas. Para os restaurantes que frequento, por exemplo, tenho como missão enviar o máximo de negócios possível. Trabalho bastante para afunilar clientes para todos os meus contatos que são consultores, vendedores e fornecedores de todos os tipos. Sei que são bons, confio neles e quero que os outros também se beneficiem de sua expertise.

Os filhos das pessoas são tudo para elas. Assumo a responsabilidade de orientar as crianças. É divertido, útil, e ensinar é o melhor método que conheço para aprender. A lealdade que conquistei ao conseguir um estágio para o filho de alguém, seja na minha empresa ou na de um amigo, é imensurável.

Veja minha experiência com Jack Valenti, ex-presidente e diretor-executivo da Motion Picture Association, que faleceu em 2007. Nascido no Texas, formou-se em Harvard e teve várias vidas: piloto de bombardeiro durante a guerra, fundador de uma agência de publicidade, consultor político, assistente do presidente na Casa Branca e líder da indústria cinematográfica. Conhecia todo mundo e, mais importante, todos que o conheciam tinham muito respeito por ele (em uma indústria que não gosta de demonstrar respeito a ninguém).

Valenti era um de meus contatos ambiciosos havia um tempo. Eu nunca o procurei, mas ele era alguém que eu tinha certeza que seria muito interessante, um italiano trabalhador que subiu na vida vindo do nada. Achei que tínhamos muito em comum.

Nosso primeiro encontro foi pura coincidência. Participei de um almoço para membros do gabinete na Convenção Nacional Democrata, em Los Angeles, durante o último ano de mandato do presidente Clinton. Avistei Jack entre os participantes. Na hora da refeição, garanti que nos sentássemos um ao lado do outro.

Nossa conversa naquela tarde foi boa, divertida e cortês. Eu não tinha nenhuma missão ou propósito em mente. Esperava que aquilo, quem sabe um dia, pudesse virar a base para algo mais sólido.

Não muito depois, um amigo me ligou, sabendo que eu era apaixonado por mentorear. "Você sabe, o filho de Jack Valenti está procurando trabalho no seu ramo. Talvez queira encontrá-lo e oferecer alguns conselhos."

O filho de Jack é, assim como o pai foi, charmoso e inteligente. Dei-lhe alguns conselhos, apresentei-lhe algumas pessoas da indústria que ele deveria conhecer, e foi isso.

Vários meses depois, na conferência de CEOs de Yale, vi Jack mais uma vez.

"Jack", eu disse, "tenho certeza de que você não se lembra de mim. Não há motivos para tal. Sentamos juntos para almoçar em uma Convenção Democrata uma vez. Mas me encontrei com seu filho há alguns meses para oferecer conselhos sobre a carreira dele. Queria saber como ele está se saindo".

Jack largou tudo o que estava fazendo e não poderia parecer mais interessado. Ele me encheu de perguntas sobre o filho e sobre qual era o melhor jeito de entrar no meu ramo.

Após nosso encontro, dei início ao *follow-up* no dia seguinte, convidando-o para jantar junto com um monte de chefões políticos e da indústria do entretenimento que ele poderia conhecer.

"Claro, adoraria jantar, se minha agenda permitir", ele me disse. "Mas, mais importante, gostaria de marcar um almoço com você, meu filho e eu."

Jack provavelmente não estava muito interessado no jantar. Quem sabe? Mas tinha interesse no bem-estar do filho. Ele considerou meus convites com muito mais entusiasmo do que teria feito se eu não tivesse tido a chance de dar ao seu filho alguns conselhos simples e sólidos.

Muitas pessoas acham que um único convite é suficiente para criar lealdade. Nos meus dias na Deloitte, e vejo isso hoje durante consultorias, muita gente achava que levar clientes e possíveis clientes para um jantar chique, um jogo ou um show era o caminho para construir a lealdade. Eu mesmo caí nessa armadilha. No início de um relacionamento, esses passeios são apenas meios que permitem que se conecte com solidez suficiente com a outra pessoa para ajudá-la a resolver os problemas que mais lhe importam. No entanto, incentivamos alguns de nossos maiores clientes da lista *Fortune 100* a começar a convidar seus clientes e possíveis clientes para jantar na casa dos executivos, conhecer a família e entender como podem de fato ajudar seus clientes como indivíduos.

Mas lembre-se, se vai ajudar com as questões mais importantes das pessoas, ofereça o compromisso que elas merecem. Caso contrário, suas melhores intenções sairão pela culatra. Nem o inferno tem tanta fúria quanto alguém a quem você prometeu a mais íntima ajuda e não deu nada.

Você cumpre o que promete? É fácil dizer: "Eu me preocupo com os outros. Acredito em ajudar e ser ajudado. Acredito que ajudar as pessoas a se tornar saudáveis, ganhar dinheiro ou criar filhos bem-sucedidos é fundamental na vida." Muitas pessoas dizem tais palavras — mas quando você vê suas ações e ouve sobre elas de suas próprias networks, descobre que elas não acreditam em nada disso de fato. Pode ter certeza de que sua network mostrará sua verdadeira face bem depressa e com efeitos duradouros para todos os membros dela.

Por onde começar? Inicie com a filosofia, a visão de mundo, de que todo ser humano é uma oportunidade para ajudar e ser ajudado. O resto — quer signifique ajudar com a saúde, o patrimônio, os filhos ou qualquer outro desejo insatisfeito de alguém — parte daí.

HALL DA FAMA DOS CONECTORES

Adam Grant

"Ocorre algo diferente quando os doadores chegam lá: o sucesso se espalha e gera um efeito cascata."

O professor Adam Grant vê a vida como uma oportunidade de ajudar as pessoas — e, de acordo com sua própria pesquisa na Wharton, essa atitude é exatamente o que o tornou tão bem-sucedido, uma celebridade em ascensão no campo da psicologia organizacional. Ajudar os outros, seus estudos mostram, é uma motivação para nos sentirmos bem conosco e trabalharmos mais. As horas gastas ajudando os outros, na verdade, nos tornam mais produtivos ao longo do tempo, não menos.

Grant descobriu que doar, também conhecido como "comportamento pró-social", aumenta o desempenho, e isso quando ele ainda não tinha formação superior e era um vendedor de publicidade da série de guias de viagem da Let's Go. "Atuava como capacho", conta em seu livro *Dar e Receber*, "perdendo receita para a empresa e sacrificando minha própria comissão". Então ele conversou com uma estudante que custeava os estudos com seu emprego na Let's Go. De repente, viu seu trabalho de venda de publicidade não como uma rotina ingrata, mas como uma oportunidade de ajudar. Quanto mais publicidade vendesse, mais empregos a Let's Go poderia gerar. Inspirado por essa ideia, tornou-se um vendedor muito mais organizado e agressivo. Os negócios começaram a crescer. Em um ano, havia vendido o maior pacote de serviços de publicidade da história da empresa.

Na década seguinte, dedicou uma prolífica carreira de pesquisador a fim de estudar a relação entre doação e sucesso. Grant descobriu que as pessoas se enquadram em uma das três orientações: existem os *doadores*, que buscam oportunidades de dar aos outros sem esperar nada em troca; os *tomadores*, que acumulam recursos e procuram maneiras de usá-los em benefício próprio; e, por fim, os *compensadores*, que gostam de dar tanto quanto recebem.

Mas o *insight* mais importante de Grant é que as pessoas mais bem-sucedidas não são apenas doadoras, mas um subconjunto específico. São aquelas que doam livremente, mas também mantêm um alto grau de interesse próprio. São estratégicas com suas doações, e, no longo prazo, isso as protege de se tornar capachos e se desgastar.

A explicação de Grant sobre como o fazem fornece algumas dicas úteis para orientá-lo na doação intencional:

- **Doar para Doadores:** os doadores inteligentes reconhecem os tomadores e são cautelosos ao doar para eles, preferindo concentrar seus esforços em quem pode retribuir.
- **Alimente Sua Network Primeiro:** eles direcionam doações para fortalecer seus laços sociais — em outras

palavras, estão cientes da necessidade de nutrir suas próprias networks.
- **Reserve Tempo para Dar:** eles "combinam suas doações" em blocos de energia e atenção, o que aumenta o senso de gratificação e permite que reservem tempo também para serem produtivos nos próprios projetos.

À primeira vista, Grant é um doador compulsivo, acordado até as 23h para atender solicitações. Mas, na verdade, ele é bastante disciplinado. Em particular, foca em encontrar "pechinchas": favores rápidos que permitem que seja muito útil para alguém a um custo muito pequeno nos quesitos tempo ou esforço. Entre os exemplos estão: fornecer recomendações, enviar recursos ou responder perguntas. E assim, uma hora no e-mail durante a noite vira uma chance de enviar doze favores ao fluxo cármico do universo; o enervante se torna energizante.

O resultado de todas essas doações estratégicas? "Parece que o mundo inteiro lhe deve um favor — inclusive eu", disse Justin Berg, candidato a doutorado e ex-colaborador de Grant, ao *New York Times*. "As pessoas correm atrás da oportunidade de trabalhar com ele."

A vida e o trabalho de Grant nos mostram que aqueles que dão de forma inteligente e têm uma visão em longo prazo sobre o sucesso acabarão colhendo as recompensas — e se sentirão mais positivos, produtivos e satisfeitos ao longo do caminho.

CAPÍTULO 19

Arbitragem Social

Algumas pessoas se tornam intermediárias do poder por meio de intimidação e força de vontade; outras, geralmente com resultados muito melhores, aprendem a se tornar indispensáveis para quem as cerca.

Ainda me lembro do conselho que me alertou sobre esses dois caminhos para a influência. Greg Seal me levou até seu escritório um dia, não muito depois de eu ter sido contratado pela Deloitte, sentou-se comigo e disse: "Pare de enlouquecer a si mesmo — e a todos os outros — pensando em como pode ter sucesso. Comece a pensar em como fará com que todos ao seu redor sejam bem-sucedidos."

Desde que cheguei à Deloitte, estava focado em uma missão. Queria trabalhar mais horas, conhecer mais parceiros, estar nos maiores projetos resolvendo os maiores problemas — e queria tudo para *já*, pois estava desesperado para ser alguém. Graças à minha ambição, muitas pessoas não gostaram de mim. E na Deloitte, como em todas as organizações, não é fácil fazer as coisas quando seus colegas desgostam de você.

Irritar e abusar de algumas pessoas em sua escalada para o topo costumava ser uma prática aceita. O livro de Michael

Korda, publicado em 1975, sobre os segredos para se tornar um líder corporativo, *Power! How to Get It, How to Use It* [Poder! Como Obtê-lo, Como Usá-lo, em tradução livre], aconselha que "grandes jogadores... tentam canalizar o máximo de informação possível para si e, em seguida, retê-la do máximo de pessoas possível". Mas, se trinta anos atrás o poder era conquistado por meio do monopólio das informações (e de muita gente irritada), hoje o sistema está mais para a arbitragem social: uma troca constante e aberta de favores e inteligência, como Greg aconselhou tão sabiamente.

Como isso funciona? Pense como se fosse um esporte coletivo. Quando alguém mencionar um problema, tente pensar em soluções. As minhas vêm de minha experiência, conhecimento e do meu kit de ferramentas de amigos e associados. Por exemplo, se estou conversando e a outra pessoa comenta que está querendo comprar uma casa em Los Angeles, a primeira coisa que penso é "Como minha network pode ajudar?" E não há tempo para demoras. No meio da conversa, pegarei meu celular e encontrarei alguém que possa ajudar meu companheiro a comprar uma casa. Enquanto estou ligando, posso dizer algo como: "Você precisa conhecer uma corretora de imóveis chamada Betty. Ninguém conhece a área de Los Angeles melhor que ela. Aqui está seu número, mas espere um pouco..." Agora Betty está na linha. "Oi, Betty, que bom ouvir sua voz. Quanto tempo! Veja, estou aqui com um amigo que precisa do seu conhecimento. Acabei de dar seu número a ele e queria te avisar que ele entrará em contato." A conexão e o trabalho estão feitos e, independente do que aconteça, ambas as partes ficarão satisfeitas com meus esforços por elas.

Isso é a arbitragem social em funcionamento. E o ponto principal é não esperar que lhe peçam. Apenas faça.

Deixe-me dar outro exemplo: uma interação que tive com Hank Bernbaum, CEO da High Sierra, uma pequena fabricante de bolsas de Chicago. Hank tinha visto um breve perfil sobre mim e minha experiência em marketing na revista *Fast Company*. Ele me ligou de repente e disse: "O artigo sobre você estava excelente."

Ali ele conseguiu minha atenção.

"Somos uma empresa pequena", disse, "e somos péssimos em marketing. Temos as melhores mochilas e bolsas dos Estados Unidos, mas ninguém sabe disso. Nossa receita e participação no mercado são um quarto do que deveriam ser. Você pode me ajudar?"

Ele acrescentou: "A propósito, não temos muito orçamento."

Costumo adorar atender essas ligações quando o tempo permite, pois posso bancar o confidente, o conselheiro ou até mesmo o *concierge* de muita gente diferente. Estou sempre apresentando duas pessoas de partes distintas de minha vida que podem se beneficiar ao se conhecerem. É uma espécie de quebra-cabeça contínuo, combinando as pessoas e as oportunidades certas. Depois que você também começar a enxergar o mundo assim, oportunidades empolgantes surgirão. É gratificante e divertido. Hank precisava de ajuda com consultoria, e suas bolsas precisavam de exposição. Liguei para Peter, um consultor que havia trabalhado comigo na Starwood Hotels, um excelente profissional de marketing e alguém que amava o ar livre. Uma combinação perfeita. Então, liguei para outro amigo que é diretor de marketing da Reebok. Suas bolsas nunca venderam tão bem quanto os demais produtos, então achei que os dois poderiam se beneficiar ao compartilhar ideias e experiências. Até "clonei" uma reunião que tive com um executivo de marketing da Reebok e levei Hank para apresentá-los pessoalmente.

Então, perguntei a Hank se já tinham feito publicidade sobre a empresa, e ele disse que não. Enviei algumas bolsas para Alan Webber, o editor da *Fast Company*. Alguns meses depois, a revista fez um artigo sobre os produtos High Sierra após Alan pedir aos redatores que avaliassem uma bolsa para viagem particularmente inovadora que enviamos.

Hank ficou extasiado. Mas acrescentei outra coisa: "Hank, as ligações que estou fazendo em seu nome, você precisa fazê-las sozinho. Você pertence ao Executive Club em Chicago?"

"Estive pensando nisso", ele respondeu. "Por quê?"

"Deve parar de pensar em si e na sua empresa como uma ilha. Precisa conhecer pessoas. Há muitos CEOs e pessoas inteligentes no Executive Club que poderiam ter feito o que estou fazendo por você agora, só que alguns anos atrás. Você precisa fazer essas conexões."

Não demorou para que Hank começasse a fazer networking com outros executivos locais. Seus produtos eram excelentes; o que precisava era da network. Uma década depois, Hank vendeu sua "pequena empresa" para a Samsonite por US$110 milhões. Não fomos só ele e eu que prosperamos. Meu ex-colega, Peter, o profissional de marketing da Starwood que gostava de estar ao ar livre, acabou usando a experiência para ganhar a confiança de que precisava para abrir o próprio negócio. Ele agora tem uma próspera empresa de consultoria em Nova York. O CMO da Reebok? Ficou grato por uma apresentação que poderia ajudá-lo a impulsionar seu ramo de bolsas. O que começou com um homem e um problema terminou com várias pessoas e muitas soluções.

Meu ponto? O poder de verdade vem de ser indispensável. E a indispensabilidade vem de ser uma central telefônica, distribuindo o máximo de informações, contatos e boa vontade para o maior número de pessoas em tantos mundos distintos quanto possível.

É uma espécie de carma profissional. O quanto você dá às pessoas com quem entra em contato determina o quanto receberá em troca. Em outras palavras, se quer amizades e conquistar coisas, precisa se empenhar em fazer coisas para os outros — coisas que requerem tempo, energia e consideração.

A conexão bem-sucedida nunca é sobre só conseguir o que quer. Trata-se de conquistar o que se deseja e garantir que as pessoas que são importantes para você consigam o que almejam primeiro. Muitas vezes, isso significa apresentar pessoas que, em outras situações, nunca teriam a oportunidade de se encontrar.

O melhor tipo de conexão acontece quando consegue reunir duas pessoas de mundos totalmente diferentes. A força de sua network deriva tanto da diversidade de seus relacionamentos quanto da qualidade ou quantidade deles.

A maioria de nós conhece as pessoas dentro do próprio grupo profissional e social, mas nada muito além. Por meio de outros conectores, e por conta própria, gostaria que você fizesse questão de conhecer o maior número possível de pessoas de profissões e grupos sociais diferentes. A capacidade de conectar mundos (e até mesmo pessoas dentro da mesma profissão) diferentes é um atributo fundamental nos gerentes mais bem pagos e promovidos mais rapidamente, apontou um importante estudo conduzido por Ron Burt, professor da Graduate School of Business da Universidade de Chicago.

"As pessoas com contatos em grupos separados têm uma vantagem competitiva porque vivemos em um sistema de burocracias, e as burocracias criam muros", Burt diz. "Gerentes individuais com networks empreendedoras movem informações com maior velocidade, são altamente versáteis em relação à burocracia e criam soluções adaptadas de acordo com as necessidades da organização."

Sua pesquisa chegou na resposta dessa pergunta persistente e incômoda: é o que você sabe ou quem conhece que o leva ao sucesso? Para Burt, são os dois. Quem você conhece determina a eficiência com que consegue aplicar o que sabe. Fazer as coisas e transpor os muros de sua empresa exige ter os relacionamentos certos.

Sempre tive bastante consciência dessa ideia. Na Deloitte, conheci os CMOs de nossa maior concorrente. Na Starwood, familiarizei-me depressa com influenciadores do setor. Quando me tornei CEO da YaYa, propus-me a conhecer líderes da indústria de mídia e jogos de computador. O que não percebi foi que o tempo todo simultaneamente preparava o terreno para o sucesso da Ferrazzi Greenlight. Independente do trabalho, se quisesse colocar o produto de minha empresa em uma posição de destaque entre quem importava, precisava ser capaz de conversar com os profissionais dentro e fora do setor que poderiam me ajudar a fazer isso acontecer. Uma das maneiras pelas quais consegui isso foi ajudando-*os* a se conhecerem — o que eles sabiam ser benéfico para os próprios negócios. Foi uma surpresa, por exemplo, que os líderes de marketing das grandes consultorias não se conhecessem.

Talvez você esteja pensando consigo mesmo: "Mas não conheço nenhum executivo ou pessoa importante na minha indústria! E, aliás, por que iriam querer me conhecer?" Não é um problema. Na verdade, realizar arbitragem social quando seus recursos financeiros e relacionais são escassos não é um grande obstáculo. A solução é o conhecimento, uma das moedas mais valiosas na arbitragem. O conhecimento é gratuito — pode ser encontrado em livros, artigos, na internet, em praticamente todos os lugares, e é preciso para todos.

A capacidade de distribuir conhecimento em uma network é uma habilidade bem fácil de aprender. Tão fácil, na verdade, que deve começar hoje. Ao ver os milhares de blogs, páginas do Tumblr e publicações online, você pode sentir que o mercado de conhecimento já está dominado. Mas há uma maneira simples de contornar a situação: direcionar seu trabalho com cuidado. As pessoas prestam atenção quando sentem que estão recebendo informações feitas sob medida para elas; quanto mais granular for seu direcionamento, melhor. Por exemplo, um jovem consultor que conheço chamado Max entrevistou os principais funcionários da empresa, criando um informe oficial para ajudar novos funcionários a se "integrarem". Com a ajuda de um mentor, distribuiu o documento para todos os novos estagiários da empresa. Esse informe passou a fazer parte dos materiais oficiais de treinamento da empresa, mas essa foi só uma das duas grandes vitórias: durante o processo, Max conheceu e impressionou todos os VIPs da organização.

Falaremos mais sobre a criação de um bom conteúdo mais tarde, mas resumos e resenhas de livros, calendários de eventos e editoriais são maneiras fáceis de juntar e compartilhar conhecimento. Mas se, por exemplo, você fizer o resumo de um livro, não escreva para um público de "empresários" e envie para toda a empresa. Em vez disso, foque, digamos, a equipe de vendas da qual faz parte, com seus desafios e preferências específicas em mente. Será um grupo menor, mas garanto um impacto maior.

Tcharam! Agora você é um intermediário do conhecimento.

É fácil tornar o permeio do conhecimento um hábito. Digamos, por exemplo, que alguém mencione durante o almoço ou minutos antes do início de uma reunião que está tendo dificuldades para lidar com seu filho ou filha adolescente. Você deve ouvir o "problema". Como praticante da arbitragem social, você pensa que "precisa encontrar uma solução." Se não tiver nenhum conselho pessoal, a solução virá de se questionar: "Como minha network pode ajudar? Qual de meus amigos tem adolescentes?" É provável que não demore muito até encontrar alguém que conhece alguém, talvez seus próprios pais, que lidou de maneira construtiva com os filhos durante essa fase. Pegue o telefone e pergunte se eles têm algum conselho ou se usaram algum livro ou artigo para ajudá-los no processo. Agora repasse o que descobriu.

Ou digamos que você seja um corretor de imóveis, mas deseja ser designer de moda. Não sei muito sobre roupas, mas, como em qualquer assunto, tenho certeza de que existem pessoas que sabem (é quase certo que uma delas escreveu um livro sobre o tópico). Faça uma pesquisa na Amazon e encontre algo que pareça útil para quem quer se tornar um designer de moda. Em seguida, envie ao aspirante a designer um link ou até o próprio livro, ou intermedie uma conversa direta — isso seria importante de verdade.

Sim, esse tipo de contato leva tempo e exige certa consideração. Mas é exatamente por isso que é tão apreciado. Facilitar todas essas conexões, conhecimento e, por fim, felicidade é o que significa ser um verdadeiro "intermediário do poder" moderno.

Parafraseando Dale Carnegie: você consegue ter mais sucesso em dois meses ao se interessar de verdade pelo sucesso de outras pessoas do que em dois anos tentando fazer com que elas se interessem pelo seu sucesso.

HALL DA FAMA DOS CONECTORES

Vernon Jordan (1935–2021)

"Torne-se indispensável para os outros."

Vernon Jordan, negociador extraordinário, ex-conselheiro de Clinton e grande advogado de Washington, fazia parte de dez conselhos corporativos, incluindo os da American Express, do Dow Jones, da Revlon e da Xerox. Foi diretor administrativo sênior do Lazard, um banco de investimento internacional; era também consultor sênior do alto escalão do escritório de advocacia Akin Gump, em Washington, D.C. A *Fortune* o classificou em nono lugar na lista dos executivos negros mais poderosos.

De acordo com a *Time*, a renda de Jordan estava na casa dos sete dígitos e vinha de uma "advocacia que não exigia que apresentasse petições nem comparecesse ao tribunal, uma vez que suas horas faturáveis tendiam a ser em restaurantes chiques, ao telefone... fazendo uma introdução hábil aqui, estimulando uma posição legislativa lá, resolvendo uma situação indelicada antes que chegue aos jornais". Ele não era só de falar. Fazia as coisas acontecerem.

Já é bastante difícil manter um só emprego em uma organização poderosa. Porém, Jordan se tornou tão valioso, tão cobiçado, para tantos empregadores que, na verdade, trabalhava para vários ao mesmo tempo — e nenhum deles parecia se importar com sua poligamia vocacional.

Durante a jornada, Jordan se tornou um dos indivíduos mais conectados de Washington, um homem que parecia ter amigos e influência em todos os bairros e províncias. Ele conectou Lou Gerstner com a IBM. Abordou Colin Powell sobre a substituição de Warren Christopher como secretário de Estado. Ajudou James Wolfensohn a se tornar presidente do Banco Mundial.

Como ele fez isso?

Jordan usou a arbitragem social para se tornar indispensável — foi, em todos os sentidos da palavra, um intermediário do poder moderno. Mas nem sempre esteve por dentro de tudo o que acontece em Washington. Ele nem morava na cidade em tempo integral até que o Akin Gump o contratou em 1982. Ao se mudar, já havia feito o suficiente na carreira — acumulando décadas de contatos e favores — para saber que em pouco tempo viraria um homem influente em sua nova cidade. O Akin Gump também sabia disso, e é uma das razões pelas quais o contrataram: "Sabia que ele se encaixaria na comunidade jurídica de Washington e se tornaria uma figura dominante nela", Robert Strauss, sócio sênior, disse. "É uma cidade construída em cima do uso do poder e dos relacionamentos, e Vernon é um dos melhores em lidar com as pessoas que conheço."

Jordan se tornou um nome familiar para todos os norte-americanos na década de 1990 graças ao relacionamento com Bill Clinton. Mas bem antes disso, era muito conhecido na comunidade negra.

Na década de 1960, Jordan era um ativo advogado dos direitos civis em Atlanta. Mais tarde, tornou-se secretário de campo da NAACP (sigla em inglês para Associação Nacional para o Progresso de Pessoas de Cor), lutando pela integração escolar e registrando negros da Georgia para votarem. Em 1964, deixou a NAACP para chefiar o Projeto de Educação do Eleitor (VEP, em inglês) do Southern Regional Council. Seu papel era encontrar voluntários que pudessem organizar campanhas de votação e angariar fundos para o projeto. Para a angariação, precisou viajar por todo o sul, falando para fundações ricas os motivos pelos quais deveriam doar dinheiro ao VEP. Foi essa posição que o permitiu ganhar respeito como um homem que conseguiria lutar pela causa de *dentro* do sistema. Sua lista de contatos começou a crescer conforme criava conexões com os chefes das fundações e os supervisores do VEP em Washington, D.C.

Jordan caiu nas graças da comunidade da *Fortune 500* quando, em 1966, foi convidado para a conferência sobre direitos civis do presidente Johnson na Casa Branca, que contou com a presença de centenas de CEOs. Pelo restante dos anos 1960 e 1970, viajou como um membro conectado de círculos corporativos e de direitos civis. Seu envolvimento em um meio o tornava ainda mais valioso para o outro. Favores e amigos feitos em um círculo poderiam ser aproveitados para fazer favores e amigos em outro.

Seus empregos de período integral permitiram que mantivesse um pé em cada mundo. Em 1970, tornou-se diretor executivo do United Negro College Fund. Em 1972, foi presidente da National Urban

> League, uma organização de direitos civis pró-negócios — onde ficou por dez anos. Ambos os cargos permitiram que Jordan expandisse sua network, a ponto de, em 1982, o Akin Gump pagar um preço bastante alto por seus serviços. "Vernon não saiu barato", Strauss contou. "Mas eu disse a ele: 'Vamos oferecer apoio por alguns anos até que descubra como as coisas funcionam aqui, então você vai nos apoiar por um longo tempo no futuro'."

A carreira de Jordan é um maravilhoso exemplo das oportunidades que surgem ao reunir pessoas diferentes de mundos e organizações distintas para fazer coisas boas. Quando se tornou uma figura pública durante o escândalo Clinton-Lewinsky, foi contestado em sua alegação de que era normal para ele ajudar uma desconhecida como Monica Lewinsky a encontrar um emprego. Mais uma vez, sua network o auxiliou. A advogada de Washington, Leslie Thornton, detalhou no *Wall Street Journal* como Jordan se esforçou para ajudá-la e a outras pessoas. Revelou o que muitos jovens profissionais negros e brancos já sabiam no privado: Jordan vinha abrindo portas para pessoas de todas as cores e credos havia décadas.

CAPÍTULO 20

Mantenha Contato — Sempre

Se 80% do sucesso consiste, como Woody Allen já disse, apenas em aparecer, então 80% da construção e manutenção dos relacionamentos consiste apenas em manter contato.

Chamo isso de "contatar". É um cumprimento rápido e casual e pode ser feito de várias maneiras criativas. Depois de desenvolver seu próprio estilo, achará mais fácil manter contato com mais gente do que jamais sonhou em menos tempo do que conseguiria imaginar.

Sim, há trabalho pesado envolvido. Contatar requer esforço. Essa é a parte difícil. Você precisa continuar contatando e nunca parar. Tem que cuidar de sua network ou ela murchará ou morrerá.

Quantas vezes já se perguntou: "Como é o rosto dele...? Sabe, daquele cara...?" ou "Eu a conheço, só não consigo me lembrar de seu nome..." Todos nós enfrentamos essa situação com muita frequência, na minha opinião. Sempre que ouço essas declarações, vejo uma network ou comunidade de contatos murchando.

Hoje em dia, somos sobrecarregados com tanta informação que nossa mente consegue priorizar apenas os dados mais recentes. O que é preciso para contornar esse obstáculo? Tornar-se o centro das atenções na lista de contatos mental de alguém depende de um pequeno conceito inestimável: repetição.

- As pessoas que contata para criar um novo relacionamento precisam ver ou ouvir seu nome em pelo menos três modos de comunicação — por exemplo, um e-mail, um telefonema e um encontro presencial — antes de haver reconhecimento significativo.
- Após conseguir certo reconhecimento inicial, é preciso nutrir o relacionamento em desenvolvimento com um telefonema ou e-mail pelo menos uma vez por mês.
- Se quiser transformar um contato em amigo, precisa no mínimo de dois encontros presenciais fora do escritório.
- Manter um relacionamento não tão próximo requer de dois a três contatos por ano.
- Contatar nas redes sociais (atualizações de status, retweets, comentários etc.) é um ótimo meio para a manutenção contínua do relacionamento, especialmente para a parte mais afastada de sua network, mas esse tipo de interação não substitui a necessidade de entrar em contato de maneira privada com as pessoas de maior prioridade de sua network, aquelas conectadas aos seus objetivos atuais.

Usar as regras de ouro citadas pode dar uma ideia do que será necessário para manter sua network funcionando. Faço dezenas de ligações por dia. A maioria são apenas alôs rápidos que deixo na caixa postal de um amigo. Também sempre envio e-mails. Usando meu celular e meu tablet, consigo fazer a maior parte dos contatos em trens, aviões e automóveis. Eu me lembro — ou, pelo menos, meus dispositivos se lembram — de eventos pessoais como aniversários e datas especiais, e faço questão de contatar as pessoas nesses dias.

Quando se trata da manutenção de relacionamento, você deve estar ligado 24 horas por dia, 7 dias por semana, 365 dias por ano.

Não há dúvida de que trazer certo vigor para essa parte do sistema é necessário. Mas é apenas o meu jeito de fazer as coisas. Você descobrirá o seu. O princípio governante aqui é a repetição; encontre um meio de garantir que entrará em contato com as pessoas com frequência, sem sobrecarregar sua agenda.

Uma maneira que achei para facilitar a manutenção de minha network de contatos, colegas e amigos foi criar um sistema de classificação que corresponda à frequência com que me comunico com eles. Primeiro, separo cinco categorias gerais: em "Pessoal", coloco meus bons amigos e conhecidos sociais. Como costumo estar em contato com essas pessoas de forma orgânica, não as incluo em uma lista de contatos. A relação já está estabelecida, e quando conversamos, é como se estivéssemos nos comunicando todos os dias. "Clientes" e "Prospectos" são autoexplicativos. "Parceiros de Negócios Importantes" é reservado para aqueles com quem estou ativamente envolvido no âmbito profissional. Estou fazendo negócios com eles ou esperando fazê-lo porque estão no meu Plano de Ação de Relacionamento. Essa é a categoria crítica do plano. Em "Contatos Ambiciosos", listo pessoas que gostaria de conhecer ou com quem tive um breve encontro (e pode ser qualquer um, desde o chefe do seu chefe até uma celebridade admirável) e que gostaria de desenvolver um relacionamento melhor.

Depois de ler o capítulo "Anote Nomes", é provável que você já tenha começado a segmentar e categorizar sua network de uma forma que funcione para você — não há um método padrão. Crie uma divisão que funcione para você e seus objetivos. É um bom hábito, que merece ser repetido. Todas as pessoas bem-sucedidas são planejadoras. Elas pensam no papel. Não planejar, como dizem, é planejar o fracasso. E um plano é uma lista de atividades e nomes.

O próximo passo é imprimir sua lista principal de contatos, contendo todas as pessoas de sua network do modo que as categorizou. Imprimir pode parecer antiquado, mas acho ainda mais útil hoje em dia, com o fluxo digital tão constante. É focar ter algo físico em mãos. Mas você pode também trabalhar em qualquer aplicativo que use para tal propósito.

A questão agora é: com que frequência contatar cada pessoa? Uso uma esquematização bem simples, mas não há razão para que não possa melhorá-lo. Vou olhando minha lista principal e adicionando os números 1, 2 ou 3 ao lado de cada nome.

Alguém no "1" é contatado, no mínimo, todo mês. Isso significa que estou ativamente envolvido com a pessoa, seja um amigo ou um novo parceiro de negócios. Com relacionamentos recentes, um "1" costuma significar que ainda preciso solidificar a relação usando pelo menos três formas diferentes de comunicação. Cada vez que contato uma pessoa, gosto de incluir uma breve nota ao lado do nome dela, informando a última vez que a contatei e como. Se no mês passado enviei um e-mail com cumprimentos para um cliente em potencial classificado como "1", este mês ligarei. Além disso, adiciono todos os "1" à lista de favoritos de meu celular. Isso permite uma consulta rápida e um jeito fácil de entrar em contato depressa. Se tenho um momento livre em um táxi, acesso meus favoritos e faço várias ligações ou envio mensagens de texto para manter contato com aqueles com quem não falei nos últimos tempos.

Uma classificação "2" indica o pessoal que contato às vezes. São conhecidos casuais ou pessoas com quem já tenho relacionamento estabelecido. Recebem uma ligação ou um e-mail por trimestre, e acompanho suas atualizações nas redes sociais para ficar por dentro das novidades e encontrar oportunidades nas quais posso ser útil. Tento incluir essas pessoas em e-mails em massa ocasionais sobre meu negócio, e, como o restante de minha network, elas recebem um cartão de "Boas Festas" ou uma ligação de aniversário.

Pessoas classificadas como "3" são as que não conheço bem, a quem, por causa do tempo e das circunstâncias, não consigo dedicar energia significativa para contatá-las com frequência. São meras conhecidas, que conheci de passagem, mas que acabaram no meu livro de endereços. Espero me conectar com esse grupo, de alguma forma direta, pelo menos uma vez por ano. O surpreendente sobre os "3" é que, como você não os conhece muito bem, quando envia um cartão ou e-mail, as reações são maravilhosas.

A maioria das pessoas fica encantada e com a curiosidade atiçada quando alguém que não conhecem muito bem lhes envia um bilhete, por mais curto que seja.

O terceiro passo é dividir sua network em listas filtradas. Com o tempo, sua lista principal se tornará muito grande para conseguir trabalhar diretamente. Os filtros economizarão seu tempo e manterão seus esforços focados. Podem ser organizados por classificações numéricas, geografia, ramo, e assim por diante. É totalmente flexível. Se estou voando para Nova York, por exemplo, imprimo uma "lista de Nova York" e faço algumas ligações para quem está classificado como "1" quando desembarco. "Oi, Jan. Acabei de pousar em Nova York e isso me fez pensar em você. Não tenho tempo para te encontrar desta vez, mas queria entrar em contato." A lista de Nova York também se prova muito útil uma semana antes da viagem, assim, tento preencher os horários vagos que posso vir a ter.

Durante anos, meus assistentes simplificaram o processo, mas a tecnologia está finalmente melhorando. No LinkedIn, por exemplo, é possível filtrar sua lista de contatos e, em seguida, pode-se enviar e-mail aos contatos, ligar ou adicionar notas aos seus arquivos diretamente do aplicativo.

Onde acho tempo? De novo, você o encontra em todos os lugares. Contato os outros do táxi ou do meu carro. Do banheiro (só mensagem de texto). Quando estou entediado em uma conferência, envio e-mails. Desenvolvi o hábito de salvar todos os que envio e recebo. Ao recebê-los, coloco-os em uma de minhas categorias, e meu gerenciador registra aqueles que respondi ou não. Então, abro esses arquivos e respondo. Costumo revisar minha lista principal no final de semana e cruzá-la com as atividades e planos de viagem que tenho para a semana seguinte. Assim, mantenho-me atualizado e tenho minhas listas de confiança ao meu lado a semana inteira.

Outra economia de tempo é prestar bastante atenção ao fazer suas ligações. Curiosamente, há momentos em que ligo para *não* ser atendido. Às vezes não há tempo para uma conversa aprofundada; apenas quero dar um olá. Tento fazer anotações mentais sobre os hábitos telefônicos dos outros e, se eu só quiser deixar uma mensagem, entrarei em contato quando souber que não estarão por perto. Ligar para o escritório bem cedo ou tarde costuma resolver a questão.

O importante é que você crie o conceito de contatar os outros durante seu fluxo de trabalho. Algumas organizações chegam a tornar o contato parte integrante dos processos organizacionais. Eu soube que a empresa de consultoria McKinsey and Company tem uma regra geral em que cem dias após um novo CEO assumir o comando de uma empresa, a McKinsey designa um dos consultores para ligar e ver como podem ajudar. Cem dias é, estima a consultoria, tempo suficiente para o novo CEO perceber quais são as questões e os problemas, mas não o bastante para encontrar soluções.

Conectar-se de Modo Automatizado com as Redes Sociais

Tenho certeza de que é evidente que eu não tinha as redes sociais como ferramenta quando desenvolvi meus rituais de contatação. De certa forma, isso foi bom, porque me trouxe o hábito de uma abordagem proativa e muito pessoal. O Plaxo foi onde tive o primeiro gostinho da alegria de me conectar de modo automatizado. Coloquei minhas informações no site de gerenciamento de agenda de endereços e, dias depois, recebi um e-mail de um antigo cliente em potencial com quem havia perdido contato: "Conversamos há um ano. Não deu em nada. Agora pode ser uma hora melhor para nos falarmos." O e-mail se transformou em um acordo de US$2 milhões.

Essa ferramenta rudimentar de gerenciamento rendeu uma venda simplesmente porque entrar em contato me manteve na agenda mental de alguém. Com as ferramentas atuais, você pode contatar de maneiras muito mais generosas, com resultados mais generosos. Por meio do LinkedIn, Facebook, Twitter, Instagram e certamente dezenas de ferramentas que virão, as pessoas estão sempre dizendo o que é importante e interessante para elas, permitindo que você assista e participe com sua ajuda e suporte sempre que possível.

Seus desafios nesta nova era são duas vezes maiores. Primeiro, você tem de trabalhar muito mais do que antes para não ser um *spammer*. Minha definição de *spamming* é enviar mensagens que não são relevantes, oportunas, úteis ou divertidas para quem as recebe. Tudo o que você envia precisa de uma verificação intuitiva: como isso ficará no feed ou caixa de entrada de alguém?

Seu segundo desafio é gerenciar o *fluxo* do que aparece na sua tela, para que obtenha as informações certas das pessoas certas para responder do jeito e no momento certo.

Ambos os desafios são resolvidos com a mesma "tecnologia" que já estava disponível quando comecei a contatar — listas! Atualize as suas com cuidado para que esteja sempre focado nas pessoas que são mais importantes e para que consiga filtrar as mensagens enviadas e recebidas. Você quer receber tudo o que seus "1s" estão postando *diariamente*; as atualizações dos "2s" você pode verificar apenas uma vez por semana ou mês; as dos "3s", uma vez por mês ou trimestre. Incorpore essas "olhadas" no seu horário de trabalho.

Os Contatos Mais Importantes São os Pessoais

Graças às redes sociais, agora temos networks "marginais" muito maiores do que costumávamos ter. Essas pessoas são justamente caracterizadas como "seguidores", em vez de "amigos", e são uma nova e importante dimensão da sua network. Falarei mais sobre o valor das margens e como aproveitá-las na seção sobre redes sociais.

Para promover alguém de "seguidor" para "amigo" e, em especial, para um amigo além do sentido mais amplo ("nós nos temos no Facebook"), é preciso um contato pessoal generoso. Procure constantemente maximizar tanto a relevância quanto a intimidade.

O meio e a mensagem na hora de contatar variam muito. Há o "Só liguei para dizer que me importo", que uso com contatos mais próximos. Essencialmente, quero transmitir o recado "Ei, já faz muito tempo que não nos falamos e queria que soubesse que sinto sua falta, que você é importante para mim". E existem as versões mais profissionais. Porém, sempre tente tornar qualquer mensagem o mais pessoal possível.

Para pessoas importantes para minha carreira ou negócio, tendo a favorecer contatos de valor agregado. Tento fornecer algo valioso na comunicação, reconhecendo quando alguém que conheço é promovido, ou a empresa que dirige tem um bom trimestre financeiro, ou quando tem um filho. Também gosto de enviar artigos relevantes, mensagens curtas com conselhos ou outros pequenos sinais que transmitam que estou prestando atenção ao que é importante para eles e estou ansioso para ajudar.

Seja criativo. Tenho um amigo que tira fotos de pessoas que conhece onde quer que vá. Quando retorna de uma conferência ou viagem a trabalho, contata quem encontrou com um rápido olá e uma foto anexada. É uma ótima ideia que funcionou muito bem para ele. Tenho outro amigo que usa a música de maneira semelhante. Quando conhece alguém novo, pergunta à pessoa de que tipo de música ela gosta. Esse cara tem uma excelente e crescente biblioteca musical digital que está sempre por dentro do que há de melhor e mais recente. Ao contatar, ele pode escrever: "Foi um prazer conhecê-lo outro dia. Você mencionou seu amor pelo jazz. Acontece que tenho uma rara gravação do Miles Davis. Achei que gostaria dela. O que acha?"

Uma vez que cultivou uma conexão com um novo associado ou amigo, alimente-a entrando em contato. É o fertilizante para o seu jardim florido de amigos e associados.

A Hora Mais Importante de Contatar: Aniversários

O conselho padrão sobre dar importância aos eventos na vida das pessoas sugere o envio de cartões de Natal ou Chanucá. As festas, na minha opinião, *não* são o melhor momento para concentrar suas energias em contatar. Por quê? Porque é difícil se destacar das outras 150 pessoas fazendo a mesma coisa.

Minha ocasião favorita para estabelecer comunicação continua sendo os aniversários. Conforme você envelhecia, as pessoas ao seu redor costumavam começar a esquecer o seu grande dia (em especial porque queriam esquecer o próprio). Agora que qualquer pessoa ativa nas redes sociais recebe lembretes onipresentes, a maioria de nós acorda nos nossos aniversários com calorosos parabéns por todo o perfil público. É comovente de verdade — a quantidade faz a gente se sentir bem. Mas ainda queremos qualidade também, embora as pessoas não demorem para negá-la.

"Ah, não sou chegado a aniversários", ouço as pessoas dizerem o tempo todo. Você pede persuasivamente à sua família e amigos íntimos: "Não faça nada de mais, mas se fizer, que seja algo pequeno."

Bem, não acredito nisso. Entendo seu joguinho, amigo. Você se importa, assim como todo mundo.

Fomos condicionados desde a infância, apesar de nossos esforços em sermos aversos aos nossos aniversários na vida adulta, que esse dia é sobre nós. É o *seu* dia desde que você era criança. E mesmo quando tiver 70 anos, no fundo, apesar de todos os seus protestos, um pouco de reconhecimento por sua vida é bom, mesmo que você não ganhe mais brinquedos de presente.

Não se engane — TODO MUNDO SE IMPORTA COM O PRÓPRIO ANIVERSÁRIO!

Eu estava em Nova York há alguns anos quando um lembrete apareceu no meu celular: "Aniversário — Kent Blosil". Kent foi o homem que conseguiu passar pela minha *gatekeeper*. Quando o conheci e peguei seus dados de contato, perguntei sua data de nascimento, como tento fazer com todos. Ainda interajo com muitas pessoas que não usam o Facebook, ou pelo menos não para relacionamentos profissionais.

Perguntar a data de nascimento não é intrusivo, e a maioria das pessoas esquece que fiz isso assim que recebo uma resposta.

Kent era mórmon. Nascido em Salt Lake City, Utah, tinha mais de dez irmãos e irmãs. Com uma família tão grande, você imaginaria que seu telefone tocaria sem parar no aniversário.

Eu não falava com ele havia mais de um ano. Tinha sido um dia agitado para mim e não vi o lembrete até perto das 15h. No geral, gosto de fazer ligações de aniversário no início da manhã. Assim, caio na caixa postal da pessoa e, quando ela chega ao trabalho naquela manhã, é recebida com a minha versão de "Parabéns pra Você". Não sei contar quantos taxistas de Nova York devem achar que sou um completo lunático.

Então, quando Kent realmente atendeu o telefone naquela tarde, minha versão Pavarotti de "Parabéns pra Você" o cumprimentou. Sem olás. Sem sutilezas. Apenas cantei com tudo o que tinha.

Normalmente, ouço risadas e um "obrigado" agradecido. Desta vez, após terminar a música, o telefone ficou mudo. "Kent, você está aí? É o seu aniversário, certo?" Nada. Nem uma palavra. Achei que tinha feito papel de idiota e errado o dia ou algo assim.

"Kent?"

Por fim, ele gaguejou: "É." Ele estava emocionado, segurando as lágrimas de forma audível.

"Você está bem?"

"Você se lembrou do meu aniversário?", ele disse. As pessoas sempre ficam chocadas com isso.

"Sabe, Keith, este ano nenhum dos meus irmãos, irmãs ou família... Bem, ninguém se lembrou do meu aniversário. Ninguém lembrou", contou. "Muito obrigado."

Ele nunca se esqueceu. As pessoas nunca esquecem.

CAPÍTULO 21

Convide Conectores-Chave para Sociais

Quando eu era um estudante quebrado lutando para me formar na escola de negócios, meu apartamento não era o que poderia se chamar de um lugar com design impecável. Pequeno, sim. Um pouco sujo, com certeza. Ainda assim, isso nunca me impediu de oferecer jantares escandalosamente divertidos, onde desfrutei da companhia de bons amigos — e de alguns desconhecidos.

Foi nessa época que aprendi como a arte de organizar jantares pode ser poderosa para criar memórias maravilhosas e fortalecer relacionamentos no processo. Hoje posso afirmar com segurança que minhas ligações mais fortes foram forjadas ao redor da mesa. Os efeitos sociáveis de dividir uma refeição — sem falar em beber algumas taças de vinho — aproximam as pessoas.

Naqueles primeiros anos, meu apartamento de 37m² e um quarto em frente ao campo de futebol americano, com uma mesa que mal acomodava dois adultos, recebia reuniões para quatro, seis e até quinze convidados. E sempre era um grupo diversificado, com professores, alunos, moradores de Boston e, às vezes, uma pessoa que encontrei na fila enquanto passava as compras no caixa. Nunca parava para pensar sobre alguns dos pequenos inconvenientes que os dias sem grana trouxeram aos meus eventos, como obrigar meus convidados a comer com pratos no colo.

Apesar de todo o prazer e diversão que um jantar pode proporcionar, parece que a cultura de fast-food nos Estados Unidos diminuiu a crença secular no poder de uma refeição compartilhada em casa para confortar, nutrir e conectar as pessoas. Algumas parecem pensar que é muito difícil e demorado. A única imagem que têm de um jantar é daquelas ocasiões grandiosamente ornamentadas outrora glamourizadas por Martha Stewart (uma amiga, aliás). Talvez esses programas de TV apresentados por mulheres sejam outra razão pela qual os homens, em particular, esqueceram as virtudes de dar um simples jantar. Acham algo feminino. Mas confie em mim, é possível servir uma refeição requintada na sua casa e ainda ser másculo — e se você for solteiro, isso ajudará muito sua vida amorosa.

Mais ou menos uma vez por mês, várias pessoas de diferentes mundos se reúnem na minha casa em Los Angeles, ou na suíte de hotel em Nova York, ou na casa de um amigo em São Francisco, para se divertir, conversar sobre negócios e conhecer gente nova. Entretanto, aprendi a arte de oferecer esses eventos ainda no meu apartamento sem graça em Cambridge.

Antes que meus jantares tivessem qualquer prestígio, precisei desenvolver uma estratégia cuidadosa para atrair um bom grupo de pessoas distintas que expandiria meus horizontes sociais e traria uma reputação que faria com que elas voltassem.

Você, eu, todos nós — temos um grupo de amigos estabelecido. Mas se você só jantar com as pessoas de sempre, seu círculo de relacionamentos nunca crescerá. Ao mesmo tempo, enfrentamos um pequeno obstáculo. Convidar desconhecidos aleatoriamente, em especial os que tenham um nível de prestígio e experiência acima daquele de seu grupo, quase nunca é eficaz. Essas pessoas querem ficar perto de gente com origem, experiência ou status social similar.

Os pais tendem a ficar longe das festinhas dadas pelos filhos, a menos que também esperem a presença de outros pais. Na faculdade, veteranos evitam as festas frequentadas apenas por calouros. No mundo adulto, não é diferente. Vá a qualquer refeitório em qualquer grande corporação do país. É provável que encontre cada parte da organização — desde a equipe administrativa até os executivos — reunidos com os próprios grupos para almoçar.

Para superar essa mentalidade de rebanho e atrair pessoas para meus jantares que de outra forma não viriam, desenvolvi um simples conceito útil que chamo de "conectores-chave".

Cada indivíduo dentro de um determinado grupo tem uma ligação com alguém fora da própria panelinha. Todos nós, em um grau ou outro, desenvolvemos relacionamentos com pessoas mais velhas, sábias e experientes; podem ser nossos mentores, amigos dos nossos pais, professores, rabinos e reverendos ou até nossos chefes.

Chamo-os de conectores-chave; seu valor vem do simples fato de serem, em relação ao grupo principal, distintos. Conhecem pessoas diversas, viveram coisas diferentes, logo, têm muito a ensinar.

Identificar e convidar um conector-chave para seu jantar não é difícil. É provável que alguém que você já seja próximo o suficiente desse indivíduo para que o convite seja bem recebido. Você descobrirá quem são essas pessoas ao prestar atenção nas histórias de seus amigos e percebendo um ou dois nomes que sempre são citados. Costumam ser pessoas que tiveram uma influência positiva na vida deles. E é lógico que podem ter o mesmo efeito sobre você.

Depois de identificar uma pessoa fora de seu círculo social e receber uma resposta positiva ao convite para um jantar, eis uma pequena sutileza que rende ótimos dividendos: conseguir um conector-chave não tem como intuito entreter quem sempre frequenta suas festas. Eles estarão presentes de qualquer maneira. Mas um conector o permite ir além de seu círculo nos convites futuros e atrair pessoas que, em outras circunstâncias, não compareceriam. Usando o refeitório da empresa como exemplo, agora que você tem o CEO almoçando junto com o gerente, outros executivos aproveitarão a oportunidade para comer àquela mesa também.

Para ser sincero, qualquer um que possa adicionar um pouco de energia ao seu jantar é um conector-chave. Os jornalistas, descobri, são excelentes nisso. Não são muito bem pagos (o que os torna fãs de refeições gratuitas); sua profissão é bastante intrigante, estão sempre em busca de um bom material e enxergam esses jantares como um local cheio de potencial para novas ideias; costumam ser bons para conversar e muitas pessoas aproveitam a oportunidade de fazer suas ideias serem ouvidas por alguém que pode divulgá-las para um público maior. Artistas e atores, famosos ou não, enquadram-se na mesma categoria. Quando você não consegue pescar um peixe tão grande quanto gostaria, pode tentar atrair uma pessoa próxima ao poder: um consultor de um político interessante, o COO de uma empresa interessante sob o comando de um CEO interessante etc. Nesses casos, trata-se de associação de marca.

Depois de conseguir um conector-chave, é fundamental encontrar a combinação certa de pessoas. Para mim, a lista de convidados precisa ser um misto de profissionais com quem quero fazer negócios hoje, contatos com os quais aspiro negociar no futuro e aqueles que chamo de "atrações iluminadas" — convidados enérgicos, interessantes e dispostos a falar o que pensam. Claro, uma celebridade local ou duas nunca é demais. E nem preciso dizer que também deve trazer seus amigos e familiares.

A colunista política Arianna Huffington é uma de minhas convidadas favoritas desses jantares. Ela é graciosa, divertida e sempre franca. Como consegui convidá-la? Graças a uma apresentação feita pela minha amiga Elana Weiss, que conhecia alguém no escritório de Arianna, então lhe enviei um e-mail. Disse que era um grande admirador, que dava jantares bem divertidos em Los Angeles e que ela, sem dúvida, os tornaria ainda melhores. A princípio, ela aparecia apenas para os coquetéis e se divertia, depois se tornou uma amiga querida e frequente nos eventos.

Embora os jantares muitas vezes ajudem a fechar negócios importantes, tome cuidado para não incluir muitos associados na lista de convidados ou tópicos sobre negócios na discussão. Falar sobre orçamentos e outras bobagens gerenciais o tempo todo garantirá uma noite entediante. Tais eventos são voltados para a construção de relacionamentos.

Descobri que o número ideal para um jantar é de seis a dez convidados. Agora costumo convidar catorze, mas isso depois de muita prática. Também chamo uma média de seis pessoas para aparecerem antes ou depois para drinques e sobremesa. Esse grupo deve ser de amigos mais próximos que não ficarão ofendidos por não estarem no evento principal, mas mesmo assim apreciarão fazer parte do grupo. Geralmente, quando você convida alguém para jantar, obtém uma taxa de aceitação de 20% a 30% por conta das divergências nas agendas. Quando os convidados dizem que não podem vir por causa de outro jantar ou compromisso, costumo sugerir que apareçam antes do jantar para drinques e aperitivos, ou depois, para a sobremesa e drinques.

Esses "convidados bônus" chegarão um pouco antes do final do jantar. Deixo cadeiras dobráveis prontas para que possam se sentar perto da mesa, comer a sobremesa e conversar com os demais convidados. Justo quando a maioria dos jantares tende a ficar desanimado e as pessoas começam a olhar para o relógio pensando no horário em que precisam acordar de manhã, o nível de energia aumenta com um grupo totalmente novo. De repente, o jantar volta à vida.

Mais ou menos nessa hora, a música que tocava no aparelho de som dá lugar a um pianista ao vivo. Não comento nada. Da sala de jantar ou do deck onde sirvo o jantar, os convidados começam a perceber que a música vinda da sala de estar mudou. Às vezes, não é só o piano. Posso contratar um cantor, convidar um coro de jovens para se apresentar ou pesquisar um pouco mais e descobrir se há algum ex-aluno por perto que fez parte do renomado coro de Yale, os Whiffenpoofs. Por um valor razoável, os jovens ficam felizes em cantar algumas músicas antigas para um antigo aluno.

Enquanto a sobremesa é servida, os Whiffenpoofs começam a cantar. Os convidados do *after* chegam, e agora está anoitecendo.

Algumas pessoas ficam à mesa, enquanto outras vão para a sala a fim de cantar junto com o coro e se divertir. E, de repente, é 1h ou 2h da manhã e estou encerrando outro evento de sucesso.

Se você gosta de comer e apreciar a companhia de outras pessoas, pode criar sua própria versão de um jantar que funcionará perfeitamente em qualquer ambiente.

Meu amigo Jim Brehm é um dos designers mais elegantes de Nova York. Ele tinha um lindo studio no centro da cidade, onde costumava dar festas todas as quintas-feiras. Aliás, quintas são dias maravilhosos para jantares. Não atrapalha os planos de fim de semana das pessoas e, no entanto, elas estão dispostas a ficar até um pouco mais tarde, sabendo que só falta um dia útil.

Eu ficava maravilhado com a habilidade de Jim em tornar a simplicidade em algo tão elegante. Vi a mesma qualidade na arquitetura e nos projetos dele. Seu studio tinha um longo banco coberto com veludo ao longo de uma parede e alguns puffs de couro preto nos quais se sentar. Serviriam champanhe. Jazz suave tocaria ao fundo. Os convidados do jantar eram um misto fascinante de artistas, escritores e músicos.

Para comer, andávamos alguns passos até uma mesinha simples de madeira sem toalha, enfeitada com duas velas de prata. As cadeiras eram dobráveis. Cada prato tinha uma grande tigela de chili caseiro e um pedaço de pão fresco. Para a sobremesa, Jim servia sorvete e mais champanhe. Era simplesmente perfeito e perfeitamente simples.

Qualquer um pode organizar um jantar. Deixe-me dar um exemplo: meu antigo gerente de negócios, Mark Ramsay. Conheci Mark quando ele era contador de outro gerente de negócios especializado em clientes da área do entretenimento. Estava infeliz naquela época e queria seu próprio negócio. Depois de reunir coragem suficiente, aos 25 anos, realizou o desejo. Fui seu primeiro cliente.

Ele passou a frequentar regularmente meus jantares em Nova York. Como cliente e amigo, retribuía o favor me convidando para jantar fora ou ir a um show. Depois de alguns anos, porém, questionei:

"Então, por que você nunca me chama para jantar na sua casa?" Afinal, uma refeição na casa de alguém é do que mais gosto.

Sua resposta foi típica, em especial entre os jovens que oriento. Ele disse: "Nunca conseguiria fazer um jantar como o seu. Não tenho tanto dinheiro e moro em um studio decadente. Nem sequer tenho uma mesa de jantar."

"Mesa de jantar! Quem precisa de uma?", perguntei.

Com isso, o convenci a tentar. Disse a ele que seria seu principal convidado e sugeri que chamasse mais quatro pessoas para jantar. Falei para comprar um vinho simples, mas em abundância. Para os aperitivos, batatas fritas e molho ou legumes com patê. Pedi que comprasse um tampo de mesa redondo dobrável que pode ser encontrada com facilidade e colocá-lo na mesa de centro. *Voilà!* — você tem uma mesa de jantar.

Falei que não deveria preparar a refeição. Deveria pegar algumas saladas e um frango assado em uma loja. Para a sobremesa, comprar alguns biscoitos e sorvete, e garantir que sempre haja vinho.

A festa foi um grande sucesso. Além de mim, Mark convidou um cliente em potencial e um amigo que levei. Nós quatro somos seus clientes agora.

Como vimos, há apenas uma regra de verdade para esses encontros: divertir-se. Sim, existem algumas outras regras que podem ajudá-lo nessa jornada. Entre elas:

1. Crie um tema.

Não há motivos para que um jantar íntimo não seja temático. Uma ideia simples pode ajudá-lo a unir a comida e a atmosfera. Você pode moldar uma festa em torno de qualquer coisa, na verdade. Pode ser a receita do bolo de carne da sua mãe, um feriado, traje a rigor (não tão comum, pois queremos que as pessoas se sintam totalmente confortáveis), comida vegana, um estilo musical específico — o que quiser. As pessoas ficarão animadas quando souberem que está sendo criativo.

Lembro-me de um exemplo de tema bem aproveitado que veio de um artigo que li anos atrás no *Washington Post*, sobre uma mulher chamada Perdita Huston. Quando o presidente Carter nomeou Huston como diretora regional do Corpo da Paz para o Norte da África, Oriente Próximo, Ásia e Pacífico em 1978, ela começou seus jantares semanais exclusivos para mulheres.

Os jantares preencheram um vazio em Huston, que explicou como surgiu a ideia: "Devido ao tamanho da região que administrei para o Corpo da Paz, era obrigada a viajar bastante.

Quando não estava fora da cidade a serviço do Corpo da Paz, achava importante ficar em casa com meu filho Pierre, com 7 anos na época. Além disso, comecei a perder contato com muitos amigos por causa das viagens, mas em vez de tentar vê-las individualmente em restaurantes, criei os jantares semanais.

Mais ou menos na mesma época, também notei muitas mulheres na mesma situação: mulheres solteiras em cargos altos cujas vidas profissionais apresentavam certos problemas e com frequência sobrecarregavam suas vidas pessoais. De muitas maneiras, as mulheres do governo Carter foram pioneiras que precisavam de uma rede de apoio, então decidi convidar apenas mulheres.

O que fiz foi simplesmente aumentar o que cozinhava aos domingos para incluir os preparativos para uma refeição para doze na segunda-feira à noite. Eu costumava fazer cuscuz ou uma sopa à base de cordeiro, que é usada durante o Ramadão na Argélia para o fim do jejum ao pôr do sol. Chama-se *chorba*, que significa sopa; na verdade, o nome é A Sopa. É bem apimentada e boa o suficiente para ser uma refeição completa. Muitas vezes, preparava uma enorme sopeira com pão quente e muita salada. As sobremesas eram frutas e queijo.

A resposta ao meu jantar exclusivo para mulheres na segunda-feira foi mesmo impressionante", ela continuou. "Sempre usei meus melhores castiçais de porcelana, cristal e prata. Ou seja, tratei essas ocasiões da mesma forma que a maioria das recepcionistas trata os jantares convencionais com homens e mulheres.

Nossas conversas durante o jantar são extraordinariamente sinceras. Conversamos — ou discutimos — sobre a política externa dos Estados Unidos ou sobre problemas comuns às mulheres em cargos de gestão, como combater estereótipos ou machismo no local de trabalho.

Recebemos muitos feedbacks umas das outras e, graças à nossa experiência, podemos sugerir várias pessoas para visitar, organizações a contatar ou estratégias a desenvolver. Por todo esse apoio, os jantares se tornaram bem importantes para muitas de nós."

Os jantares semanais de Huston se tornaram uma instituição na área de Washington, D.C., onde morava. Reuniu mulheres com ideias parecidas que se uniram e se apoiaram nos momentos difíceis semelhantes pelos quais passavam. Não há razão para que você não possa fazer o mesmo. Criar um tema em torno de um ponto em comum — seja raça, religião, gênero, ocupação ou qualquer outra coisa — pode infundir seus encontros com um propósito adicional e ajudá-lo a atrair outras pessoas.

2. Use convites.

Embora eu seja totalmente a favor de festas improvisadas e repentinas, os jantares de maior sucesso serão aqueles aos quais você dedicou certo tempo e energia. Seja por telefone, e-mail ou bilhete escrito à mão, certifique-se de enviar seus convites com pelo menos um mês de antecedência, assim as pessoas terão a chance de se planejar adequadamente — e você saberá quem comparecerá ou não.

3. Não seja escravo da cozinha.

Não faz sentido uma festa ser só trabalho. Se não puder contratar um bufê, cozinhe tudo com antecedência ou só peça para viagem. Se a comida for boa e a apresentação, atraente, seus convidados ficarão impressionados.

Hoje em dia, costumo optar por *catering*. Mas você pode ter uma festa tão elegante por muito menos, se estiver disposto a ser criativo e gastar um tempo com preparativos. O segredo para jantares de baixo orçamento é a simplicidade. Faça um prato grande, como um guisado ou chili, que pode ser feito um ou dois dias antes. Sirva com um bom pão e uma salada. É tudo de que precisa.

Bem, talvez não *tudo* de que precisa. Minha outra despesa é com álcool. Eu amo — amo! — um bom vinho. Sempre exagero um pouco nesse quesito. E, sério, Deus poderia ter nos abençoado com um lubrificante social melhor? É a melhor coisa já criada. Mas, de novo, todo mundo tem suas próprias predileções, e tenho certeza de que você consegue fazer um jantar fabuloso só com refrigerante.

4. Crie a atmosfera.

Certifique-se de passar uma ou duas horas arrumando sua casa. Nada caro ou fora do comum, lembre-se. Velas, flores, iluminação fraca e música criam uma boa atmosfera. Adicione uma bela peça central à mesa de jantar. Peça a um jovem membro da família que sirva bebidas, se você não tiver um barman ou garçom. O objetivo é dar aos seus convidados todos os sinais necessários para que entendam que é hora de aproveitar.

5. Deixe a formalidade para lá.

A maioria dos jantares não requer sofisticação. Siga o princípio KISS: Keep It Simple, Silly (Mantenha Simples, Bobo). Boa comida. Gente bacana. Muito vinho. Boa conversa. Esse é um jantar de sucesso. Sempre me visto de maneira simples para que ninguém se sinta deslocado. Jeans e jaqueta são meu padrão, mas você decide o que é melhor para si.

6. Não coloque casais juntos.

A essência de um bom jantar está em acomodar todos bem. Se colocar casais juntos, as coisas podem ficar entediantes. Misture e combine, reunindo gente que não se conhece, mas talvez compartilhe algum interesse. Gosto de colocar marcações onde quero que as pessoas se sentem. Cada marcação é um cartão simples com o nome do convidado. Se tiver tempo, gosto de colocar uma pergunta ou piada interessante no verso para que os convidados possam usar a fim de quebrar o gelo uns com os outros. Ou você pode comprar cartões divertidos para tornar as coisas interessantes.

7. Relaxe.

Os convidados seguem o comportamento do anfitrião — se você está se divertindo, é provável que eles também irão. Na noite da festa, sua obrigação é aproveitar os frutos de seu trabalho. Isso é uma ordem.

8. Organize um after *virtual*.

Após um evento, envie seus agradecimentos junto com algumas fotos e destaques do jantar por e-mail ("cco" para todos) ou um link privado. Esse *follow-up* amigável ajuda a regar todas as sementes de conexão plantadas no evento e estimula seus convidados a fazerem o próprio *follow-up*. Eles agradecerão!

SEÇÃO 4

Conectando-se na Era Digital

CAPÍTULO 22

Encontre as Margens

Eventualmente tudo se conecta — pessoas, ideias, objetos...
A qualidade das ligações é a chave.

— Charles Eames

Recentemente, durante um de meus jantares, meu amigo começou a falar sobre redes sociais. "Estou me atolando, Keith! Tenho um feed de notícias cheio de lixo quando não tenho tempo nem para as pessoas da minha vida real!", disse. "Por que preciso de todos esses amigos virtuais falsos quando tenho os reais?" As pessoas na mesa concordavam balançando a cabeça.

Entendo. Queremos que a tecnologia nos aproxime das pessoas que queremos conhecer, do que desejamos aprender e das oportunidades que almejamos. Em vez disso, somos inundados com a produção pessoal inútil das pessoas — o desejo repentino de um amigo por um sanduíche de pastrami, intermináveis selfies e fotos de animais de estimação amados, refeições recomendadas pelo Zagat e outros acontecimentos rotineiros.

Mas há uma solução. Embora você possa ter aperfeiçoado sua lista de cartões de Natal e de Favoritos, é provável que tenha ignorado o gerenciamento de uma das facetas mais essenciais de sua network, aqueles limites distantes que acessamos e gerenciamos por meio da tecnologia. Vamos chamá-los de *Margem*.

A Margem sempre foi importante, mas na era das redes sociais, é muito mais. Quando você a gerencia de maneira eficaz, ela fornece informações oportunas, poderosas e relevantes — ainda que, muitas vezes, inesperadas.

Claro, no tempo que você levou para ler esse trecho, três citações inspiradoras bregas e uma foto de pelos encravados passaram pelo seu feed. Vamos resolver isso.

Dê uma olhada em alguns tweets que passaram pelo meu feed de notícias nos últimos dias:

@michaelhyatt Muito legal: "Um Aplicativo de Gravação de Voz para iPhone que Simplesmente Funciona" por @StuMcLaren http://mhyatt.us/18rRoIz

@CoryBooker Desafiei-me durante toda a minha carreira — agora quero ir para Washington. Vejam minha 1º campanha publicitária para o Senado dos EUA http://corybooker.com/first-ad

@Hummel_Chris Que a melhor professora da minha vida descanse em paz. Obituário de MARGARET METZGER pelo The Boston Globe

@TonyRobbins Adolescente inventa lanterna alimentada pelo calor da mão: http://www.nbcnews.com/technology/teenager-invents-flashlight-powered-warmth-your-hand-6C10485762…

@Seanstitutional @denniskneale DICA: você pode pedir qualquer coisa com ovo fresco em vez de em pó no McDonald's; vale a pena, apesar do suspiro de irritação do caixa.

@GuyKawasaki Empreendedores sociais: vejam esta oferta gratuita da Wharton http://wdp.wharton.upenn.edu/books/social-entrepreneurs-playbook/…

@CiscoCollab Executivos seniores avaliam como a #colaboração em #nuvem ajuda a expandir os negócios neste #infográfico http://cs.co/6017ZHJh

@Accenture Telenor escolhe a Accenture para implementar visão global de serviços compartilhados http://bit.ly/19WQpkV

Agora, *você* pode olhar para isso e decidir que não é um conjunto de informações particularmente interessante. Mas para mim é — e esse é o ponto! Estruturei e organizei minha network online para mostrar pessoas, informações e oportunidades que estão alinhadas comigo e com o que trabalho. Nesses tweets, descobri:

- UMA FERRAMENTA ÚTIL... Exatamente o aplicativo que eu procurava para organizar as anotações que dito a mim mesmo nas filas dos aeroportos, em táxis etc.
- UM LEMBRETE PARA AJUDAR UM AMIGO... O tweet de Cory Booker me lembrou de que preciso enviar alguns e-mails em nome dele.
- NOTÍCIAS PESSOAIS QUE AFETAM UM CLIENTE... Um cliente importante estava tendo um dia triste. Fiz uma anotação para enviar uma mensagem em um bate-papo pessoal a fim de compartilhar histórias — senti o mesmo quando Pat Loconto morreu.
- NOTÍCIAS DE CLIENTES... Um cliente fechou novos negócios. Anotarei isso para parabenizar sua equipe durante nossa próxima reunião.
- UMA DICA ÚTIL DE AEROPORTO... Nem conheço quem postou isso, mas pode apostar que testarei sua dica na próxima vez que tomar café da manhã no aeroporto com opções extremamente limitadas. Algo pequeno assim ainda consegue fazer uma real diferença no meu dia.

- ALGO PARA COMPARTILHAR EM CASA... Adoro histórias inspiradoras para a hora do jantar, e o que Tony postou sobre um inventor adolescente impressionará meu filho, mesmo que ele revire os olhos (o que é inevitável).
- UM INFOGRÁFICO DE INTERESSE... O trabalho em equipe virtual e a colaboração estão no centro das atenções para mim agora, e tenho um cliente em potencial para quem encaminharei isso; reproduz com perfeição uma conversa que tivemos na última reunião e me dá um ótimo motivo para ver como estão as coisas com ele.

Enquanto olho meu e-mail, Twitter, LinkedIn e Facebook, posso ler um informe oficial da Accenture, um artigo de opinião sobre a combinação entre filantropia e negócios com fins lucrativos, seguido por uma caricatura da *New Yorker*, e assim por diante. Encaminharei alguns posts para outras pessoas na minha network.

Ao organizar as informações que recebo, dei forma ao que Taylor Cowen, um importante blogueiro e autor de economia, chama de "a autoestruturação diária de experiências sintéticas". Eu chamo de minha Rede de Aprendizagem. Olhando para todos esses dados aparentemente díspares em conjunto, vejo padrões, faço conexões e, a partir disso tudo, consigo meu próprios "eurekas!" sobre mim e o mundo.

É um fluxo de dados que representa o trabalho de pessoas reais, de modo que cada bit e byte que leio e respondo também costura novos fios de capital social na minha network. Ao passo que fico mais inteligente, também fico mais conectado.

O Poder da Margem

Antes, alguns VIPs controlavam as melhores informações e o resto de nós lutava para ter acesso. Construir relacionamentos com esse pessoal fornece informações quase tão privilegiadas quanto aquelas que fazem o povo ser preso por usá-las.

Conhecer as pessoas certas — e garantir que o conheçam — sempre será importante, mas hoje em dia o jogo está mais equilibrado. As informações perdem valor tão depressa que faz mais sentido negociá-las do que acumulá-las, de modo que as que são críveis fluem livremente para todos os lados online. Aprenda a explorar tal valor e você será tão privilegiado quanto quem é capaz de abrir todas as portas certas.

Para fazer isso, é preciso aprender a construir e gerenciar a ampla fronteira de seu mundo social — a periferia de sua network composta por laços fracos (até mesmo desconectados) onde reside grande parte da inovação e do valor.

Hoje em dia, você não está mais restrito pelo tempo e espaço. Você pode navegar por uma geografia virtual sem limites. É possível entrar em contato com um grupo de engenheiros em Nova Delhi ou de montanhistas no Chile, guiado por nada além de interesses em comum e curiosidade, e se conectar de imediato — *clique*! — não só à mente de uma pessoa em particular, mas também à mente coletiva de toda a network dela.

As ferramentas para medir essa nova vantagem ainda são rudimentares, mas o efeito é claro: no Twitter, no Facebook e no LinkedIn, agora temos o que equivale a um quadro simples que exibe claramente o poder, ou a falta dele, de sua própria network.

Seu fluxo de conteúdo, tanto de pessoas íntimas quanto daquelas na Margem, faz você rir, fornece suporte, surpreende e educa, promove o bem-estar, encontra empregos?

Ele pode e deve. Agora você é capaz de usar a inteligência de uma multidão que vai muito além do número de relacionamentos reais que consiga cultivar — e tanto sua amplitude como seu formato são importantes.

Conheça um Novo Tipo de Networker

Há alguns anos, as pessoas achavam que eu era maluco porque tinha 5 mil contatos no meu Rolodex. Agora é algo comum e os loucos são os que ignoram o valor dos laços fracos. Mesmo assim, não sou o melhor ou o mais avançado mestre em aproveitar a Margem por meio das redes sociais. Não sou nenhum Robert Scoble.

Scoble representa um novo tipo de networker nativo da Era Digital. Ele é um evangelista tecnológico que já foi famoso (nessa área) como blogueiro interno da Microsoft. Agora ele é um representante da Rackspace, passando seus dias conhecendo fundadores de startups e escrevendo sobre eles. É o 6º maior "influenciador de redes sociais", de acordo com a *Forbes*, mas ultimamente é mais conhecido por se fotografar no chuveiro usando seus óculos do Google.

Se você está se perguntando, ele não é um Millennial. Tem 48 anos, prova de que dominar a Margem não é só para quem teve uma página no Facebook *antes* do primeiro beijo.

Scoble é um mestre na organização de uma Margem gigantesca — 40 mil pessoas (por enquanto) apenas no Twitter, que foram seguidas manualmente — criando um fluxo de informações sobre tecnologia bastante valioso. E 40 mil é só sua "network de entrada", aquelas pessoas que ele escolheu seguir. Sua "network de saída" são cerca de 400 mil.

Veja como ele trabalha. Nós dois participamos da reunião anual do Fórum Econômico Mundial em Davos. Durante o evento, grande parte de meu foco está em fazer conexões que pretendo transformar em relacionamentos. Quando conheço alguém novo, quero o mínimo de coisas possíveis nos atrapalhando, o que significa colocar meus dispositivos e os da pessoa de lado. Todas as minhas energias são usadas para encontrar *aquela* coisa que deixará claro que precisamos nos encontrar de novo (supondo que seja o caso). Só então o celular entra em cena. "Sabe, conheço um cara…"

Scoble tem um foco totalmente diferente. Está sempre atento. Analisa depressa com quem falar, consegue extrair informações úteis, segue pessoas no Twitter se achar que valem a pena (no caso de Davos, é claro, todas valem) e fornece informações em vídeos de entrevistas e comentários para todos os seus fãs e seguidores.

"Não tenho relacionamentos profundos com ninguém", ele dirá. Ele é um idiota do networking? Na verdade, não. É apenas um cara cujo único foco está em extrair valor da Margem. Ele é muito querido na comunidade de tecnologia onde opera, e você sempre o ouvirá ser chamado de "cara bacana". Tem centenas de milhares de seguidores no Twitter. E o emprego dos sonhos de um geek: vasculhar o planeta em busca de "startups que mudam o mundo".

Mas a verdadeira recompensa de tudo isso não está em um novo amigo ou colega. Está no agregado, na Margem em constante expansão que contribui para seu feed de notícias. Ele está fornecendo valor — valor incrível —, apesar do fato de sua ampla network não ser social nem pessoal. Ainda assim, é muito valiosa e recíproca como foi planejada. Ninguém é forçado a segui-lo, mas centenas de milhares o fazem porque ele é uma fonte de informações de qualidade sobre o que é importante para eles: tecnologia.

Enquanto eu ralava em Davos um ano, trabalhando loucamente, como sempre faço, para cumprir a lista de pessoas que queria conhecer, Scoble era paparicado por grandes investidores tentando trazê-lo para seu novo fundo. Precisam saber o que ele sabe — seu aprendizado imersivo ao nadar 24 horas por dia, 7 dias por semana, naquele mar de informações cuidadosamente selecionado sobre startups e tendências tecnológicas. E, além disso, eles querem que os outros saibam que eles sabem o que ele sabe. É trabalho em equipe com grandes retornos.

Então, se você acha que as informações de Scoble são valiosas apenas para os ignorantes, os sem contatos que o seguem pelo precioso acesso que ele oferece, está completamente errado.

Você não precisa se tornar Scoble, mas podemos tirar dele algumas boas regras para construir e alavancar a Margem ideal por meio das redes sociais:

Seja Como um Canário na Mina de Carvão

Se teve catapora quando criança, sabe bem como a doença pode se espalhar depressa. Graças à pesquisa de cientistas de dados, agora sabemos que as ideias são tão contagiosas quanto. À medida que mais ideias o "infectarem", maior a probabilidade de "pegar" aquela que se tornará o segredo para a próxima grande inovação.

Para garantir que pegará a gripe da informação, crie uma network densa e esteja no centro. É exatamente por isso que os caras do capital de risco querem fazer amizade com Scoble — ele é o que o professor da Harvard Medical School, Nicholas Christakis, chama de "sensor", ou seja, tem o network ideal para garantir que será o primeiro a perceber a próxima grande startup ou inovação tecnológica bacana.

Vivemos nossa vida em networks. Saber como moldá-las determina o valor das informações que chegarão até você. Portanto, transforme sua network em uma placa de Petri, com você bem no meio dela. As redes sociais permitem que você crie uma densa teia de relacionamentos dentro de seu setor que se espalha em todas as direções, todos os fios voltando para você.

O Superpoder Crescente dos Laços Fracos

Na última década, provavelmente gastei centenas de milhares de dólares, ou até milhões, com assistentes e entrada de dados para alcançar e aproveitar todos os laços fracos da Margem. Mas eu era um caso à parte. Agora a internet permite que qualquer pessoa com um pouco de consciência encontre, rastreie e interaja com esses relacionamentos de forma eficiente e em grande escala. Isso é algo extraordinário, de fato. Em um capítulo anterior, aprendemos com Mark Granovetter sobre os benefícios singulares dos laços fracos. As informações estão fluindo e, com elas, a inovação, como nunca antes.

Mais uma vez, isso não invalida a importância dos laços fortes. De modo algum. Você precisa de seus amigos e do que chamo de "essenciais", relacionamentos profissionais profundamente comprometidos, tanto quanto antes. Mas quando se trata das redes sociais, a nova "grande vitória" não é manter 250 relacionamentos, mas sim 25 mil.

Então, como você gerencia sua vida online para identificar, direcionar, conectar e aproveitar a Margem com sucesso?

Aumente o Volume

Supere seu medo de expandir. O equívoco mais comum e infeliz sobre networking hoje em dia é que se conectar amplamente à Margem de alguma forma desvaloriza suas amizades reais. Bobagem!

O fato é que o gerenciamento de network escalona com facilidade, enquanto a intimidade quase sempre requer situações privadas. A maioria dos críticos confunde os dois, soltando algo do tipo: "Olhe o que as redes sociais fizeram; essas crianças hoje têm 5 mil 'amigos', mas nenhum relacionamento real."

Em contrapartida, as "crianças" — aquelas corretas, que recusam a noção de que os dois conceitos devem ser mutuamente exclusivos — têm um pequeno núcleo de relacionamentos íntimos muito fortes e uma network grande e diversificada da qual podem extrair recursos, informações e as pessoas de que precisam para atender necessidades inesperadas.

Portanto, vá em frente, mas crie uma estrutura para ajudá-lo a selecionar e filtrar, junto com hábitos que distinguem sinal de ruído. E não siga qualquer um. Como Scoble disse sobre quem ele segue: "Eu sabia por que queria segui-los. Sigo apenas os primeiros adaptadores, inovadores, executivos ou influenciadores do setor tecnológico. Não sigo muitas estrelas do esporte ou do cinema, nem muitos políticos."

Meu guia é meu Plano de Ação de Relacionamento. Crie o seu também. Sempre tenho meus objetivos bem à vista, na minha mesa e no meu celular, direcionando a evolução da minha network e como estou usando as redes sociais.

O truque é alternar entre as 50 ou 150 pessoas que são prioridade no seu PAR, com quem deseja construir relacionamentos reais e íntimos, e aquela network mais ampla e dimensionada que traz novas ideias e informações. A tecnologia torna muito mais fácil conciliar os dois, de modo que, quando seus objetivos do PAR mudarem, poderá usar a network maior para modificar o foco da menor e nutrir um grupo principal de relacionamentos diferente. Você está sempre construindo e inteirado da network maior enquanto foca suas energias de relacionamento em um grupo menor.

Lido com esse fluxo da mesma forma que faço com o ato de contatar, criando categorias fluidas e classificando prioridades. Todas as principais plataformas sociais permitem que você faça isso por meio de marcação ou listas. Nas redes sociais, meus "1s" tendem a vir direto dos meus PARs mais importantes, então são pessoas com quem procuro interagir pessoalmente, online e offline. Os "2s" e "3s", por sua vez, são a Margem; a maior parte de meu entrosamento com eles ocorre por meio de interações de propagação, como tweets, blogs e meu boletim informativo. E, ainda assim, olho o feed "3" com frequência. É onde obtenho algumas de minhas melhores ideias e informações.

Enfatize a Diversidade

A diversidade da network aumenta a inteligência coletiva. Isso é o que o professor da Universidade de Michigan, Scott E. Page, concluiu após vinte anos de pesquisa. Por exemplo, ele mostrou que se você colocar uma sala cheia de, digamos, médicos ao lado de uma sala cheia de pessoas de diversas áreas, a inteligência coletiva do grupo diversificado será maior do que a do homogêneo, mesmo que cada um dos médicos individualmente tivesse QI mais elevado.

"Os indivíduos do grupo de maior QI podem ter sido mais inteligentes sozinhos, mas quando se trata de medir a inteligência coletiva, a diversidade é mais importante do que a capacidade intelectual individual", como Steven Berlin Johnson escreveu em seu livro *Future Perfect* [Futuro Perfeito, em tradução livre].

A necessidade de ampliar sua network em busca de novos amigos não se trata apenas de inteligência. É sobre crescimento em um nível mais profundo. Como escreveu o guru da gestão de mudança e cofundador da *Fast Company*, William Taylor: "O que você vê molda como você muda."

Todos nós, em algum momento, ficamos presos em uma rotina quando se trata de como vemos o mundo e nosso lugar nele. Contamos a nós mesmos uma história sobre qual é o nosso trabalho, o que nossa empresa faz, quem são as pessoas com quem trabalhamos — e isso se torna nossa realidade. Deixamos o que sabemos limitar o que conseguimos imaginar; o resultado é uma falha de imaginação. Qual poderia ser o seu trabalho? Para onde sua empresa conseguiria ir se tivesse um novo rumo? Como você abordaria sua próxima grande decisão se estivesse cercado por alguns *X*s, em vez de todos os *Y*s?

O que você vê molda como você muda. E nas redes sociais, assim como no mundo real, eu acrescentaria que: o lugar para onde você olha molda o que você vê.

Então, encontre maneiras de diversificar sua network online. Isso é particularmente fácil com a internet, mas poucas pessoas se dão ao trabalho. Suas networks cresceram organicamente, desde família, escola até trabalho, e isso acaba transformando seus feeds no equivalente a um canal de TV que só exibe reprises.

Aqui estão algumas sugestões para ativar o poder criativo que está recebendo do seu fluxo.

- Verifique rapidamente seu feed de notícias e tudo o mais que for parte de sua "leitura diária". Existe diversidade de origem, profissão, localização, idade e etnia? Caso contrário, traga para a frente alguns dos relacionamentos periféricos de sua network. Com o tempo, explore novas atividades que o tirem dos canais tradicionais para fazer novos amigos. Consulte o capítulo anterior "Convide Conectores-chave para Sociais".

- Faça uma lista dedicada à Margem do Twitter e do Facebook — artistas, empresários, tecnólogos, malabaristas, o que for. Qualquer outra pessoa de interesse que não esteja na sua lista de alvos habitual. Agende um horário em seu fluxo de trabalho semanal para tal objetivo. Olhe para o que elas citam e compartilham para expandir sua lista.
- Estude os blogs, livros e mídias de profissionais e líderes interessantes em outras áreas para ver o que está funcionando para eles — então, pense com consciência em como aplicar as ideias deles aos seus desafios. *Lift and shift* ("Eleve e mude"), como estão dizendo os sabichões em inovação.

O Melhor Filtro Online Está Offline

Scoble é famoso por ser um geek, mas não o confunda com o tipo de cara que se funde à sua cadeira. Seu filtro mais importante para adicionar pessoas à sua network acontece no mundo real, nas conferências e festas do setor onde ele é uma presença constante. Ele examina as pessoas offline tendo "relacionamentos com muitas delas, uma por vez", ele diz. Nas festas, "vou direto para alguém que não conheço e começo a conversar, porque percebi que é assim que vou construir minha network".

Scoble não é só um especialista em Twitter, mas em descobrir depressa que tipo de informação alguém tem a oferecer: "Saber quem são as pessoas, em que empresa trabalham, suas paixões e qual papel desempenham na vida me permitiu construir uma network de entrada que está bastante extraordinária agora", ele conta.

Cara a cara, temos acesso a um fluxo de dados muito mais rico sobre as pessoas — a aparência e o comportamento delas, se falam biscoito ou bolacha, e assim por diante. Mas há mais do que isso. Reuniões presenciais, durante as quais não podemos nos esconder no anonimato ou nos editar antes de clicar em "Enviar", são mais autênticas, e isso, por si só, promove a confiança, assim como (potencialmente) o contexto em que vocês se encontram.

A melhor network online transita entre o virtual e o real sem enfatizar demais um deles. Como regra geral, deixe o offline orientar as conexões iniciais e use as interações online para mantê-las.

Vale lembrar que até Scoble, mestre da Margem, também tem uma estratégia para manter contato com seus íntimos, e isso não acontece online. Ele e seus melhores amigos se encontram a cada três semanas para tomar cerveja e colocar o papo em dia.

Abrace as Microcelebridades

Você já ouviu falar de Nathalie Molina Niño? Provavelmente não. Mas se você fosse uma jovem empreendedora em Nova York, há uma grande chance de que a conhecesse. Soube dela só porque uma leitora em Nova York certa vez me encaminhou uma edição do boletim informativo dela, pois achou que eu gostaria.

Molina Niño é uma *microcelebridade* — não é famosa entre milhões, mas sim entre as pessoas que são importantes para a missão de sua vida: ajudar mulheres a abrirem seus próprios negócios. Como fundadora e curadora do TEDxBarnardCollegeWomen, ela é o combustível principal de uma network que facilita para ela identificar e explorar os recursos e fazer as coisas depressa.

Seus esforços a aliaram com algumas grandes Kahunas — pessoas como Gloria Feldt, CEO da Planned Parenthood; Barbara Corcoran, magnata do setor imobiliário e participante do *Shark Tank*; e Kitty Kolbert, diretora do Athena Center da Barnard e a advogada que defendeu o caso histórico do *Planned Parenthood v.*

Casey, creditada por salvar *Roe v. Wade*. São mulheres que podem ajudá-la a fazer uma diferença ainda maior.

Molina Niño não conquistou seu tipo de fama com um vídeo viral. (Embora as pessoas esperem ansiosamente pelas fotos diárias no Facebook de seus dois chow-chows passeando por Nova York.) Ela fornece o serviço único de organizar o desorganizado, criando uma comunidade a partir de networks díspares.

Adivinhem onde isso a coloca? Bem no meio da placa de Petri. *Bam!* Ela é uma superconectora.

A microcelebridade — ou, na verdade, o trabalho necessário para criá-la — fortalece os relacionamentos com as pessoas no seu PAR, ao mesmo tempo em que o mantém conectado à Margem. Ao criar seu PAR, você tem o esquema de uma nova network. Que pessoas você poderia apresentar umas às outras? Você, é claro, será beneficiado ao aproximá-las, assim como acontecerá o mesmo com todos os outros dentro do sistema.

Agora trabalhe em cima disso. Encontre maneiras de conectar esses grupos entre si e com outras pessoas que se beneficiariam em conhecê-los. Pense em listas de e-mail, grupos no LinkedIn, páginas de interesse no Facebook, jantares com palestrantes, workshops, grupos de mentoria — mudando do mundo virtual para o real conforme necessário para criar ímpeto e profundidade.

Juntos, encontrem formas de criar valor. Compartilhar informações é um ótimo ponto de partida. Identifique os especialistas ocultos e os conhecidos de que sua micronetwork precisa se inteirar e os conecte. Encontre pesquisas, notícias e eventos relevantes para esse grupo e seja o primeiro a compartilhar. Crie conteúdo em conjunto.

Sincronizar pessoas, recursos e oportunidades é mais fácil do que nunca graças à internet. É o projeto de nossa era. Qual será a sua contribuição?

Encontre a resposta e colha os frutos.

O Valor dos Peixes Pequenos

Se você é relativamente novato na área, não concentre todo seu foco nas redes sociais em tentar atrair celebridades ou grandes influenciadores. Você quer se conectar online com os grandes nomes, eu sei. Mas se passa o tempo todo tentando atrair a atenção do Richard Branson ou do Mark Cuban com seus tweets sagazes, está apostando nos cavalos errados. Suas chances de chamar a atenção deles são mínimas e, embora eu acredite que existam maneiras de ser generoso com *qualquer um*, pode ser difícil quando o Twitter ou o Facebook são suas únicas ferramentas. Reid Hoffman, o fundador do LinkedIn, recebe cinquenta e-mails não solicitados por dia de pessoas com ofertas. Sabe em quantas dessas ofertas ele investiu? Zero, porque ele recebe mais cinquenta sugestões de pessoas que são recomendadas.

Além disso, lembre-se de que os VIPs da Margem nem sempre são os mesmos do mundo real. São os pequenos, os forasteiros sem conexões. Essas são as pessoas famintas e movidas pela paixão por seus trabalhos, desinibidas pelas expectativas e cultura dos grandes nomes.

Portanto, esqueça o grande Kahuna quando estiver começando do zero. Em vez disso, gaste seu tempo tentando descobrir o grande Kahuna de *amanhã*. Não olhe para onde todo mundo está olhando, com todos os filtros comuns: credenciais formais, contagem de seguidores no Twitter, web design caro. Em vez disso, procure grandes ideias, inteligência incomum, rostos novos e abertura para um relacionamento recíproco.

Construa a aliança e, com sorte, em cinco ou dez anos, cada um estará em condições melhores de ajudar o outro. E mesmo que ele ou ela não se torne o próximo Sean Parker, você terá um amigo muito inteligente ao seu lado, o que sempre é um investimento com ótimos retornos.

Domando a Besta Chamada LinkedIn

"Está fazendo tudo errado, Keith!" Isso é, basicamente, o que Reid Hoffman me disse quando contei como usava o LinkedIn.

Como sou autor e palestrante, gente nova me encontra no Twitter e no Facebook e me segue todos os dias sem eu fazer nada. Não é assim que funciona no LinkedIn, onde tenho de "aceitar" novas conexões.

O LinkedIn é uma network fechada, e por um motivo muito simples: para que ela tenha valor como ferramenta de apresentação, as conexões precisam ter significado. Cabe a você avaliar cada solicitação para que, se alguém disser "Poderia me apresentar?", você esteja em posição de avaliar se a conexão seria de benefício mútuo.

Durante anos, eu só aceitei todos que enviaram uma solicitação de conexão, contente enquanto os contatos se acumulavam. Mas como agora todos aqueles desconhecidos estão lá, é frequente me encontrar na situação embaraçosa de ter uma pessoa que não conheço me pedindo para apresentá-la a outra pessoa que também não faço ideia de quem é. Isso nunca me acontece no mundo real.

Portanto, aprenda com meu exemplo. Conecte-se só com quem você conhece o suficiente para se sentir confiante em apresentar a outras pessoas da sua network. Não precisam passar por uma verificação de antecedentes, mas devem ser mais do que um dado aleatório. Você deve ficar feliz em ajudá-los caso peçam um favor rápido — e deve se sentir à vontade para fazer o mesmo.

Domine a arte das apresentações no LinkedIn e ascenderá depressa ao status de superconector. O site rastreia as conexões de 1º, 2º e 3º, o que quer dizer que oferece o potencial de se conectar a centenas de milhares de novos contatos, caso preste atenção. Em seu livro *Comece por Você*, Reid sugere fazer pelo menos uma apresentação de qualidade por mês. Se puder torná-las valiosas, eu diria para dobrar isso!

E quando entrar em contato pelo site, mostre às pessoas que leu seus perfis fazendo referência direta ao que estava nele. No site de encontros online OKCupid, os e-mails que conseguem mais respostas são os que dizem coisas como "'Você mencionou'... ou 'Notei que'... Em outras palavras, frases que demonstram que a pessoa leu atentamente o perfil da outra", Reid escreveu.

Tanto no namoro quanto nos negócios, a abordagem pessoal sempre supera a genérica.

Viciado em Curtidas

Dado que você tenha problemas em ser intencional ao usar as redes sociais, não está sozinho. O Facebook é o chocolate da internet, literalmente. Falar sobre nós mesmos e engolir as "curtidas" desencadeia uma descarga de dopamina. Os centros de recompensa e prazer de nosso cérebro se iluminam como árvores de Natal.

As pessoas gostam de culpar a tecnologia por nos transformar em viciados irracionais, mas a verdade é que sempre fomos assim. A vida é estressante e, às vezes, um brigadeiro resolve o problema. (Insira sua própria "droga" de escolha.) A rede social é apenas mais um prazer saboroso agora disponível em grande abundância.

Gosto de ficar um dia inteiro longe da internet e dos dispositivos que a fornecem vez ou outra, para ler e escrever. No começo, nunca é fácil, mas até meu cérebro entusiasmado se adapta mais rapidamente do que o esperado.

Reservo a maior parte de meu tempo nas redes sociais para os momentos que de outra forma seriam improdutivos — em aviões, trens e automóveis. Esses são os mesmos instantes que uso para contatar minha network.

Preste bastante atenção em sua estratégia nas redes sociais. Quando entrar nelas, especialmente durante o horário comercial, garanta que esse tempo seja usado para progredir em suas metas.

Entenda a Oportunidade

Outro dia, estava dirigindo em Los Angeles e parei em uma placa de pare. No banco do motorista do carro ao lado, estava uma garota encarando seu iPhone. Aparentemente, o que havia ali era mais útil do que prestar atenção nas placas da rua ou no trânsito ao redor.

Nós dois ficamos sentados esperando um pedestre atravessar. Estava demorando muito, e adivinha o motivo? Ele, como a motorista ao meu lado, já havia chegado ao seu destino mais importante: o smartphone na mão. Observei seu polegar rolar e rolar, o rosto colado na tela, totalmente alheio ao resto. Navegar era melhor que passear, sem dúvidas.

Hoje em dia, as pessoas vivem nos próprios feeds de notícias. A força imparável desse magnetismo atrai todos os tipos de males sociais. Mais importante, torna os motoristas ruins e os convidados de seu jantar ainda piores.

Mas é a realidade em que vivemos. Então, na condição de querer chamar a atenção, seja de clientes, colegas ou até de amigos, é melhor aprender a se comunicar naquele feed que vai passando tão rápido quanto os dedos rolam pela tela. É onde se consegue agregar valor com mais facilidade; é onde as pessoas estão sempre procurando por isso.

Compartilhe ótimas informações, inspire risadas ou lágrimas. Há muitas maneiras de se destacar — encontre a sua e siga com ela. É disso que trata o próximo capítulo: conteúdo.

É um assunto que nunca foi tão importante quanto agora, pois é algo certo quando se refere ao seu próximo cliente ou conexão: os olhos deles estão no feed.

CAPÍTULO 23

Torne-se o Rei do Conteúdo

Não importa o quanto a tecnologia o ajude a construir sua network, nem quanta informação você compila, o avanço dos seus sonhos estagnará se você não conseguir construir confiança.

Para construí-la online para além daquele limitado círculo de pessoas que você consegue tocar pessoalmente, é preciso encontrar um jeito de mostrar sua humanidade em bits e bytes, e fazer isso tão bem que poderia se conectar com alguém mesmo se estivesse usando a internet do espaço sideral.

Pode ser feito. Já foi feito.

Chris Hadfield é um astronauta canadense que terminou sua passagem pela Estação Espacial Internacional em 2013, quando seu tempo nas manchetes ia para empreendimentos espaciais comerciais como a Virgin Galactic de Richard Branson. Ninguém prestava atenção nele — até que Hadfield começou a twittar sobre sua experiência pessoal diária na estação espacial. Em um vídeo popular, mostrou como é chorar no espaço. Fez ainda mais sucesso (e fez as pessoas chorarem na Terra) quando twittou um videoclipe dele tocando *Ziggy Stardust*, do David Bowie, em gravidade zero. Até Bowie ofereceu o cumprimento virtual: um retweet. Outros cinco astronautas estavam lá com ele. Eu não conseguiria dizer o nome de nenhum deles.

Estamos falando de conteúdo, o único e verdadeiro veículo para construir confiança online. Conteúdo é como as pessoas sabem quem você é, o que faz, o que quer, o que pode oferecer, se é descolado etc. Artigos, postagens em blog, perfis, atualizações de status — cada bit e byte produzido e associado a você e ao seu nome soma algo.

A internet não é mais só sobre o presente, sobre aquele motorista descontrolado ou essa refeição deliciosa. Conforme compartilhamos mensagens, fotos e atualizações, construímos uma trilha de dados sobre nossa vida e história online. Agora podemos contar narrativas não apenas sobre o que está acontecendo hoje, mas onde já estivemos, o que compartilhamos e o que pode acontecer no futuro.

Aqueles que descobrem a melhor maneira de usar todos esses bits e bytes, e fazê-lo pelos canais certos na hora certa, criam as maiores e mais produtivas networks, geram as melhores oportunidades e estão mais preparados para reorientar suas carreiras, se um dia for necessário.

A Fórmula da Confiança

Produzir conteúdo que seja lido e edifique confiança exige que se adote e comunique os mesmos valores fundamentais que o ajudam a criar relacionamentos no mundo físico. Esta é a minha fórmula:

GENEROSIDADE + VULNERABILIDADE + RESPONSABILIDADE + SINCERIDADE = CONFIANÇA

Muitas pessoas cometem o erro de pensar que seu conteúdo online deve mostrar apenas o quão perfeitas, habilidosas e organizadas elas são. Acham que a confiança dos outros nelas será decidida caso consigam reunir a boa-fé certa ou tirar uma ótima foto com a blusa ou camisa da cor correta.

Claro, essas coisas podem ajudar, mas só o levam até certo ponto.

Há algum tempo, fui a um estúdio e gravei vários vídeos para um curso online. Eu tinha cabelo, maquiagem, iluminação, meu melhor terno — tudo, exceto uma fileira de livros que parecessem relevantes atrás de mim. Eu queria provar que era um especialista, certo? Bem, quando assisti ao vídeo, vi que o maquiador, em um esforço para cobrir uma espinha, transformou-me em um figurante de *Jersey Shore*. Eu estava *laranja*. Acabamos refazendo a filmagem de improviso no meu escritório, onde posso não ter a melhor iluminação, mas estava relaxado e natural (e não laranja). Os vídeos ficaram ótimos.

A mensagem aqui não é a de que as pessoas laranjas não sejam confiáveis. É que, quanto mais puder ser você mesmo, mais as pessoas confiarão que está dando a elas a coisa certa. É melhor ser imperfeito do que parecer falsamente perfeito.

Então, se você tentou criar uma identidade online que mostra que você é uma pessoa tranquila e conectada, mas acabou se desesperando ou se sentindo uma fraude, relaxe e tente algo novo.

Explore a Honestidade Extrema

O guru das finanças e da espiritualidade, James Altucher, é um cara que transformou suas imperfeições em um império de conteúdo. Altucher não é confiante, lisonjeiro ou conectado. Na verdade, seu pedigree é um portfólio de fracassos surpreendentes. Ele está mais para o movimento Occupy Wall Street do que para Wall Street, no caso de o movimento contar com um cara de TI. E, acima de tudo, as coisas que ele diz inevitavelmente irritam alguém, muitas vezes várias pessoas.

Esses aparentes deméritos, de fato, o ajudaram a desenvolver uma tribo leal de centenas de milhares que leem seu blog. Ele vem abrindo portas para todos, desde o reservado investidor Steven Cohen até Jim Cramer, do programa *Mad Money*; construiu relacionamentos duradouros e inimigos fervorosos enquanto reinventava a si mesmo e sua carreira em vários setores, ganhando e perdendo centenas de milhões de dólares repetidas vezes.

Altucher começou com um blog que mostrava sua perspicácia como analista do setor financeiro. Compartilhava artigos sobre ações, finanças e economia. Os acessos eram insuficientes. Então, cerca de um ano depois, tentou uma abordagem diferente.

"Comecei a ser honesto. Honesto sobre meus medos, preocupações, ansiedades, falhas do passado — e já tive algumas bem grandes. E o tráfego no meu blog provavelmente aumentou, sem exagero, 20.000%, só por ter sido honesto. Todos os dias as pessoas me ligam com propostas."

Algumas das postagens mais populares de Altucher são: *"I Want My Kids to Be Drug Addicts"* ["Quero que Meus Filhos Sejam Viciados em Drogas"] (sobre ter paixões); *"Three Stories About Billionaires"* ["Três Histórias Sobre Bilionários"] (sobre dinheiro e felicidade), *"I'm Completely Humiliated by Yoga"* ["Fui Completamente Humilhado pela Ioga"] (sobre participar de um retiro de ioga com sua esposa que é praticante); e *"How to Be an Effective Loser"* ["Como Ser um Perdedor Eficiente"] (sobre ser expulso da pós-graduação).

Não é preciso seguir o caminho do "choque e pavor" para construir uma audiência confiável. Mas você deve encontrar sua própria versão de conteúdo autêntico e baseado em valores que seja exclusivamente você e repleto de GVRS — minha abreviação para os traços essenciais de *generosidade, vulnerabilidade, responsabilidade* e *sinceridade*.

Muitas pessoas pensam erroneamente que divulgar seus sucessos é a única ou a melhor maneira de conseguir credibilidade. Altucher diz que elas estão com medo: "Você sente que, se disser às pessoas que perdeu dinheiro ou a esposa, ou que estava chorando naquele dia específico durante a crise financeira, as pessoas não irão mais te respeitar, nem querer fazer negócios com você."

Não é nem um pouco verdade, ele afirma — porque, afinal, é a sua humanidade que faz as pessoas se interessarem em ouvi-lo. E é a sua admissão de que também é humano que as faz confiar em você sobre todo o resto.

"Muitos dos seus competidores são desonestos na maior parte do tempo. O que não significa necessariamente que estejam mentindo. Isso apenas significa que seus limites são firmes", Altucher diz. "Se você for além de tais limites e for honesto de verdade com seus colegas, concorrentes e clientes em potencial, de repente se destacará da concorrência. Todo mundo sabe: *este é você*."

Nas relações humanas analógicas, o medo nos faz evitar o risco, o que significa evitar se expor para dar generosamente, ser sincero, mostrar responsabilidade, ficar cara a cara com outra pessoa, entregar-se a ela na medida que for, correndo, assim, o risco da rejeição.

No mundo online, um bom conteúdo apresenta os mesmos riscos — constrangimento, rejeição etc. —, porém as mesmas recompensas potenciais também: conexão, risadas e até amor. Seu desafio é fazer conteúdo sem medo.

Aqui estão algumas dicas sobre como encher seu conteúdo com aquela qualidade que faz a conexão humana florescer.

Generosidade

A generosidade online é a disposição de dar — e receber. É também uma generosidade de espírito, de estar disposto a aparecer, ouvir e compartilhar suas melhores ideias. É sempre uma ótima maneira de tirar alguém da indiferença para o interesse.

Participe das Conversas Antes de Iniciar Uma

Quando Gary Vaynerchuck, o agora famoso guru das redes sociais por trás do WineLibraryTV, decidiu pela primeira vez que usaria o Twitter para promover a loja de vinhos da família, ele não entrou e começou a fazer dez tweets por dia sobre o quão bons seus Chardonnays eram. Em vez disso, procurou conversas em andamento sobre vinho e se juntou a elas. Compartilhou seu entusiasmo com outros fanáticos por vinho (como eu), foi útil onde conseguiu e aprendeu muito sobre o que as pessoas que já twitavam sobre vinho se importavam. Assim, atraiu seguidores que ficaram animados ao clicar nos links para seus vídeos. O conteúdo em si exalava a personalidade efervescente e despretensiosa de Gary. Um cara divertido de se assistir, fazendo o que sabia.

Um negócio multimilionário e vários best-sellers depois, Gary ainda é esse cara, embora hoje em dia fale mais sobre rede social do que sobre vinho. Espero que ele ainda beba!

Fale em uma Linguagem que Faça a Diferença

A atenção é o recurso escasso pelo qual todos competimos nos dias de hoje. À medida que as informações passam pela tela, temos um piscar de olhos para incentivar alguém a clicar em nós, em vez de nos muitos outros links antes e depois do nosso. A clareza, eficiência e eficácia em como comunicar quem você é e por que o conteúdo é relevante torna-se a chave para expandir seu reconhecimento, aumentar sua influência e atrair atenção.

Grandes ideias, um ótimo produto — não é o suficiente. Veja o exemplo do livro de dieta *The Moderate Carbohydrate Diet* [A Dieta Moderada de Carboidratos, em tradução livre]. Já ouviu falar? Provavelmente não. Apesar das boas ideias (pelo menos no que diz respeito ao mundo das dietas), a publicação não teve impacto. Reformulado como *A Dieta de South Beach*, o livro se tornou um fenômeno cultural.

As mensagens que envia ao mundo precisam estar em uma linguagem que faça diferença. Diga às pessoas como está resolvendo um problema que elas já sabem que têm. Colocar-se no lugar de seu leitor e atender às necessidades deles é algo generoso — e também fará com que você seja lido.

Cada Título É uma Apresentação

Novamente, se acredita que seu conteúdo tem valor para as pessoas (e essa deve ser sua primeira regra de conteúdo), generosidade significa pensar com cuidado em como tornar esse valor muito claro. Caso contrário, as pessoas continuarão rolando o feed.

Pense no e-mail. Ao enviar uma mensagem, *sabe* o quanto ela é importante para você. Mas para a pessoa do outro lado, é só uma das dezenas que ela recebeu naquele dia, sem nada para distingui-la, exceto uma coisa, visto que você faça direito: o campo assunto.

Dan Pink, em seu livro *Saber Vender É da Natureza Humana*, diz que os melhores campos de assunto provocam uma das duas necessidades humanas: utilidade ou curiosidade. Ou eles declaram a utilidade de forma clara ("Como Aperfeiçoar os Campos de Assunto Para que Seu E-Mail Seja Lido") ou estabelecem um mistério intrigante que um clique resolverá ("Você Não Vai Acreditar no que Fiz Para que Meu E-mail Fosse Lido"). E, aliás, sempre garanta que seu conteúdo cumpra com a promessa do título. Não há nada de generoso em uma propaganda enganosa.

Dê Sentido aos Seus Posts

A pergunta do Facebook na janela de atualização de status costumava ser: "O que está fazendo agora?" Sempre achei terrível! Que bela maneira de encorajar publicações chatas. *Estou no parque canino. Estou comendo queijo quente. Estou assistindo Law & Order* — toda essa baboseira inútil das redes sociais. Mesmo que sejamos amigos, é um conteúdo sem impacto. Dan Pink chama esses tweets de "Meu Momento" e diz que estão entre os três tipos de tweets com classificação mais baixa, ao lado de queixas pessoais ("Meu chefe está sendo um babaca") e cumprimentos aleatórios ("Olá, mundo!").

Uma pergunta melhor seria: *O que chamou sua atenção?*

Há uma utilidade sutil em tal mudança, e assim que a colocar em prática, você começará a ver seu conteúdo sendo compartilhado e comentado. Então, não poste: "No cinema", mas sim: "Assisti ao novo filme de Will Ferrell — está hilário. Vocês precisam ver!"

Agora está dando às pessoas algo útil: uma opinião de valor. Melhor ainda é quando você também consegue fornecer um link caso queiram se aprofundar. Dê a elas um artigo, um trailer de filme, uma resenha de restaurante. Algo que permita mais comunicação do que os caracteres permitidos na rede, que os apresente a algo novo e lhes dê uma ação.

Hoje, a pergunta do Facebook é "No que você está pensando?" Um grande passo, sem dúvida baseado em dados, na direção certa.

Ainda assim, gosto mais do meu: *O que chamou sua atenção?* (Vá em frente, twite alguma coisa agora.)

Cocrie Sempre que Possível

"Keith, quero criar um blog, mas não sei sobre o que escrever." Ao achar que o processo criativo começa com você, uma tela em branco e uma xícara de café bem cheia, está dificultando muito as coisas para si mesmo. As melhores ideias vêm de olhar ao seu redor e se questionar constantemente: "Como posso ser útil para as pessoas?" E, em seguida, envolvê-las desde o começo e com frequência no processo de criação.

Veja o famoso podcast "Grammar Girl", cuja criadora, Mignon Fogarty, já esteve no meu boletim informativo no passado. Mignon trabalhava como copidesque e via os mesmos erros repetidamente; seus colegas de trabalho, como muitos de nós, nunca aprenderam as regras básicas da gramática. Ela viu uma necessidade e foi em frente, gravando seus três primeiros podcasts em uma semana, passando depressa para um formato em que um fã faz a pergunta. Poucos meses depois do lançamento em julho de 2006, "Grammar Girl" era o podcast educacional mais baixado e popular do iTunes.

Convidar outras pessoas a cocriar lhes dá a oportunidade de fazer parte de algo, um esforço comunitário. Você ficaria surpreso com o quanto isso é gratificante. Na verdade, acho que é metade da razão pela qual plataformas de financiamento coletivo, como o Kickstarter, têm sido tão bem-sucedidas.

Além disso, a cocriação aumenta a probabilidade de que o produto final seja algo que interesse ao seu público — afinal, eles ajudaram a criá-lo! Enquanto escrevia este capítulo, recebi um e-mail de um cara que está redigindo um currículo para ajudar autores a divulgarem seus livros.

Ele inicia o processo perguntando ao seu público o que eles querem: ajuda para escrever? No marketing? Nas vendas? Claro, é uma pesquisa, mas o histórico dele (criado por meio de seu conteúdo e sua continuidade ao longo do tempo) me diz que ele realmente usará as informações para produzir algo excelente. "Ele vai decidir sobre o que escrever baseado no que eu disser? Claro que vou responder! E comprar também!"

Uma coisa que deve ser lembrada quando falamos de cocriação: nada é mais importante do que dar continuidade (consulte adiante a parte sobre Responsabilidade). Você não pode participar dos esforços e da paixão das pessoas e depois desistir.

Vulnerabilidade

Ser corajoso o suficiente para ser vulnerável pessoalmente já é difícil, mas, pelo menos, se você fizer papel de bobo, o momento acaba depressa. Ser vulnerável online parece ainda mais arriscado.

Não deixe isso o desencorajar. Pense assim: a última coisa que quer é ser substituível em um mercado competitivo. Quer ser exclusivamente você, *insubstituível*, e a única maneira de fazer isso é se arriscando e se expondo.

Tente misturar as coisas.

Um jeito fácil de explorar a vulnerabilidade é combinar suas mensagens pessoais e profissionais. A maioria das pessoas usa o Facebook para amigos e o LinkedIn para contatos profissionais e não mistura muito os dois. Embora eu não seja fã dessa separação estrita, mesmo que tal abordagem faça sentido para você, ainda é possível misturar as mensagens. Por que sua família e seus amigos não gostariam de saber o que está acontecendo em seu trabalho, desde que torne o relato interessante? Contatos pessoais são uma fonte perfeitamente boa de aconselhamento profissional, apoio e até oportunidades.

Misture histórias com utilidade.

É possível se misturar com o pessoal e ainda fornecer informações úteis. Penelope Trunk, a blogueira incrivelmente popular, empresária e autora do blog *Brazen Careerist* [Carreirista Descarado, em tradução livre], frequentemente comenta em suas postagens que seu editor (OBS.: contratar um editor não é má ideia) não permite que publique nada que não seja útil para seu público principal: pessoas tentando melhorar as próprias carreiras. Ela pode até escrever muito sobre a educação domiciliar dos filhos ou sobre os porcos na fazenda do marido, mas, no final, encontraremos informações úteis sobre como aumentar a produtividade ou encontrar um emprego melhor.

Vá a público com o fracasso.

Ser aberto sobre o fato de que cometeu erros diz às pessoas que você não tem nada a esconder. Além disso, se todos admitíssemos nossos fracassos, poderíamos parar de perpetuar a terrível ilusão de que os ultrabem-sucedidos são assim por terem obtido um sucesso atrás do outro. Não! Eles são assim por falharem repetidas vezes, em experimentos cada vez mais ambiciosos, até que alcancem grande sucesso. Portanto, seja corajoso o suficiente para expor tudo — as coisas que funcionaram ou não, com seus *insights* sobre por que e como consertar da próxima vez — e observe como as pessoas prestam atenção. Elas confiarão em você por causa de sua experiência *e* honestidade.

Pose para a câmera.

A menos que você seja Charles Dickens, é muito mais fácil dar às pessoas uma imagem autêntica de quem é e do que gosta com uma câmera do que com prosa. Percorra seu feed de notícias e verá depressa que as postagens com fotos são as que chamam sua atenção e causam um impacto emocional.

Quando se trata de fotos suas, não há nada de errado com um pouco de vaidade — lembre-se, moro em Los Angeles, não sou imune — para orientar o que permitir no seu perfil e o que excluir. Mas não seja tão zeloso a ponto de que toda imagem sua que possa aparecer pela internet seja exatamente a mesma pose, com o mesmo "carão" para a foto.

Pense um pouco nas suas fotos de perfil, de longe o item mais valioso de sua página. Precisa de um retrato profissional? Caso possa pagar um bom fotógrafo, vá em frente. Senão, não se preocupe. A melhor foto para o LinkedIn é uma imagem nítida e vívida de sua cabeça e ombros que transmita vida e energia. Peça a opinião de seus amigos — nem sempre reconhecemos a foto perfeita quando a vemos.

Um cara que conheço é um respeitado agente literário e um pai maravilhoso que trabalhou muito para garantir que pudesse ser ótimo em ambos. Por um tempo, ao acessar sua página no LinkedIn, você encontraria uma foto dele esquiando com o filho.

Quando você passa por várias páginas de retratos no LinkedIn e, de repente, se depara com uma que dá um vislumbre da vida por trás do currículo, isso causa um impacto de verdade — entretanto, no caso de meu amigo agente, o conteúdo do perfil foi mais do que o suficiente para estabelecer sua credibilidade profissional.

É óbvio que sua indústria e cultura de trabalho afetam até onde pode ir. Craig, um cara engraçado que comandava a tecnologia da FG, até hoje usa como foto de perfil no LinkedIn uma sua de óculos escuros, curvado em uma cadeira tocando violão e gaita ao mesmo tempo. E agora ele trabalha nas Nações Unidas! Felizmente para Craig, os geeks da tecnologia são as exceções que parecem celebrar a inconformidade no trabalho e em qualquer outro ambiente.

Dê uma olhada nas fotos de pessoas da área em que trabalha (ou deseja ingressar). Ache o que é considerado normal e, em seguida, encontre um jeito elegante e único de se destacar.

A propósito, Craig pode ter sido um pouco exagerado, mas provavelmente foi o funcionário mais querido que já tivemos na empresa.

Responsabilidade

A responsabilidade é mais do que cumprir promessas e garantir que os outros façam o mesmo. Diz respeito também a assumir uma posição ousada e se manter no seu rumo mesmo diante de críticas ou medo. Eliminando a responsabilidade e a generosidade, a franqueza e a vulnerabilidade perdem sua potência depressa. Mas o que significa ser responsável quando se trata de seu conteúdo?

Seja Seu Próprio Editor-chefe

A consistência ajuda os leitores a se engajarem. É por isso que você deve pensar como um editor ao cuidar de suas postagens online. Crie um cronograma editorial sobre o tipo de conteúdo e quando postará, assim descobrirá depressa que fornecer certa estrutura para seus esforços torna muito mais fácil acompanhar seus planos de se comunicar por meio das redes sociais.

Tente também criar seu próprio "truque", por falta de uma palavra melhor — uma marca de conteúdo definida por aquilo que você faz e que ninguém mais faz. Por exemplo, há um cara chamado Noah Scalin cujo projeto era fazer uma "Caveira Por Dia" e postar fotos das artes em seu blog skulladay.blogspost.com. Ele se comprometeu a fazer isso durante um ano inteiro. "Comecei fazendo uma caveira de papel laranja no dia 4 de junho de 2007, postando online e dizendo: 'Estou fazendo uma caveira por dia durante um ano'", escreveu em seu blog. "Fiz minha 365ª caveira em 2 de junho de 2008 (e até postei uma arte bônus no dia seguinte, já que era um ano bissexto!)."

O trabalho de Scalin pode parecer assustador ou criativo, dependendo de seu gosto. Apesar do que pense sobre o projeto, ele se transformou em dois livros publicados e atraiu um grande número de fãs leais — incluindo muitos clientes em potencial para sua empresa de consultoria e design socialmente consciente, Another Limited Rebellion.

Abordagens mais padronizadas incluem boletins informativos semanais, mensais ou trimestrais; usar a sexta-feira para conversar com quem você gosta no Twitter; ou listas anuais de Top 10, cujo conteúdo é definido inteiramente pelas suas paixões.

Mantenha Seus "Eus" em Sincronia

A internet é um lugar fantástico para explorar, experimentar e até almejar. Como Chris Brogan me disse uma vez, tente escrever seu perfil no LinkedIn para o cargo que deseja ter, não para o que já tem. Mas a liberdade criativa neste mundo onde a imagem e a identidade parecem tão flexíveis também pode levar à confusão e erros.

Se você fizesse parte de minha lista de boletins informativos em 2010, teria acordado um dia com um e-mail com este assunto: "Seis Coisas Para Se Aprender Com Meu Desastre de Marketing." Na época, estava no meio de um de meus experimentos digitais, um programa de aprendizagem online chamado Relationship Masters Academy, que mais tarde se tornou myGreenlight. (Hoje, todos os aprendizados desse programa foram transformados e renascidos em um aplicativo que me deixa superempolgado, o ExpertHabits.)

Era um território novo e empolgante para mim — uma nova extensão de minha marca e um novo modelo de negócios, um bem de consumo. Até então, meu negócio se baseava inteiramente em consultorias e palestras. Tínhamos trabalhado muito no programa e, quando chegou a hora de vendê-lo online, sentimos que precisávamos de ajuda.

Contratamos alguns caras que eram bem-vistos na comunidade de marketing online, e eles começaram a trabalhar para criar uma campanha que incluía uma série de e-mails que enviariam tanto para a extensa lista de contatos deles quanto para a minha.

Quando minha equipe viu os rascunhos dos e-mails, soube que as mensagens estavam muito fora de sincronia com o "Keith" com que os fãs de meus boletins estavam acostumados, que era bem parecido com o Keith que você conheceria pessoalmente. Eu também nunca fiz uma venda agressiva para eles, além de promover um livro ocasional. O boletim era todo sobre generosidade, um jeito de retribuir aos fãs que compraram meu livro e vieram aos meus eventos a fim de dar dicas e atualizações sobre meu trabalho.

Então recuamos, solicitando mudanças — mas esses caras superinteligentes do marketing nos disseram que não havíamos entendido: os e-mails foram projetados e testados, além de terem uma psicologia cuidadosamente calibrada. As mudanças resultariam em menos vendas, afirmaram.

E assim, os enviamos mais ou menos como estavam. Afinal, não queríamos que nossa campanha falhasse. Depois, recebemos algumas reclamações e comentários negativos, mas parecia que isso seria esquecido. Então, um dia, eu estava palestrando em um evento. No final, dois fãs vieram até mim e compartilharam suas preocupações pessoais (e consegui sentir um aparente desapontamento) sobre os e-mails. Uma senhora disse que meu livro *3 Pessoas para Mudar Sua Vida* havia salvo a dela e sentiu que precisava vir me ver pessoalmente para entender qual era a verdade — eu era o cara que mostrava às pessoas como baixar a guarda e deixar os outros entrarem, ou o vendedor insistente daqueles e-mails estilo "aja agora ou sofra as consequências"?

Ai. Acredite em mim, não foi um momento confortável.

Por fim, é preciso lembrar de que tal projeção, essa coleção de bits e bytes, não está separada de você. É você, na opinião do mundo. Portanto, sua experimentação — analisar um aspecto singular de sua personalidade ou uma nova paixão — nunca deve se afastar muito de como está disposto a se representar na vida real.

Da mesma forma, quando as dificuldades da vida mudam sua essência, às vezes é preciso reformular ativamente o registro online (atualizando perfis e as partes "Sobre", enviando mensagens aos seguidores) para sincronizar os dois de novo.

O que está em jogo é a sua integridade. Depois de se projetar para o público, digital ou real, em especial se emergiu como um líder, as pessoas investem no "você" que conhecem baseadas em todo seu conteúdo anterior. Você deve ser responsável por isso e, quando mudar, e é claro que acontecerá, atualize-os gentil e respeitosamente.

Alguns pontos a serem considerados quando se trata da responsabilidade sobre sua identidade:

Um novo negócio, um canal ou consultores não podem significar novos valores. Quanto mais velho fico e mais sucesso experimento, acredito com mais afinco que vencemos quando acreditamos de verdade no que vendemos (produtos, ideias...) e nos representamos de uma forma da qual nos orgulhamos. Dito isto, o difícil da autenticidade é que ela exige que você saiba quem é, com o que se importa e que faça o possível para ser fiel a isso. Certamente é preciso uma boa dose de introspecção para conseguir tal clareza, especialmente porque quem somos é fluido. O tempo nos muda. Mas você não pode deixar que suas ações sejam determinadas por conveniência ou opinião popular, e é muito mais provável que aja de forma inadequada se não estiver sempre em contato consigo e com suas crenças.

Não existem desculpas. Como o Sr. Brown, meu treinador de luta livre, costumava dizer, existem dois tipos de pessoas no mundo: as que arranjam desculpas e as que fazem o que precisa ser feito. Sem desculpas. Você é 100% responsável por qualquer coisa que leve seu nome.

Deixe as regras de seus relacionamentos claras e as siga sempre. O pai do marketing de permissão, Seth Godin, disse-me anos atrás que eu estava prestando um desserviço por não retribuir mais aos meus leitores. Realmente tentei seguir seu conselho, que acho que foi bem sintetizado no que ele postou em seu blog: "Para obter permissão [para comercializar para alguém], você faz uma promessa... Pode prometer um boletim informativo e contato por anos, pode prometer um Feed RSS diário e contato a cada três minutos, pode prometer uma campanha de venda por dia… Mas a promessa continua até que ambos os lados concordem em mudá-la. Você não deduz que, só porque está concorrendo à presidência, chegando ao final do trimestre ou lançando um novo produto, tem o direito de romper o acordo. Não tem."

Quando você estragar tudo, abra o jogo. Por que tantas pessoas insistem em um erro? Em vez disso, aceite a responsabilidade, peça ajuda e tome providências para voltar ao rumo certo.

Sinceridade

Autenticidade, a apresentação nua e crua da verdade, não é apenas escassa, é extremamente valiosa. É o alfa e o ômega, a essência da liderança, das vendas, do marketing — de praticamente qualquer disciplina envolvida na motivação humana para fazer qualquer coisa. Sinceridade não é só dizer o que é verdade, mas fazê-lo por hábito, no momento arriscado e fluido em que sua opinião pode ter mais impacto.

Diga o que ninguém mais dirá.

Aqueles momentos mágicos em que as pessoas são pública e descaradamente sinceras ecoam como um tiro. No caso do roteirista Josh Olson, a sinceridade criou algo parecido com uma explosão atômica.

Certa vez, Olson publicou um artigo no *Village Voice* chamado "Não Lerei Seu Roteiro de #$%". (Tirei o palavrão.) A dissertação era um discurso retórico que ele havia escrito em uma tarde depois que o amigo de um amigo lhe pediu para ler a sinopse de um roteiro e depois recebeu xingamentos quando disse que não havia gostado.

Em alguns milhares de palavras terrivelmente honestas, Olson deu voz a um sentimento que todo mundo em Hollywood, uma cidade que não é conhecida por sua franqueza, reprimiu com dor e educação. E-mails de agradecimento inundaram sua caixa de entrada. As pessoas queriam se encontrar e trabalhar com ele, ler outras coisas que escreveu. Claro, também foi bastante criticado. Mas, no final das contas, o artigo lhe rendeu mais encontros com gente importante do que o roteiro que lhe rendeu uma indicação ao Oscar.

As pessoas estão desesperadas por autenticidade. Para onde quer que se olhe hoje, há alguém mentindo sobre algo, alguma organização encobrindo a verdade, uma pessoa que não está sendo sincera. Em nossa cultura, há escassez de autenticidade. "Muitas pessoas são mentirosas: mentem para si mesmas, para seus amigos, amantes, clientes, consumidores, colegas, que se você se tornar o um em mil que é honesto de verdade, acabará se destacando", escreve Altucher. "E quando se destacar, encontrará o sucesso. Encontrará dinheiro, felicidade e saúde."

Quando torna a honestidade um hábito, a controvérsia nunca está longe. Entretanto, para cada pessoa que alguém como Altucher ou Olson convenceu, outras dez são atraídas. O magnetismo não é o único valor da honestidade. O nível de transparência que esses caras trazem para seus empreendimentos garante que sempre recebam um nível saudável de feedback.

Crie proximidade virtual.

Em uma ocasião, assisti a um evento muito formal do qual que uma mulher, em um painel, estava participando da própria casa por videoconferência devido a um voo cancelado. Chegamos ao inevitável ponto da sessão em que a atenção das pessoas começa a se desviar. Eu estava quase cochilando.

Então, *BOOM*: o gato dela pulou na mesa e enfiou o focinho na frente da webcam. Ela nem piscou. Apresentou-o brevemente, jogou-o por cima do ombro e voltou à discussão sobre mídia social para grandes corporações. Era possível sentir a multidão acordando, inclinando-se e reconectando. As pessoas estavam finalmente escutando.

Um pouco de espontaneidade ajuda bastante. É claro que a capacidade de ser espontâneo e relaxado na frente da webcam pode não ser natural no início, portanto, crie oportunidades para praticar. Uma videoconferência ou um bate-papo virtual com familiares e amigos é um ponto de partida.

Quando se trata de criar conteúdo "sincero", escolha um meio que se adapte aos seus pontos fortes. James Altucher promove perguntas e respostas no Twitter, onde as pessoas podem aparecer e perguntar o que quiserem — desde "Como conseguir financiamento para minha empresa?" até "Como encontro o amor?"

Quando faço entrevistas em plataformas de comunicação, em vez de colocar uma tela verde atrás de mim para fingir que estou em um estúdio, gosto de ficar na sala de conferência central de nosso escritório. Os funcionários se reúnem ali e, quando posso, os coloco na conversa.

Tente, falhe, adapte. Repita.

Os empreendedores mais bem-sucedidos fazem suas melhores jogadas por meio da experimentação, tentativa e erro, oportunismo e — literalmente — sem querer. Altucher está sempre espalhando as sementes para a autorrenovação. Solta as ideias e vê no que dá, quem é atraído por elas e por quê. E a partir da resposta, cria novas conexões e oportunidades. Ele evolui.

Às vezes, pensamos que tudo o que deveríamos compartilhar são os grandes marcos, os importantes anúncios de "Terminei algo genial — preparem-se!" Os status e os blogs facilitam as atualizações curtas durante o processo, permitindo que as pessoas o acompanhem durante a caminhada: quando foi que algo deu errado? Quando obteve uma pequena vitória? Em que ponto alguns conselhos seriam úteis?

Então, compartilhe seu processo. Tente, falhe, adapte, repita — e faça tudo com a atenção e a orientação daqueles que se importam o bastante para acompanhá-lo.

CAPÍTULO 24

Desenvolvendo a Serendipidade

Costumavam dizer que a fortuna prefere a mente preparada. Agora dizem que a fortuna prefere a mente conectada.

— John Perry Barlow

Discutimos sobre a Margem e como interagir com ela por meio do conteúdo para desenvolver uma network ampla e confiável, com você no centro, recebendo constantemente informações úteis de pessoas que identificou como conectadas aos seus objetivos, seus interesses e suas estratégias profissionais.

Este capítulo trata de um desafio mais obscuro: conhecer e se conectar com pessoas que você *não* sabe que precisa conhecer.

Talvez você já tenha ouvido a citação de Isaac Asimov: "A frase mais empolgante de se ouvir na ciência, aquela que anuncia novas descobertas, não é 'Eureka!', mas 'Isto é engraçado.'" O argumento de Asimov é o de que as melhores ideias surgem a partir de conexões surpreendentes e inesperadas que se tornaram algo mais — felizes acasos. Momentos que mudam nossa vida que não poderíamos planejar e nem esperávamos. Informações que não podíamos pesquisar no Google porque nem saberíamos o que perguntar.

"Serendipidade" é a palavra da vez para esses momentos aparentemente mágicos e está se tornando uma das mais importantes impulsionadoras do sucesso empresarial do século XXI.

Durante grande parte dos últimos 150 anos da história da economia, as pessoas mais inteligentes gravitaram para onde estava o dinheiro. Hoje, o dinheiro procura onde estão os mais inteligentes. Para se manter relevante em meio à constante disrupção tecnológica, todo empreendimento, de qualquer tamanho, está em busca de criatividade. Porque, onde quer que você a encontre — e, por consequência, onde quer que ache talento —, a inovação e os lucros logo virão. Hoje em dia, o desafio das empresas não é escalar a eficiência, mas sim o *aprendizado*, nossa capacidade de dominar e remasterizar novas regras dos negócios conforme elas explodem ao nosso redor. Os funcionários atuais precisam se tornar especialistas em identificar, desenvolver e integrar o novo e o melhor.

Como Ter Sorte

Ao observar de longe empreendedores bem-sucedidos e bem relacionados, ao ouvir em linhas gerais sobre seus encontros sociais improváveis, mas fortuitos, que se tornam momentos transformadores de carreiras — esbarrar no CEO X ou fazer amizade com o futuro gênio do software levando a uma inesquecível aventura Z —, a reação comum é: "Que droga?!?!? Por que algumas pessoas têm tanta sorte?"

É só quando você se aproxima que consegue ver um projeto por trás disso que cria ativa e repetidamente tais situações sociais "sortudas". Uma coisa que todas essas pessoas têm em comum é *a capacidade de criar serendipidades*.

A história de sucesso de Heidi Roizen — de desvalorizada editora de boletins informativos para uma das investidoras de risco mais bem conectadas do Vale do Silício — resume esse tipo de sorte cuidadosamente orquestrada. A aparente serendipidade dessa transformação pode ser traçada até marcos específicos e inter-relacionados.

Hoje, Roizen é uma investidora de risco incrivelmente desejada e bem-sucedida, em grande parte porque entende de tecnologia e é muito bem conectada — uma das poucas pessoas que pode pegar o telefone e pedir um favor a Bill Gates, *porque*...

Focou o networking — ou, como ela chama, "construir uma estrutura social" — no início da carreira, tornando-se ativa em associações comerciais e projetos filantrópicos, *porque...*

Percebeu logo cedo que "o contexto cria a intenção", segundo ela, e os melhores relacionamentos seriam forjados ao se trabalhar em projetos de paixão mútua com terceiros. Tornou-se uma networker tão proativa *porque...*

Aos 23 anos, ela acabara de se tornar CEO de uma startup de software. Sabia que precisaria de excelentes relacionamentos para superar o fato de que a empresa só era conhecida em um meio muito nichado, *porque...*

A oportunidade caiu em seu colo graças ao irmão, que havia desenvolvido um programa de software para o Mac na Virgínia, mas não tinha experiência comercial para vendê-lo e expandir a empresa. Tendo recém-finalizado um MBA, a oportunidade era perfeita para Roizen, que não queria nenhuma das três típicas carreiras dos MBAs da época — investidora de risco, banqueira de investimentos ou consultora de gestão, *porque...*

Pelo amor de Deus, ela havia se formado em inglês antes de mudar para a tecnologia e os negócios! Só foi para essa área *porque...*

Seu primeiro emprego após a faculdade foi na Tandem Computers, editando o boletim informativo da empresa. O cargo a fez se interessar pela tecnologia, mas ela trabalhou muito sem ser bem remunerada. Notou que eram os engenheiros e estudantes de negócios que dirigiam as Ferraris, então decidiu seguir o caminho do MBA, mas tentou entrar apenas em Stanford *porque...*

A região de Palo Alto era onde estava sua vida e sua network, assim como a crescente comunidade empresarial do Vale do Silício. Isso a colocou na geografia perfeita para o cargo de CEO quando a oportunidade apareceu. Roizen acabou transformando o negócio em uma próspera empresa de software e a vendeu por muito dinheiro. Nada mal para alguém que admitia ser uma aluna "na média".

O que temos aqui? Roizen moldou a própria serendipidade ao:

- Estar aberta às oportunidades entregues pelo acaso.
- Criar uma network tão ampla que acabou se tornando uma incubadora de inesperados.
- Colocar-se com firmeza no centro geográfico da comunidade de tecnologia.
- Tornar-se uma líder de destaque em associações e organizações filantrópicas, dando origem a situações em que os relacionamentos mais frutíferos e generosos são desenvolvidos — onde a informação flui livremente e as pessoas confiam umas nas outras para se ajudarem.

A ideia de que você pode e deve desenvolver a serendipidade é um tema central do livro *The Power of Pull* [O Poder da Tração, em tradução livre], de John Hagel, John Seely Brown e Lang Davison. O trabalho deles influenciou de maneira profunda a forma como organizo minha vida e deu origem a muitas das ideias deste capítulo. A história de Roizen parece uma página do manual deles.

O livro descreve o novo mundo, no qual a fusão da globalização com a tecnologia digital desencadeou um fluxo ilimitado, constante e acessível de ideias, capital, talentos e oportunidades. Explorar tal fluxo, argumentam, é a chave para a produtividade, crescimento e prosperidade tanto organizacionais quanto individuais.

O problema é o seguinte: mais do que em qualquer outro momento, a mudança é a constante. Globalização significa mais competição. Tecnologia significa que aquilo que o torna melhor do que a concorrência hoje se converte em algo obsoleto amanhã. Em tal ambiente, qualquer coisa que você saiba, a qualquer hora, está perdendo valor em um ritmo acelerado. Não é o que você conhece; é a rapidez com que se é capaz de dominar as coisas novas e certas.

Domine a arte da serendipidade e abrirá canais cruciais para ricos fluxos de conhecimento e oportunidades. Seu primeiro passo é sempre se questionar: como posso promover encontros entre pessoas realmente inteligentes que normalmente nunca teriam a oportunidade de conversar umas com as outras, mas, caso isso acontecesse, criariam valor incrível?

A seguir, apresento alguns *hacks* específicos para criar o tipo de network que promove esses felizes acasos.

Esteja Onde as Coisas Acontecem

Quando você usa as redes sociais e se esforça muito para manter uma enorme Margem na sua network, ela se torna um mecanismo de acaso por si. Você saberá que está no rumo certo quando seus feeds de notícias e sua caixa de e-mail estiverem frequentemente mostrando conversas ou novas solicitações de contato de pessoas que você não conhece bem, mas com quem compartilha algo singular — um interesse comum, uma capacidade complementar etc.

Mas nossa vida virtual não é a única que importa. Não descarte o valor da verdadeira proximidade física ao fazer sua própria sorte. Se precisa de provas de que a geografia ainda é importante, não precisa procurar além do Vale do Silício, onde as pessoas pagam valores obscenos por imóveis e aluguel para que possam viver e trabalhar próximos de seus irmãos da tecnologia.

Os pesquisadores chamam esses centros de talentos de *"spikes"* e eles continuam presentes, mesmo que a tecnologia tenha possibilitado ter funcionários em todo o mundo. As pessoas percebem, corretamente, que estar no meio disso traz mais oportunidades. Por que todo roteirista de Los Angeles carrega uma cópia do trabalho mais recente? Para o caso de Steven Spielberg estar atrás dele na fila de uma cafeteria, é claro.

Deixe a Diversidade Encontrá-lo

Há outro benefício nos encontros acidentais: eles adicionam diversidade ao sistema.

A melhor parte de ser um empreendedor e autor é que viajo — muito. E o melhor das viagens é que me colocam em contato com um fluxo interminável de novas pessoas de todas as partes e estilos de vida do globo.

Não é o caso da maioria das pessoas. Onde moro, em Los Angeles, por exemplo, as pessoas costumam ir de carro de um lugar familiar para outro. (Exceto para os roteiristas, que estão todos na cafeteria.) O resultado é que, a menos que se esforce de verdade, entra-se em uma espécie de rotina social onde só vê as mesmas pessoas repetidamente.

Com os nova-iorquinos é totalmente diferente. Todos os dias, eles interagem com dezenas de novas pessoas, e nenhuma das quais tem vergonha de oferecer seu ponto de vista único, às vezes com alguns palavrões acompanhando.

Um estudo recente do MIT mostrou que a produtividade e a inovação nas áreas urbanas acompanham o crescimento populacional. Como o cientista Wei Pan contou à revista *Smithsonian*: "O que realmente acontece quando você se muda para uma cidade grande é que conhece muitas pessoas diferentes, mesmo que não sejam necessariamente seus amigos. São elas que trazem ideias diferentes, oportunidades diferentes e encontros com outras pessoas interessantes que podem te ajudar."

Ao que parece, E. B. White foi ainda mais preciso do que imaginava quando escreveu: "Ninguém deve vir para Nova York a menos que esteja disposto a ter sorte."

Caso, como muitas pessoas, você não tenha condições de se mudar para uma cidade que nunca dorme, viajar é uma maneira incrível de se abrir para novas experiências e insights. Sempre percebo que tenho uma explosão de criatividade quando volto de minhas viagens à Guatemala, onde passo um tempo trabalhando diretamente com as crianças da aldeia e conversando com empresários, autoridades e ativistas locais. Chego em casa com umas quinze novas ideias, que conto depressa para minha equipe, e deixo-as amadurecer até que uma ou duas acabem se consolidando e uma nova solução nasça.

Considere passar um tempo em outras cidades ou até países como um investimento em sua carreira. Participe de conferências, que são excelentes para a serendipidade não apenas porque reúnem diversos grupos de pessoas em torno de um interesse semelhante, mas também porque todas estão lá pelo mesmo motivo — conhecer gente nova e aprender coisas novas. Elas têm uma mentalidade que convida à serendipidade.

Crie um Campo de Força

Falando em conferências, você com certeza conhece pessoas que as frequentam e voltam cheias de histórias sobre todas as pessoas interessantes que conheceram e com quem fizeram amizade. E existe também as que colocam alguns cartões de visita nas mesas e reclamam de que tudo foi um desperdício e que as palestras foram chatas.

Estar em um *spike* não é suficiente por si só. Você precisa aproveitar a oportunidade consciente, ativa e passivamente.

Considere usar a localização nas redes sociais como aliada da serendipidade. Já tive mais de um encontro espontâneo porque twitei minha localização e alguém respondeu: "Ei, estou a três quadras de distância, vamos tomar um café." Muitas vezes me pedem para aconselhar novas startups de tecnologia social, e o poder de empresas como Foursquare e Here on Biz para criar esse tipo de interação não planejada é claro.

Tente visitar assiduamente não só quaisquer espaços, mas aqueles onde os frequentadores estão abertos à interação — bares, cafeterias e outros "terceiros espaços" onde as pessoas procuram comunidades fora da família ou do escritório. É preciso exibir uma linguagem corporal que diga: "Fale comigo." Isso significa desgrudar os olhos e os dedos do celular.

Seu objetivo ao se mover pelo mundo deve ser criar um campo de força onde as pessoas se sintam seguras para jogar de acordo com regras diferentes. Modele as características que apoiam a serendipidade — curiosidade, generosidade, paixão e humildade.

Crie oportunidades sociais, como os jantares que descrevi anteriormente, que permitem que os outros construam confiança.

Nas empresas, os CEOs quase sempre estabelecem o tom e os rituais das culturas empresariais. Se o líder é sincero e generoso, os funcionários também serão. (Infelizmente, você nota o mesmo efeito com comportamentos negativos. É inquietante.) O mesmo ocorre quando organiza um evento: se modelar o nível de intimidade e confiança que gostaria de ver, isso será refletido depressa em você. Os convidados se abrem e dizem coisas que, em outras ocasiões, poderiam ter escondido e, *tcharam*: de repente, vemos serendipidade na linguagem e na informação, novos canais de conversa até entre pessoas que interagem umas com as outras o tempo todo.

Tudo de que você precisa para dar o pontapé inicial é um pouco de ousadia e, se isso falhar, um pouco de vinho.

A Paixão É um Motor de Possibilidades

Este livro tem um capítulo inteiro dedicado à paixão, essa poção mágica para se conectar rapidamente com os outros. Mas a paixão se tornou ainda mais importante desde o lançamento da primeira edição. Ela gera energia, o que torna muito mais fácil se conectar com o tipo de volume e entusiasmo necessários para construir uma network geradora de serendipidade e, então, ter aquelas interações produtivas que levam ao ouro.

A paixão impulsiona o engajamento — ao escolher participar de algo de todas as maneiras imagináveis. Agir para realizar uma ideia, seja ela tão pequena quanto escrever um blog ou tão grande quanto criar um negócio, envia uma onda de choque para o mundo que volta ainda mais forte conforme outras pessoas se interessam por suas ideias e desejam participar e adicionar as próprias. Divulgar algo — na forma de conteúdo na internet, uma apresentação ao vivo, um livro; sua imaginação é o único limite — cria uma força de atração, uma comunidade única e nova reunida ao seu redor, energizada pelo interesse em comum.

Lembre-se: suas ideias não precisam estar perfeitamente refinadas para atrair outros entusiastas. Tudo o que é preciso é engajar as pessoas — e é provável que elas tenham perguntas e respostas que nunca sequer imaginou, impulsionando-o ainda mais.

Se o fogo de sua paixão estiver fraco, alimente-o com novidades. Conheço uma poderosa consultora de gestão que se matriculou em um curso de hóquei no gelo com duração de oito semanas só para tentar algo completamente novo. As aulas foram um revigorante despertar mental, e ela conheceu novas pessoas, algumas até se tornaram amizades.

Mentalidade Operacional: Otimismo

Recentemente, um de nossos estagiários de verão, John, um jovem ambicioso da Malásia, estava com dificuldades para conseguir emprego em uma empresa que patrocinasse seu visto. Quando o lugar que ele considerava como sua "última chance" falhou, ficou arrasado, certo de que precisaria voltar para casa no fim do verão.

Decidiu aproveitar ao máximo um dos últimos fins de semana na cidade fazendo uma viagem de última hora para Chicago com um amigo. Enquanto caminhava pelas ruas da cidade, encontrou um velho conhecido que trabalhava ali mesmo, em uma empresa de consultoria. O cara conseguiu uma entrevista para John, e, duas semanas depois, ele tinha o emprego dos sonhos e um apartamento com vista para o lago Michigan.

Ele projetou a própria sorte ao pisar naquele avião. Saiu do caminho cuidadosamente planejado que se aproximava de um beco sem saída.

Quem quer alcançar algo extraordinário precisa de um plano. A maioria de vocês que estão lendo este livro é planejadora. Tudo bem, também sou um. Porém, nas palavras de Joichi Ito, diretor do laboratório de mídia do MIT: "Se você planejar toda a sua vida, então não poderá ter sorte. Por isso, precisa deixar um pequeno espaço em aberto."

Criar o ambiente para a serendipidade requer um esforço consciente. Considere o que o Google, uma empresa que se tornou sinônimo de inovação, fez para maximizar a possibilidade de trocas fortuitas entre seus funcionários. Os edifícios têm a forma de retângulos curvados, um projeto que pretendia aumentar as "colisões casuais" entre os funcionários, disse o gerente imobiliário da empresa ao *New York Times*. Os cafés na cobertura incentivam os funcionários a saírem um pouco das mesas, e a mesa de cada um não fica a mais de dois minutos e meio a pé de todas as outras.

Você pode não conseguir reorganizar a planta de seu escritório, mas pode projetar sua própria vida para maximizar a serendipidade com um pouco de consciência. Terá de reservar um tempo em sua agenda para coisas que, no momento, podem parecer tão distantes de seus objetivos imediatos que parecem bestas — uma ida ao parque, um café com um antigo colega de classe, ir para a esquerda quando você costuma ir para a direita. Diga sim para novas experiências quando normalmente diria não.

O segredo está em adotar a atitude de que esse esforço não é uma distração, tampouco uma diversão, mas sim contingente ao seu sucesso. No livro *Coração, Inteligência, Coragem e Sorte*, meu velho amigo Tony Tjan e seus coautores estudaram pessoas que intitularam de "Dominadoras da Sorte", descobrindo que 86% delas atribuíam seu sucesso a "estarem abertas a novas coisas e pessoas".

A esta altura, espero que você esteja convencido de que precisa de um Plano de Ação de Relacionamento. Porém, se todo mundo que conhece faz parte dele, está perdendo a mensagem mais ampla. Sair para o mundo e se conectar significa tanto mudar seu foco para os outros quanto alcançar suas próprias metas. Ouvi falar de um CEO de uma startup que considera desenvolver serendipidade

— por meio de networking e sendo generoso com quem conhece — como 30% da descrição de suas funções.

O futuro é dinâmico e não está totalmente sob seu controle. Celebre esse fato, ao invés de combatê-lo, e a vida se torna muito mais interessante. Mantenha os olhos abertos, seja humilde e generoso, e reserve tempo e atenção para o espontâneo, o peculiar e o inesperado.

Faça a Diferença ao Aprender e Fazer

Você se conectou à Margem. As ideias estão avançando; o conteúdo, infundido com sua humanidade e aquele toque especial de serendipidade estão fluindo. E agora? Sem ação, é tudo conversa fiada, certo?

Portanto, mãos à obra. Junte todos seus novos contatos, todos estes dados e aja. Estabeleça comunidades apaixonadas e crie oportunidades para a colaboração. Reúna toda aquela gente inteligente em um processo de aprender e fazer simultâneo. Crie ou participe de projetos que envolvam segmentos importantes de sua network e coloque as pessoas certas no contexto certo para terem as conversas certas, a fim de realmente criar ou fazer algo relevante para as suas metas — e para as delas também.

Tenho uma amiga, Gina Rudan, que é uma coach de liderança perspicaz e animada. Quando a conheci, estava fazendo sucesso com apenas um ano na área e ocupada trabalhando para fazer seu novo objetivo decolar: escrever e publicar um livro.

Nosso encontro não foi acidental. Eu estava em uma lista de quinze autores cujos livros a ajudaram a passar "da visão ao empreendimento". Ela havia se tornado parte ativa e visível de minha comunidade online, então a convidei para participar de um workshop de dois dias que estava realizando em Nova York — colocando-a, assim, exatamente no lugar certo para um acaso muito feliz.

Como parte do workshop, ela foi aleatoriamente colocada em um grupo de "essenciais" — um círculo sólido, responsável e encorajador — com meu coautor, colega e amigo de longa data Tahl Raz. Não havia pessoa melhor para ela conhecer. Tahl foi capaz de oferecer conselhos e feedbacks inestimáveis que a ajudaram a visualizar o caminho desde a ideia até a publicação do livro. E a atmosfera do evento inteiro foi otimizada para maximizar a serendipidade, uma vez que todos estavam lá porque acreditavam que as relações comerciais deveriam ser generosas e solidárias. Estavam lá para se engajar, ouvir e sair mais ricos do que chegaram.

Gina trabalhou duro para criar esse tipo de serendipidade em várias áreas da vida. Era esperta o suficiente para saber que, para se tornar uma autora publicada, havia muitas perguntas para as quais não tinha a resposta e outras mais que ela nem sabia que precisava perguntar. Então, fez exatamente o que aconselha aos clientes durante suas consultorias — com cuidado, cultivou relacionamentos com pessoas com quem poderia aprender, autores e pensadores que atraíram outras pessoas para seu "grupo" pessoal em constante expansão. Como ela disse na palestra do TEDx, cujo sucesso a auxiliou a conseguir um contrato para o livro: "Alguns colecionam arte. Sempre digo que sou uma colecionadora de pessoas." Sua abordagem para ser publicada não era uma lista de tarefas; aliás, ela nem sabia o que colocar nela a princípio, mas uma lista cada vez maior de pessoas que ela precisava entrevistar e com quem poderia aprender. Nutriu e desenvolveu esses relacionamentos, alguns virtualmente, até que conseguisse ver cada peça do quebra-cabeça se juntando para formar o "livro bom" e, em seguida, o "livro publicado".

Aprenda com a Gina: crie oportunidades para encontros presenciais enriquecedores ao participar de workshops e conferências onde estará cercado por pessoas que compartilham não só seus valores, mas também seus interesses. Cerque-se de genialidade. Foque menos em "tarefas a fazer" e mais em "encontros a fazer". E, por fim, sempre que puder, atraia e recompense seus mentores não apenas com gratidão, mas também obtendo êxito.

O livro de Gina foi publicado pela Simon & Schuster em 2011.

SEÇÃO 5

Negociando e Retribuindo

CAPÍTULO 25

Seja Interessante

Lembro-me de quando trabalhar com marketing era mais simples. Essencialmente, esperava-se que tais profissionais criassem uma propaganda, levassem-na ao consumidor por meio de uma das poucas fontes de mídia disponíveis e, em seguida, sentassem e esperassem.

São bons e velhos tempos que se foram. A forma como o mundo fala e ouve mudou radicalmente. E as ferramentas que usamos para nos comunicar estão mudando em um ritmo similar. À medida que o acesso aos consumidores cresce, o mesmo acontece com o poder deles. São capazes de escolher entre um monte de meios de entretenimento, usar ferramentas para filtrar mensagens indesejadas e apagar as restantes com bastante descaso. Ser ouvido não é tão fácil quanto antes. A fidelidade à marca é mais difícil de se alcançar. A publicidade e o marketing convencionais simplesmente não funcionam — nem o pensamento tradicional entre aqueles que desejam transmitir sua mensagem. O CMO do presente e do futuro deve ser estrategista, tecnólogo, criativo e sempre focado nas vendas e no retorno financeiro dos investimentos em marketing. Não são muitos os indivíduos, empresas de consultoria ou agências que combinam todas essas características. Como resultado, a vida do CMO é solitária, e a do CEO com todas essas expectativas é, muitas vezes, frustrante.

Deixe-me traduzir essa macrotendência para uma cena muito pessoal que se repete sempre que dou palestras em faculdades. Acontecerá um pouco antes ou depois de eu ter falado. Um aluno reunirá coragem para se aproximar de mim, e, admirado com a iniciativa, serei bem receptivo. Então, notavelmente, nada será dito além de: "Oi, sou fulano de tal e sua palestra foi ótima." Talvez eu pergunte o que ele absorveu disso ou como ele enxerga os assuntos dos quais falei se desdobrando ao seu redor no mundo. Muitas vezes, minhas tentativas são respondidas com comentários como "Ah, não sei" ou "Só acho que o que você disse foi ótimo. Não tenho certeza se eu conseguiria fazer algo assim…"

Uau, penso, foi fantástico conversar com você, mas tenho que ir, preciso dar banho no meu peixe. Não quero ser rude, mas como é possível conversar com as pessoas quando elas não têm nada a dizer? Como você pode oferecer algo de valor à sua empresa ou à sua network se ainda não pensou em como deseja se destacar e se diferenciar na construção desse relacionamento?

Tanto os profissionais de marketing quanto os conectores estão atentos, então seja interessante! Tudo o que você leu até agora não o isenta da responsabilidade de ser alguém com quem vale a pena conversar e, melhor ainda, de quem vale a pena falar. Praticamente todo mundo que você conhece está se perguntando uma variação de: "Eu gostaria de passar uma hora almoçando com essa pessoa?"

É o que os consultores chamam de "questão do aeroporto". No longo processo de entrevista pelo qual essa indústria se tornou famosa — um misto de estudos de caso complicados e quebra-cabeças de teste lógico —, a única pergunta que os consultores usam para escolher uma pessoa entre um grupo de candidatos igualmente talentosos é a única que se questionam: "Se eu ficasse preso no aeroporto John F. Kennedy por algumas horas [e todos os consultores viajam bastante e, inevitavelmente, se cansam de passar tanto tempo em aeroportos], eu gostaria de passá-lo com essa pessoa?"

Você já mencionou em uma conversa sua grande coleção de discos de jazz, ou o tempo que passou na Costa do Marfim, ou suas opiniões contrárias a algum debate político? Reserve um tempinho em sua agenda para acompanhar o que está acontecendo no mundo. Preste atenção aos boatos interessantes que ouve ou lê em seu feed e se esforce para se lembrar deles para transmiti-los às pessoas que conhecer. Assine o *New York Times* ou o *Wall Street Journal*. Lembre-se, as pessoas não contratam apenas gente de quem gostam, contratam quem acham que pode aprimorá-las, assim como aprimorar suas empresas. Isso significa alguém com uma ampla visão de mundo. Quer dizer que você precisa estar ciente de sua propriedade intelectual e do que tem a dizer que possa beneficiar terceiros, mostrando que você está interessado e envolvido no mundo ao seu redor.

O que acontece quando não se tem ideias para defender? Quando você está se candidatando, perde a eleição.

No meu segundo ano em Yale, concorri para a câmara municipal de New Haven. O partido queria um candidato franco e apresentável para concorrer contra a oposição entediante. Eu era conhecido por meu envolvimento na união política como um antigo e jovem presidente, tendo começado uma das primeiras fraternidades no *campus* (Sigma Chi) e, portanto, tinha certo renome. Quando a oportunidade surgiu, agarrei-a. Não pensei no que tinha a oferecer ou por que New Haven poderia me querer como representante. Foi mais ego do que planejamento.

Até hoje, minha derrota naquela eleição me irrita. Na verdade, recusei-me a me aprofundar e realmente fazer campanha e entender as questões locais.

Meu adversário, Joel Ratner, desenvolveu uma plataforma local intensa e foi para as ruas e os refeitórios. Evitei esse nível de envolvimento, esperando que meu estilo dinâmico vencesse. Joel estava animado com suas ideias, e sua paixão arrebatou os eleitores. Eu, por outro lado, só achei que seria legal concorrer a um cargo eletivo. Afinal, fui recrutado. Não havia procurado cargo nenhum e tinha avisado de antemão ao partido que meus estudos e outras responsabilidades de liderança eram minha prioridade.

Bem, minha derrota foi embaraçosa. E a culpa foi minha. A experiência me ensinou uma lição importante. Independentemente da organização que eu representasse ou do caminho profissional que seguisse no futuro, todos meus esforços tinham de ser impulsionados por uma paixão real e um conjunto de crenças que iam muito além de meu próprio benefício pessoal. Para comover os outros, é preciso enxergar além do próprio umbigo. Arriscar-se com ousadia era uma coisa boa, mas não o suficiente. Havia uma diferença entre conseguir atenção e chamar atenção pelo seu desejo de mudar o mundo. Parabéns, Joel, ouvi dizer que você fez um ótimo trabalho. O melhor claramente venceu daquela vez.

Torne-se um Especialista: Tenha um Ponto de Vista Único

Ser interessante não é só aprender a conversar bem. Não me leve a mal, isso é importante, mas você precisa de um ponto de vista bem pensado. Sinceramente, espero que a partir de agora você seja um viciado em ler jornais, pronto para abordar os assuntos do dia com qualquer pessoa que encontrar. Entretanto, ser interessante e ser um especialista são coisas muito diferentes. O primeiro envolve falar de forma inteligente sobre política, esportes, viagens, ciência ou qualquer tópico necessário para um ingresso em qualquer conversa. O segundo caso requer uma forma de conhecimento muito mais especializada. É saber o que você tem que a maioria dos outros não tem. É o seu diferencial. É a mensagem que tornará sua marca única, atraindo outras pessoas para fazerem parte de sua network.

Ser conhecido é só ter notoriedade. Mas ser conhecido por alguma coisa é completamente diferente. Isso é ter respeito. Você precisa crer em algo, como Joel Ratner fez, para que as pessoas acreditem em você.

Depois que aprendi minha lição, decidi que não repetiria o erro. Não seria apenas mais um generalista. Teria um ponto de vista único, uma especialidade. Em meu primeiro emprego após a faculdade, na Imperial Chemical Industries, dominei os prós e contras da gestão da qualidade total. Mais tarde, quando trabalhei na Deloitte, a reengenharia era minha área. Na Starwood, foquei o marketing direto. Mais tarde, dominei o marketing interativo. Hoje, reuni todas minhas experiências em um conjunto de crenças em torno da dinâmica radicalmente mutável do marketing como um todo e sua evolução para o marketing de relacionamento: aproximar os gastos do marketing das vendas.

Em todos os trabalhos e etapas de minha carreira, eu tinha algum conhecimento, algum conteúdo que me diferenciou dos outros e me tornou único, mais valioso em meus relacionamentos com outras pessoas e com o local de trabalho. Isso criou oportunidades preciosas para conseguir credibilidade e visibilidade na minha área. O conteúdo é uma causa, uma ideia, uma tendência ou uma habilidade — o assunto único que você domina.

O que o diferenciará dos demais é sua obstinação em aprender, apresentar e vender seu conteúdo. Tomemos como exemplo minha experiência quando fui contratado como CEO da YaYa. O conselho da empresa estava ciente de como eu havia usado a reengenharia para aumentar a percepção do mercado sobre a Deloitte e como, na Starwood, a ideia de mudar como a indústria hoteleira criava sua marca gerou uma onda de publicidade. Sabiam que a habilidade de passar uma mensagem que gerasse burburinho e colocá-la no mercado lotado de ideias seria crucial para uma nova empresa cujo produto ainda não fora testado. Parecia o trabalho perfeito para mim. Eu era um "formador de mercado", alguém que poderia criar emoção e crença em torno da YaYa. O problema era apresentar um ponto de vista credível e único que as pessoas comprassem. Esse foi nosso desafio, ou a empresa faliria.

Um de nossos primeiros objetivos quando cheguei na YaYa foi encontrar algo que pudesse mudar a atual falta de vendas da empresa, além de gerar curiosidade no mercado e, de fato, formar um mercado. Comecei, como sempre faço, mergulhando no assunto. Tornei-me um leitor voraz e passei horas tarde da noite checando uma variedade de artigos, relatórios de analistas, livros e sites. Conversei com CEOs, jornalistas e consultores especializados nas indústrias de publicidade interativa, de jogos e de treinamentos.

Esse estágio pode ser bastante frustrante. A curva de aprendizado é enorme. De repente, você é confrontado com um miasma de números, dados, opiniões diferentes e um monte de novas informações díspares. Em certas ocasiões, como foi o caso da GQT e da reengenharia, é possível adquirir conteúdo simplesmente ao se apropriar das ideias inovadoras de outra pessoa e ao se tornar um líder na distribuição e aplicação delas. Em outras situações, como na YaYa, tivemos de desenvolver o conteúdo do zero. Ou seja, pegar todos os pontos discrepantes da informação e conectá-los de uma maneira que outros ainda não tinham feito.

Não deve haver mistério em torno da conexão entre aqueles que estão continuamente na vanguarda da inovação dos negócios. Lembre-se das sábias palavras de Mark McCormack em seu livro *O que Não se Ensina em Harvard Business School*: "A criatividade nos negócios geralmente nada mais é do que estabelecer conexões que todo mundo quase pensou em fazer. Você não precisa reinventar a roda, basta colocá-la em um novo veículo."

Conforme meu processo de imersão continuava, fiquei cada vez mais frustrado por a área de marketing e treinamento não estar aproveitando os dois novos e poderosos meios nos quais a YaYa se baseava — a internet e os videogames. À medida que aprendi mais sobre marketing e treinamento online, criei analogias para novos meios que mudaram o cenário. Lembrei os profissionais de marketing de que quando houve a transição do rádio para a televisão, tudo o que fizemos foi colocar uma câmera na frente de um locutor de rádio e chamar de publicidade. Demorou um pouco para se acostumar com o meio e suas novas regras. Aqui, novamente, com a internet, estávamos aplicando modelos antigos a um novo ambiente. A internet era sobre interatividade e construção comunitária, onde conceitos ou simples piadas se espalhavam pelo mundo em instantes. E, ainda assim, esses profissionais só estavam pegando ideias antigas de publicidade, como outdoors e adesivos de para-choques, e colocando-os online na forma de anúncios de banners em sites. (E hoje a situação não mudou tanto, embora atualizações de status e pop-ups tenham praticamente substituído os banners.) O fato de esses anúncios não terem sido bem-sucedidos não deveria ser surpresa. O treinamento tinha uma ideia semelhante. Hoje, você prefere se engajar no aprendizado em um ambiente interativo e divertido ou nas formas tradicionais e obsoletas que os funcionários eram obrigados a engolir? Qual seria mais eficaz?

E havia, ainda, o mundo dos jogos no geral. Os números surpreendentes sugeriram um fenômeno inexplorado. Em 1999, as receitas dos jogos superaram as das bilheterias de cinema. E a demografia dos jogadores online estava mudando radicalmente, conforme o conteúdo se ramificava para atender a adultos e mulheres. Atualmente, 35 é a idade média dos jogadores online, e 49% são mulheres. Eu também soube de uma empresa alemã que desenvolveu um jogo de tiro ao alvo para a Johnnie Walker que foi baixado tantas vezes que o primeiro-ministro comentou que o jogo se tornara um dreno na produtividade nacional. Ainda assim, ninguém pensou em jogos como nada além de entretenimento de nicho.

Com as informações em mãos, agora eu precisava interligar os tópicos e encontrar a inovação. Essa é, na verdade, a parte divertida. Você começa em um mundo de fantasia sem limitações ou restrições. Em vez de bater a cabeça contra a parede, tentando resolver um problema específico, gosto de questionar: "Se eu pudesse usar alguma poção mágica nessa situação, o que eu poderia fazer com todas essas novas informações?" Tal fantasia não precisa, e muitas vezes não deveria, ser um empreendimento solitário. Chamo outras partes interessadas — funcionários, colegas e *insiders* — para me ajudar a criar cenários malucos e fazer perguntas aparentemente absurdas. Formei um pequeno grupo e compartilhávamos toda e qualquer ideia mirabolante que vinha até nós. Ao fantasiar, usar a poção mágica e incluir um grupo de pessoas para imaginar sem limitações, fomos capazes de usar nossa criatividade e encontrar um caminho a se seguir.

Essas sessões de fantasias eram produtivas. Começamos a imaginar como os jogos poderiam ser aplicados além do lazer e entretenimento.

Começamos a questionar suposições como: em que negócios estávamos (entretenimento, marketing ou serviços?), quais produtos devemos oferecer (jogos, publicidade, treinamento, consultoria, tecnologia habilitadora?), e quem nossos clientes reais poderiam ser (adolescentes geeks, adultos, empresas da *Fortune 500*?). Começamos a visualizar como poderíamos conectar o meio dos jogos, que tinha um grande e crescente grupo demográfico de usuários, e o da internet, com seu extenso e progressivo grupo de empresas tentando descobrir a melhor forma de usá-la para interagir com os clientes.

Como empreendedor ou funcionário, você tem a capacidade criativa de fazer conexões semelhantes em seu próprio setor. Como posso saber disso? Porque todos têm! Suas habilidades podem estar guardadas ou ser usadas com pouca frequência, mas estão lá. A questão é: como fazê-las trabalhar para você? Botamos a mão na massa para entender essa questão.

Os resultados foram expressivos. Percebemos que havia uma oportunidade não apenas de vender jogos ou publicidade em sites de tal entretenimento, mas também de criar jogos online interativos que seriam usados como uma nova e poderosa forma de divulgação envolvente. Quando as pessoas redefiniram a YaYa como uma empresa de marketing, em vez de videogames, percebemos que nossos clientes não eram os usuários finais; eram as empresas que queriam acesso a eles. A mudança de foco nos permitiu enxergar os jogos menos como um produto e mais como um meio em si, capaz de transmitir qualquer tipo de mensagem que se queira. Você poderia usar jogos para treinar e educar funcionários, como veículos de publicidade, em campanhas de conscientização de marca, em marketing *one to one*, como recurso para coletar dados sobre as preferências dos clientes etc. Assim como a televisão acabou recorrendo aos comerciais para substituir locutores nos rádios, os jogos poderiam substituir os banners na internet.

E, assim, o ponto de vista único para YaYa nasceu. Começamos a anunciar *advergaming* e *edutainment* como os próximos meios de comunicação poderosos, um segmento de marketing inexplorado perfeito para publicidade indireta, *brand gaming*, treinamento personalizado com jogos para empresas, e assim por diante. Não demorou muito para que eu não apenas estivesse participando das conferências de jogos, mas também palestrando nelas.

Uma vez que um *pitch* estrondoso é aperfeiçoado, chamar a atenção não é mais um problema. Os jornalistas têm fome de ideias. Acessá-los costuma ser simples: ligar para a revista ou jornal em que trabalham (as informações podem ser encontradas nos sites) e pedir para falar com o repórter que cobre sua área. Nunca conheci um jornalista com um *gatekeeper*. Além disso, sempre retornaram minhas ligações após eu deixar uma mensagem que dizia: "Tenho informações privilegiadas sobre como a indústria de jogos vai revolucionar o marketing. Admiro seu trabalho há muito tempo. Acredito que você é a pessoa certa para publicar essa notícia."

Há anos tenho deixado esse tipo de mensagem na caixa postal dos repórteres, e eles são bastante gratos. Na maioria das vezes, a história nem envolve minha empresa ou a mim. Estou só construindo a credibilidade de que precisarei quando chegar o dia de meu próprio *pitch*. E, provavelmente, é por isso que hoje conheço pessoas que ocupam cargos importantes em quase todas as grandes revistas de negócios do país. Já tive colegas CEOs que viam, digamos, o *Wall Street Journal* ou a *Forbes* como instituições impenetráveis; eles ficavam maravilhados com o fato de que sempre, não importa onde eu esteja ou que organização represente, nunca deixo de conseguir a atenção da imprensa. A resposta é que entendo e dou a eles aquilo de que precisam: ótimas histórias.

Porém, também tive muita ajuda. Depois de desenvolver o ponto de vista único da YaYa, por exemplo, mostrei-o para as agências de publicidade. Foi a KPE que levou a YaYa e o *advergaming* para o mercado. Eles foram a agência que nos "descobriu" e o que estávamos fazendo. E então as grandes empresas de jogos se envolveram. Procurei os caras mais progressistas que conhecia, como Bobby Kotick, o CEO da Activision, que, em parceria com a Nielsen

Company, investiu a influência e o dinheiro de sua empresa para medir a eficácia dos jogos como forma para os anunciantes. Bobby e eu apareceríamos na CNN ou na CNBC consecutivamente, divulgando as ideias um do outro.

"Keith, qual é o seu segredo? Subornos, chantagem — vamos lá, só me conte", um amigo CEO brincou depois que a YaYa apareceu em uma importante publicação na *Fortune*, enquanto a empresa dele, que era quatro vezes maior que a YaYa e vários anos mais velha, mal conseguia aparecer no próprio boletim informativo.

Então, respondi: "Crie uma história sobre a sua empresa e as ideias que ela abraça que importarão aos leitores. Esse é o seu conteúdo. Em seguida, compartilhe-o. Já ligou para um repórter e falou sobre os motivos de achar que o que você faz é tão especial? Não pode terceirizar isso para as relações públicas; os jornalistas lidam com milhares desses profissionais por dia. Quem será mais apaixonado e informado do que você? Você é o especialista no que faz."

Não se Pode Terceirizar Criadores de Conteúdo

Vimos como o conteúdo ajudou a transformar uma empresa em uma marca conhecida. Mas e se a marca for *você*? Qual é a sua especialidade? Quais são seus chamarizes? O mesmo processo que usamos para descobrir como tornar a YaYa atrativa para o mercado pode ser aplicado para tornar você interessante para sua network e além dela.

Um ponto de vista único é uma das poucas formas de garantir que hoje, amanhã e daqui a um ano você terá um emprego.

Antigamente, dois braços, duas pernas e um MBA eram o suficiente para uma passagem só de ida até o escritório executivo. Hoje, isso é apenas o valor da entrada, e olhe lá. Na economia da informação dos Estados Unidos, estruturam a vantagem competitiva em termos de conhecimento e inovação. Isso significa que o mercado de hoje valoriza mais a criatividade do que a mera competência, e mais a expertise do que o conhecimento geral. Se o que você faz pode ser feito por qualquer um, sempre haverá alguém disposto a fazer por menos. Veja todos os empregos sendo transferidos para o exterior, para Bangladesh e Bangalore. A única coisa que ninguém descobriu como terceirizar é a criação de ideias. Não é possível substituir as pessoas que, dia após dia, oferecem o tipo de conteúdo ou formas únicas de pensar que prometem uma vantagem para sua empresa.

Os criadores de conteúdo sempre foram muito procurados. Conseguem promoções. São os responsáveis pelas Grandes Ideias. Frequentemente, são convidados a falar em conferências e aparecem em jornais e revistas. Todos dentro da empresa em que trabalham — e muitos dentro do setor — sabem o nome deles. São as celebridades de seus mundinhos, e a fama vem de a todo momento parecerem estar um passo à frente.

Então, como chegaram lá? O caminho mais fácil é a especialização. Quando reflito sobre minha carreira, a receita parece simples: eu costumava me agarrar à ideia mais recente e inovadora do mundo dos negócios. Mergulhava nela, conhecendo todos os líderes de pensamento que a promoviam e toda a literatura disponível. Em seguida, destilaria tudo isso em uma mensagem sobre o impacto mais amplo da ideia para outras pessoas e como isso poderia ser aplicado na indústria em que eu trabalhava. Esse era o conteúdo. Virar um especialista foi a parte fácil. Simplesmente fiz o que os especialistas fazem: ensinei, escrevi e falei sobre minha expertise.

No ICI, meu primeiro emprego após a faculdade, consegui entrar em um programa de treinamento gerencial convencendo o entrevistador a aceitar alguém com um curso de artes liberais como uma tentativa. Todo estagiário que já havia sido contratado tinha algum diploma chique em engenharia química, ciência dos materiais ou alguma coisa técnica assim.

Não havia como progredir no ICI com base na minha experiência em engenharia. Nos primeiros meses do programa, no entanto, notei que a gestão da qualidade total estava na moda, uma daquelas tendências guiadas por consultores que impactam o mundo dos negócios a cada poucos anos.

Nas horas vagas, eu estudava todos os textos disponíveis. Após alguns meses de trabalho, ofereci meu *"know-how"*, citando minha experiência em comportamento organizacional (do total de dois cursos que fiz!). Imprevistamente, tornei-me um dos três caras importantes quando se tratava de GQT. O fato é que só me tornei um especialista de verdade quando comecei a tentar ensinar o que aprendia dentro da empresa. Usava minha experiência para dar palestras, escrever artigos e me conectar com algumas das principais mentes do mundo dos negócios do país. Após um curto período, até convenci o gigante industrial ICI a criar uma nova posição para mim, dentro de um grupo que estava sendo formado, como um dos líderes de GQT na América do Norte.

Não há melhor maneira de aprender algo e se tornar um especialista na área do que precisar ensinar. Alguns dos melhores CEOs que conheço se negam a recusar negócios, mesmo quando isso exige habilidades ou experiências que a empresa não tem. Enxergam esse cenário como uma oportunidade. "Conseguimos fazer isso", dirão. No processo, tanto os CEOs quanto os funcionários aprendem as habilidades necessárias. Eles mergulham de cabeça em algo novo e cumprem o que foi pedido. Sendo sincero, depois de ler este livro, não há razão para que você não possa organizar um curso sobre construção de relacionamentos ou criação de conteúdo em uma instituição de ensino local. Você aprenderá durante a sua preparação e se enriquecerá com a interação com os alunos.

Em suma, esqueça o cargo e a descrição dele (pelo menos por enquanto). A partir de hoje, você precisa descobrir quais conhecimentos excepcionais dominará que agregarão valor real à sua network e à sua empresa .

Como começar?

Bem, existe o caminho mais fácil e o mais difícil, e já percorri os dois. Assim como fiz no ICI e na Deloitte, você pode encontrar alguém que já ligou os pontos e se tornou um especialista no conteúdo. É o jeito fácil.

Já o difícil é associá-los sozinho. A má notícia é que não existe um plano concreto ou passo a passo para o processo. A boa é que a criação de conteúdo não é um ato de inspiração divina ou algo reservado para as mentes brilhantes. Embora eu imagine que tanto o brilhantismo quanto a inspiração possam ser úteis, não tenho nenhum em abundância. Em vez disso, contei com algumas diretrizes, hábitos e técnicas que se mostraram maravilhosamente úteis.

Aqui estão dez dicas que o ajudarão em sua jornada para se tornar um especialista:

1. Saia na frente e analise as tendências e oportunidades inovadoras.

Foresight dá a você e à sua empresa a flexibilidade de se adaptar às mudanças. Criatividade permite que você tire proveito disso. Hoje, época em que a inovação se tornou mais importante que a produção, não avançar significa retroceder. *Early adaptors*, observadores de tendências, agentes de conhecimento e de mudança e todos que sabem para onde sua indústria está indo e quais próximas grandes ideias estão surgindo se tornaram as estrelas do mundo dos negócios.

Identifique as pessoas em seus setores que sempre parecem estar na frente e use todas as habilidades de relacionamento que você adquiriu para se conectar com elas. Leve-as para almoçar. Leia os blogs delas. Aliás, leia tudo o que puder. Online, existem milhares de indivíduos destilando informações, analisando-as e fazendo prognósticos. Esses analistas teóricos são os olhos e os ouvidos da inovação. Agora, vá para a internet e leia muito — é para isso que serve o feed de notícias cuidadosamente organizado. Assine revistas, compre livros e converse com as pessoas mais inteligentes que encontrar. Com o tempo, todo esse conhecimento se acumulará e você começará a criar conexões que outros não têm.

2. Faça perguntas aparentemente idiotas.

Caso você faça perguntas incomparáveis, obterá resultados diferentes de qualquer outro que o mundo já tenha visto. Quantas pessoas têm coragem para tal? A resposta é: todos os responsáveis pelas maiores inovações. "Você não acha que seria legal ter todas as suas músicas em um pequeno dispositivo semelhante a um Walkman?" Assim surgiu o iPod. "Por que não podemos visualizar nossas fotos de imediato?" Assim surgiu a indústria de fotografias instantâneas. "As pessoas com certeza gostam de hambúrgueres e batatas fritas. Por que não fazer essa comida depressa?" Assim surgiu o McDonald's e a indústria de fast-food.

O poder da inocência nos negócios é muito bem retratado em uma cena do filme *Quero Ser Grande*, onde Tom Hanks interpreta uma criança transformada em um adulto. Em um momento comovente, Hanks está em uma reunião executiva de uma grande empresa de brinquedos, e um vice-presidente está fazendo uma apresentação de slides sobre um novo brinquedo. Todos os números batem. Todos os gráficos apontam para um lançamento bem-sucedido. E, no entanto, a inocência infantil de Hanks o leva a dizer: "Não entendo." Ao brincar de verdade como ele havia feito, todos os gráficos e números não importavam: o brinquedo simplesmente não era divertido. Às vezes, os números mentem. Às vezes, nem todas as apresentações de slides do mundo ajudam uma empresa que se esqueceu de fazer as perguntas mais básicas.

Por anos, as pessoas que dirigiam as empresas produtoras de jogos acreditavam que estavam no ramo do entretenimento. Eu perguntei: "E se, na verdade, estivermos no ramo do marketing?"

3. *Conheça a si mesmo e aos seus talentos.*

Não havia chance de competir com os geeks de ciências no ICI. Ao desenvolver uma expertise que destacou meus pontos fortes, consegui superar minhas fraquezas. O truque é não trabalhar obsessivamente nas habilidades e talentos que lhe faltam, mas focar e cultivar seus pontos fortes, para que os fracos importem menos. Eu aplicaria o Princípio de Pareto, segundo o qual você deve passar algum tempo melhorando suas fraquezas, mas também se fixar na construção dos aspectos fortes.

4. Sempre aprenda.

É preciso aprender mais para ganhar mais. Todos os criadores de conteúdo são leitores ou, pelo menos, questionadores profundos ou conversadores. Também são defensores do autodesenvolvimento. O seu programa de aperfeiçoamento individual deve incluir a leitura de livros e revistas, ouvir programas educativos, participar de três a cinco conferências por ano, fazer um ou dois cursos e desenvolver relacionamentos com os líderes de sua área.

5. Cuide de sua saúde.

Pesquisas descobriram que, no meio da tarde, devido à privação de sono, o executivo corporativo médio tem o nível de alerta de um homem de 70 anos. Você acha que o executivo está sendo criativo ou ligando os pontos? Sem chance. Parece piegas, mas você tem que cuidar de si — de seu corpo, sua mente e seu espírito — para estar no seu melhor. Por mais que minha agenda fique lotada, nunca perco um treino (cinco vezes por semana). Tento tirar férias de cinco dias a cada dois meses (só verifico e-mails e ponho as leituras em dia). Faço um retiro espiritual uma vez por mês, mesmo que seja perto de casa e dure um dia. E faço algo espiritual toda semana (geralmente ir à igreja). Isso me dá energia para permitir que eu cumpra minha agenda cheia de compromissos.

6. Exponha-se a experiências incomuns.

Quando perguntaram ao guru da administração Peter Drucker sobre o que tornaria alguém melhor nos negócios, ele respondeu: "Aprenda a tocar violino." Diferentes experiências dão origem a diferentes capacidades. Descubra no que seus filhos estão interessados e por que. Estimule sua criatividade. Aprenda sobre coisas que não fazem parte do mainstream. Viaje para lugares estranhos e exóticos. Conhecer a própria indústria e o mercado dela não é suficiente para competir no futuro. Tenha curiosidade ilimitada sobre coisas fora de sua própria profissão e zona de conforto.

7. Não desanime.

Meu primeiro e-mail para o CEO do ICI sobre GQT nunca foi respondido. Até hoje enfrento rejeição com frequência. Se você vai ser criativo, vanguardista, fora do mainstream, é melhor se acostumar a mexer com o que está quieto. E adivinhe — quando você estiver fazendo isso, sempre haverá alguém que tentará tirá-lo de cena. É o risco que você precisa correr. Profissionais profundamente comprometidos precisam entender que a paixão os ajuda a continuar durante os tempos difíceis, faça chuva ou faça sol (e ambos acontecerão). Haverá mudanças e desafios contínuos exigindo sua persistência e seu comprometimento. Foque os resultados e mantenha os olhos abertos para o que está acontecendo em todas as partes de seu setor.

8. Conheça as novas tecnologias.

Nenhuma indústria se move mais depressa ou coloca mais ênfase na inovação. Não é preciso ser um tecnólogo, mas é necessário entender o impacto da tecnologia em seus negócios e ser capaz de se beneficiar dela. Adote um geek dessa área ou, pelo menos, contrate, ou crie um.

9. Desenvolva um nicho.

Pequenas empresas bem-sucedidas que ganham renome se estabelecem em um nicho de mercado cuidadosamente selecionado que esperam conseguir dominar de forma realista. Os indivíduos podem fazer a mesma coisa. Pense nas áreas de baixo desempenho de sua empresa e escolha focar naquela que recebe menos atenção.

Um ex-pupilo meu, por exemplo, trabalha para uma startup em ascensão que oferece um novo tipo de produto para animais de estimação. Não muito tempo depois de ser contratado, ele observou que um dos inúmeros problemas que a empresa enfrentava eram as altas taxas postais que estavam reduzindo seus lucros. Sinceramente, esse não é o tipo de problema que fica alto no totem das prioridades de uma startup, mas esse pupilo também não estava muito no topo.

Ele se encarregou de pesquisar o problema e ligou para o funcionário responsável por pequenas empresas da UPS, da FedEx etc. Algumas semanas depois, ele enviou um memorando detalhado ao CEO sobre como a empresa poderia reduzir seus custos postais. O CEO ficou encantado. A competência do setor postal do pupilo o marcou como um valioso novato na empresa e, atualmente, ele está desenvolvendo expertise em questões muito mais elevadas no totem.

10. Siga o dinheiro.

A criatividade é inútil se não puder ser aplicada. A essência de seu trabalho precisa ser: isso nos trará mais dinheiro. A força vital das empresas são as vendas e o fluxo de caixa. Todas as grandes ideias são insignificantes nos negócios até que alguém pague por elas.

HALL DA FAMA DOS CONECTORES

O Dalai Lama

"Use seu conteúdo para contar histórias que emocionem as pessoas."

Conhecido como um líder mundial, homem santo, diplomata, herói e o Gandhi tibetano, o Dalai Lama prefere ser reconhecido como "um simples monge budista — nem mais, nem menos".

Em sua grande ascensão ao renome mundial desde sua fuga do Tibete — fugindo dos exércitos da China, que ocupavam o território no final dos anos 1950 —, essa figura nacional única conquistou a imaginação do público, arrecadou milhões de dólares e reuniu celebridades, políticos e leigos para a causa de recuperar sua terra natal.

O que o aspirante a conector pode aprender com esse homem tão modesto?

A resposta: um conteúdo poderoso, comunicado por meio de uma história envolvente, é capaz de energizar sua network para ajudá-lo a cumprir sua missão.

O que acontece com o líder espiritual do povo tibetano é que as pessoas lhe dão dinheiro, amor e apoio, mesmo que ele não esteja vendendo produtos ou serviços. Elas pagam, e muito, embora ele não prometa um retorno abundante do investimento. Elas pagam apenas para ouvi-lo falar sobre a vida em geral, ou as lutas do Tibete, sua nação não nação.

Você pode ter pensado que um diploma na área de negócios ou, melhor ainda, um MBA era necessário para se tornar um líder ou uma pessoa com conteúdo. Não é verdade. O Dalai Lama não tem um único diploma. Ele, no entanto, transmite uma mensagem simples, mas profunda, sobre paz mundial e compaixão, embalada em histórias e anedotas coloridas — o que lhe rendeu o Prêmio Nobel da Paz em 1989.

Agora você pode estar pensando: "Espera aí. Não há como comparar minha busca de colarinho branco por conexões, e as histórias que *eu* contaria para fazer amigos e influenciar pessoas, com as que o Dalai Lama tem para compartilhar. Eu faço três refeições por dia. Ele está sem país desde os anos 1950."

E você estaria certo. Sua *história* não será tão atraente quanto a dele. Mas seu *storytelling* pode ser. Veja como:

Ao contar uma história envolvente, o Dalai Lama entende que a mensagem deve ser simples e universal. O jornalista Chris Colin, ao especular os motivos da causa do Dalai Lama ser tão popular, escreveu: "Talvez a clareza da atrocidade ressoe no Ocidente, onde poucas disputas internacionais parecem tão decididas... Nos Estados Unidos, uma nação nostálgica pelas aparentes lutas preto no branco do passado comparativamente mais simples, a causa do "Tibete Livre" ganha asas."

Apesar de ser um dos estudiosos mais eruditos de uma das filosofias mais complexas do mundo, o Dalai Lama garante não apenas apresentar sua causa de um jeito claro e simples de se entender, mas também faz de tudo para mostrar como ela tem a ver com todos nós.

As histórias mais envolventes são as relacionadas à identidade: quem somos, de onde viemos e para onde vamos. Elas tocam em algo comum a todos. O Dalai Lama nos diz que se preocupar com o povo tibetano é se preocupar consigo mesmo. "Quanto mais nos ocuparmos com a felicidade alheia", ele diz, "maior se tornará nossa sensação de bem-estar". Assim, ele mostra como as preocupações básicas de todas as pessoas — felicidade baseada no contentamento, apaziguamento do sofrimento e construção de relacionamentos significativos — podem atuar como base para a ética universal no mundo de hoje. Assim, ele apela para a própria causa apelando para a de todos.

Isso não significa que sua empresa, seu currículo ou qualquer outro conteúdo que você esteja tentando vender deva *ser* simplificado ou universal demais. Mas deve descobrir como tecer sua história de uma maneira que (a) seja simples de entender e (b) todos possam se identificar. Outro jeito de pensar sobre isso é se perguntar: "Como meu conteúdo ajuda os outros a responderem quem são, de onde são e para onde estão indo?"

De certa forma, ainda é desconcertante por que alguém dá dinheiro à causa tibetana. Pois ela é, sem dúvida, uma causa perdida. Depois de quatro décadas, a China ainda não dá sinais de reverter a situação.

Ainda assim, o Dalai Lama convence as pessoas a doarem seu dinheiro e sua energia. Como ele faz isso? Uma coisa que ele faz é usar fatos e exemplos históricos na narrativa para atiçar nossas paixões. Ele não tenta, como um empresário usando gráficos e análises, convencer-nos logicamente da posição dele. Ele nos coloca no lugar dele. Por exemplo, confira este trecho de uma entrevista de 1997 no *Mother Jones*:

P: O que você acha que será necessário para que a China mude sua política em relação ao Tibete?

Dalai Lama: Serão necessárias duas coisas. A primeira é uma liderança chinesa que olhe para a frente, em vez de para trás, para a integração com o mundo, e se preocupe tanto com a opinião mundial quanto com a vontade do próprio movimento democrático [da China];

> a segunda é um grupo de líderes mundiais que ouça as preocupações do próprio povo em relação ao Tibete e converse com firmeza com os chineses sobre a necessidade urgente de encontrar uma solução com base na verdade e na justiça. Não temos nenhuma das duas hoje e, por isso, o processo de trazer paz ao Tibete está estagnado.
>
> Mas não devemos perder a confiança no poder da verdade. Tudo no mundo está sempre mudando. Veja os exemplos da África do Sul, a antiga União Soviética e o Oriente Médio. Ainda têm muitos problemas, contratempos e avanços, mas aconteceram mudanças que eram consideradas impensáveis uma década atrás.

O que realmente nos move como seres humanos, o que nos incita à ação, é a emoção. Apesar das adversidades, o Dalai Lama nos faz acreditar que o que parece impossível é, na verdade, possível. Nas suas próprias histórias, use a emoção para convencer seus céticos de que os oprimidos às vezes vencem e os Golias às vezes caem.

Siga o exemplo desse simples monge budista que canaliza seu charme e entusiasmo em histórias convincentes que incitam um grupo diversificado de pessoas à ação. Em uma economia que valoriza emoções acima dos números, os contadores de histórias levam vantagem. Como Michael Hattersley escreveu em um artigo para a *Harvard Business Review*: "Muitas vezes cometemos o erro de pensar nos negócios como uma questão de puro cálculo racional, coisa em que, em alguns anos, os computadores serão melhores do que os humanos. Na sala de conferência e no corredor, ouvimos: 'O que os números indicam?', 'Só me dê os fatos', 'Vamos avaliar as evidências e tomar a decisão certa.' E, no entanto, para ser sincero, poucos talentos são mais importantes para o sucesso gerencial do que saber contar uma boa história."

Portanto, esqueça os *bullet points* e as apresentações de slides. Quando você descobrir qual é o seu conteúdo, conte uma história inspiradora que levará seus amigos e associados a agirem com ânimo e sem medo, motivados e mobilizados pela sua narrativa simples, mas profunda.

CAPÍTULO 26

Construa Sua Marca

> Independentemente da idade, independentemente da posição, independentemente do negócio em que atuamos, todos precisamos entender a importância da marca. Somos CEOs das nossas próprias empresas: Eu LTDA. Para estar no mercado hoje, nosso trabalho mais importante é ser o chefe de marketing da marca "Você".
>
> — Tom Peters

Como profissional de marketing, tenho plena consciência de que a percepção orienta a realidade e de que todos somos, de certa forma, marcas. Sei como todas minhas escolhas (o que visto, meu estilo de conversa, meus passatempos) moldam uma identidade distinta.

A imagem e a identidade se tornaram cada vez mais importantes em nossa nova ordem econômica. Com o mar digital transbordando mesmice e sobrecarregado de informações, uma marca poderosa — construída não em um produto, mas em uma mensagem pessoal, definida por meio do conteúdo — tornou-se uma vantagem competitiva.

Seu conteúdo — definido pela sua experiência e humanidade única, também conhecida como GVRS (generosidade, vulnerabilidade, responsabilidade e sinceridade) — será a estrela-guia de sua marca, ajudando a integrar todos seus esforços de conexão em torno de uma missão uniforme e poderosa. Marcas pessoais de qualidade fazem três coisas muito importantes para sua network: fornecem uma identidade crível, distinta e confiável; projetam uma mensagem cativante; e atraem cada vez mais pessoas para você e sua causa, pois o destacarão em um mundo cada vez mais turbulento. Como resultado, você achará mais fácil do que nunca fazer amigos e ter mais opinião sobre o que faz e onde trabalha.

Se eu disser "Vírgula", o que vem à sua mente? Eu ficaria chocado se a maioria das pessoas não respondesse "Nike". Depois de expor os consumidores à vírgula da Nike por duas décadas e infundir o símbolo com toda a grandeza atlética que agora associamos a ela, a empresa nos treinou para pensar "Nike" sempre que virmos aquele símbolo pequeno e simples.

Poderoso, não acha?

Dentro de uma network, sua marca pode fazer algo parecido. Ela estabelece o seu valor. Pega sua missão e seu conteúdo e os transmite para o mundo. Articula o que se tem a oferecer, por que é única e dá um motivo distinto para que os outros se conectem com você.

O guru de marcas e consultor de negócios de renome Tom Peters instrui em sua bravata habitual a "criar seu próprio microequivalente à vírgula da Nike". Ele quer levar a Madison Avenue para seu cubículo usando o sucesso da marca de Michael Jordan e Oprah Winfrey como modelo para todos que almejam o sucesso.

Como passamos do lançamento de produtos para o de nós mesmos?

Peters insiste em que vivemos em um "mundo ao avesso". As convenções do passado não têm sentido. Regras são irrelevantes. Há confusão entre a nova e a velha economia, Hollywood, grandes corporações e enormes empresários individuais.

É o que Peters chama de "revolução gerencial". Uma confluência de fatores — incluindo uma racionalização de processos gerenciais, tecnologias que substituem empregos, um aumento na terceirização para países estrangeiros e uma era de empreendedorismo em que cada vez mais pessoas se enxergam como agentes livres — está se combinando de tal forma que Peters prevê que mais de 90% de todos os cargos executivos serão radicalmente diferentes ou não existirão em um período de dez a quinze anos. Ele afirma: "Você deve pensar no seu trabalho, seu departamento, sua divisão como uma empresa independente. Você deve fazer projetos incríveis."

Quando falamos de marca, então, o resultado final para todos se resume a uma escolha: ser distinto ou extinto.

"Estou farto de ouvir: 'Eu gostaria, mas eles não me deixam'", Peters prega, com seu posicionamento iconoclasta. "Seja o CEO da sua própria vida. Faça barulho. Deixe a vida te levar. Nunca será mais fácil mudar de emprego do que é hoje." Diga sim!

Poucas coisas me enfurecem mais do que quando as pessoas dizem que são impotentes, ou até indiferentes, em se distinguir dos colegas. Lembro-me de dar conselhos a um jovem bastante esperto chamado Kevin, que trabalhava na consultoria PriceWaterhouseCoopers. No decorrer da conversa, ele me disse que não estava feliz com o que estava fazendo ou com o rumo da carreira. Ele era, contou, só mais um anônimo triturador de números sem opções, graças ao ambiente sério de onde trabalhava.

"Errado!", eu lhe disse. "Você tem opções, só não as está criando para si. Precisa começar a assumir a responsabilidade de gerenciar sua carreira. Tem que começar a se esforçar para mudar sua marca de triturador de números anônimo para alguém que faz a diferença e seja ligeiramente famoso."

Quando dei algumas sugestões sobre como poderia fazer isso, ele respondeu: "Esse tipo de coisa não pode ser feito em uma grande empresa de consultoria." Achei que minha cabeça fosse explodir. Acho que ele provavelmente pensou o mesmo.

"Kevin, isso é só baboseira autodestrutiva. Desde o primeiro dia em que entrei para a Deloitte — que é uma empresa de consultoria bem grande, certo? —, fiz o possível para assumir projetos que ninguém queria e iniciar outros que ninguém havia pensado em fazer. Eu enviava ideias por e-mail para o meu chefe e, às vezes, para o chefe do meu chefe. E fiz isso quase todos os dias. Qual era a pior coisa que poderia acontecer? Eu seria demitido de um emprego do qual nem gostava, para início de conversa. Ao mesmo tempo, me esforçava para criar o emprego, independentemente de onde fosse, que achava que me faria feliz."

A Ferrazzi Greenlight oferece muitos treinamentos em escolas profissionais e para as novas contratações em grandes empresas. Sempre tentamos difundir a mensagem de que só quem pode administrar sua carreira é você. Em todos os empregos que já tive, empenhei-me para me definir como um inovador, um pensador, um vendedor e alguém que poderia fazer as coisas acontecerem. Quando eu era apenas um estagiário administrativo no ICI, meu primeiro emprego após a faculdade, enviei um monte de recomendações ao CEO. Ele nunca respondeu. Mas nunca parei de enviar os e-mails.

É bobagem pensar que não se pode impactar as expectativas pessoais e profissionais das pessoas sobre quem você é. Com afinco, é possível romper as barreiras e expandir a visão das pessoas sobre suas capacidades.

Peters conta a história de uma aeromoça que sugeriu que a companhia aérea colocasse uma azeitona, em vez de duas, nos martinis. A sugestão economizou para a empresa mais de US$40 mil por ano, e a aeromoça conseguiu mostrar, de imediato, sua marca. Hoje, ela provavelmente é uma vice-presidente.

O romancista Milan Kundera, certa vez, refletiu que flertar é a promessa de sexo sem garantia. Uma marca de sucesso, então, é a promessa *e* a garantia de uma experiência alucinante todas as vezes. É o e-mail que sempre lê só por causa do remetente. É o funcionário que sempre fica com os projetos legais.

Para se tornar uma marca, você precisa se concentrar sem parar no que faz e que é capaz de agregar valor. E prometo que pode agregar valor a qualquer função que esteja exercendo agora. É possível fazer isso com mais rapidez e eficiência? Se sim, por que não documentar o que seria necessário para fazê-lo e oferecer a sugestão ao seu chefe como algo que todos os funcionários poderiam implementar? Você inicia novos projetos sozinho no seu tempo livre? Busca maneiras de economizar ou fazer sua empresa ganhar mais dinheiro?

Você não pode fazer tudo isso se só estiver preocupado em minimizar os riscos, respeitar a cadeia de comando e seguir à risca descrição de seu cargo à risca. Não há espaço para conformistas nessa jornada. Aqueles com o bom senso de tornar seu trabalho especial serão os únicos a estabelecer marcas prósperas.

Você não pode realizar um trabalho que faça a diferença a menos que se dedique a aprender, crescer e ampliar suas habilidades. Ao desejar que os outros redefinam o que faz e quem é dentro dos limites organizacionais, deve ser capaz de se redirecionar. Isso significa ir além do que é necessário. Significa enxergar seu currículo como um documento dinâmico que muda a cada ano. Significa usar seus contatos dentro e fora de sua network para entregar cada projeto que lhe foi atribuído com desempenho extraordinário. Peters chama isso de buscar o incrível em tudo que faça.

Hoje em dia, há um monte de mapas por aí para conseguir incorporar o incrível. Mas os mapas costumam confiar mais na intuição do que na navegação. O segredo geralmente se resume a algumas coisas simples: saia da zona de conforto! Descubra seu valor! Fique obcecado com sua imagem! Transforme tudo em uma oportunidade para construir sua marca.

Então, como criar uma identidade para uma carreira brilhante? Como se tornar a vírgula de sua empresa? De sua network? Aqui estão três passos para você se tornar a próxima Oprah Winfrey:

Desenvolva uma Mensagem de Marca Pessoal (MMP)

Uma marca nada mais é do que tudo em que pensam quando veem ou ouvem seu nome. As melhores marcas, assim como as pessoas mais interessantes, têm uma mensagem distinta.

Sua MMP vem de seu conteúdo/proposta de valor único, como discutimos no capítulo anterior, e de um processo de autoavaliação. Envolve descobrir a real essência de um nome — seu nome. Exige que você identifique sua singularidade e como pode colocá-la para funcionar. Não é tanto uma tarefa específica, mas o cultivo de uma mentalidade.

O que quer que as pessoas pensem quando ouvirem ou lerem seu nome? Que produto ou serviço consegue oferecer da melhor maneira? Pegue suas habilidades, combine-as com suas paixões e descubra onde, no mercado ou dentro de sua própria empresa, elas podem ser mais aproveitadas.

Sua mensagem sempre é uma ramificação de sua missão e de seu conteúdo. Depois de refletir e descobrir quem quer ser, e de ter escrito alguma versão das metas de noventa dias, um ano e três anos, é possível construir uma percepção de marca que apoie essas ideias.

Sua mensagem de posicionamento deve incluir uma lista de palavras que deseja que as pessoas usem quando se referirem a você. Escrevê-las é um grande primeiro passo para fazer com que os outros acreditem nelas. Pergunte aos seus amigos mais confiáveis que palavras usariam para descrevê-lo, para o bem e para o mal. Pergunte quais são as habilidades e os atributos mais importantes que tem a oferecer.

Em uma dada ocasião, quando ansiava me tornar CEO de uma empresa parte da *Fortune 500*, meu MMP dizia o seguinte: "Keith Ferrazzi é um dos profissionais de marketing e CEOs mais inovadores e focados em resultados do mundo. Sua série de inovações dramáticas estavam presentes em todos os cargos que ocupou. Sua paixão emite uma luz que ele carrega por onde passa."

Empacote a Marca

Os julgamentos e as impressões da maioria das pessoas são baseados em recursos visuais — tudo, exceto as palavras que pronuncia que comunicam aos outros o que você é. Para todos em todas as áreas — vamos ser realistas —, a imagem conta, então seja qual for seu estilo, reserve um tempo para analisá-lo bem. O que sua aparência transmite aos outros?

Há uma ressalva geral e abrangente neste passo: destaque-se! O estilo importa. Goste ou não, roupas, papéis timbrados, penteados, cartões de visita, o escritório e o estilo de conversa são notados — e muito. O design de sua marca é fundamental. Compre roupas novas. Examine, com honestidade, como se apresenta. Pergunte aos outros como eles o veem. Como você deseja ser visto?

Hoje em dia, as pessoas são sortudas por terem bastante liberdade de expressão em relação ao cabelo, maquiagem e vestuário. Não é preciso vestir um "uniforme" de fato para se encaixar, exceto nas profissões mais conservadoras. Mas o ponto principal é este: principalmente quando se está começando, precisa criar uma aparência para o mundo exterior que realce a impressão que deseja causar. "Todos veem o que você parece ser", Maquiavel observou, "mas poucos sabem o que realmente é".

Quando eu era mais novo, costumava usar gravata borboleta. Senti que era uma marca registrada que as pessoas não esqueceriam depressa, e funcionou. "Você é o cara da gravata borboleta que falou na conferência do ano passado", eu ouvia sem parar. Com o tempo, consegui abrir mão dessa marca registrada, pois minha mensagem e o que eu fazia se tornaram a marca em si e achei que o laço não correspondia à minha imagem atual de um vanguardista.

Já falamos sobre como melhorar seus perfis nas redes sociais. Por que não criar um site pessoal também? É uma ferramenta de marketing fantástica e barata para sua marca, além de uma ótima maneira de forçá-lo a articular claramente quem você é. Com um site bonito, você parece tão elegante e profissional quanto qualquer grande corporação na internet. E com ferramentas gratuitas de criação de sites, como wix.com e about.me, você não precisa ser um desenvolvedor Web para conseguir construí-lo.

Pode até parecer trivial, mas não é. Pequenas escolhas causam grandes impressões.

Divulgue Sua Marca

Você precisa se tornar sua própria empresa de RP, como falaremos no próximo capítulo. No trabalho, aceite os projetos que ninguém quer. Nunca peça um aumento até que venha cumprindo sua função com sucesso e se torne inestimável. Participe dos painéis nas convenções. Escreva artigos para publicações online e boletins informativos da empresa. Envie e-mails repletos de ideias criativas para o CEO. Crie seu próprio folheto da Eu Ltda.

O mundo é o seu palco. Sua mensagem é a sua "peça". O personagem que interpreta é a sua marca. Olhe para o papel; viva o papel.

CAPÍTULO 27

Divulgue Sua Marca

Agora você tem o "conteúdo" e o começo de uma marca. Está ficando bom, muito bom. É assim que se torna uma autoridade na sua empresa e na network existente. Mas seu trabalho não acabou. Se o resto do mundo não está ciente do quão bom você é, você e sua empresa estão ganhando apenas parte do benefício. O fato é que precisa ampliar seu alcance e nível de reconhecimento externo. É assim que se tornará uma autoridade não só em sua empresa, mas também em seu setor.

Isso vem, em parte, da visibilidade. Não estou sugerindo que fique na esquina perto de sua casa com um cartaz-sanduíche exclamando: "Coloque-me na TV!" Mas, pensando bem... Ah, vamos deixar esse plano para lá por enquanto. Tenho algumas sugestões de autopromoção de alto risco que farão com que seu esforço de se tornar conhecido seja um pouco mais fácil, e sem passar por constrangimento público. E eu já passei por isso. Já levei algumas pancadas para aprender as maneiras certas e erradas de informar os outros sobre o que faço.

Não é preciso procurar muito para entender por que o aumento da visibilidade pode ser importante para sua carreira e para ampliar sua network de colegas e amigos. Veja, por exemplo, o fenômeno autopromocional de Donald Trump. Quantos outros magnatas do mercado imobiliário você conhece sem pesquisar? Pois é, também não consigo citar mais ninguém. Por que ele é considerado o melhor negociador? Provavelmente porque se designou assim um milhão de vezes em inúmeros artigos e entrevistas na televisão e em um programa de TV famoso. Porque ele tem um livro intitulado *A arte da negociação*.

Mas sua autopromoção não é apenas ego (embora eu não tenha certeza de até que ponto); faz muito sentido para os negócios também. Sua marca digna de atenção agora tem valor embutido. Edifícios com seu nome são mais valiosos e têm taxas de aluguel mais altas. Quando Trump faliu, os bancos, que, de outra forma, teriam executado a hipoteca de qualquer outro magnata passando por dificuldades, deram margem de manobra a Trump, não só porque sabiam que ele era bom no que fazia, mas também porque tinham consciência de que seu nome por si só o ajudaria muito a se recuperar dos contratempos. Trump é um desenvolvedor talentoso, assim como muitas outras pessoas. A diferença? Ele se promove.

O fato é que aquelas pessoas que são conhecidas além do próprio quadrado têm um valor maior. Elas encontram empregos com mais facilidade. Geralmente, sobem a escada corporativa mais depressa. Suas networks começam a crescer sem muito esforço.

Posso ouvir os sons de desconforto já surgindo. Você pode estar pensando: "Sou tímido. Não gosto de falar sobre mim. A modéstia não é uma virtude?" Bem, posso garantir que, se ocultar suas conquistas, elas permanecerão escondidas. Se não se promover (de modo agradável, é claro), ninguém mais o fará.

Goste ou não, seu sucesso é determinado tanto por quão bem os outros conhecem seu trabalho quanto pela qualidade deste. Por sorte, existem centenas de novos canais e meios de divulgação.

Então, como promover a marca Você?

Estratégia Um: Estoure a Bolha

Muitas vezes, você ouvirá as pessoas chamarem as redes sociais de "uma festa virtual". Concordo que regras semelhantes se aplicam, mas acrescente o seguinte: se a rede social é uma festa, acho que estamos chegando ao momento em que as autoridades chegam e encerram o evento porque virou uma confusão.

Em dado momento, é muito difícil aparecer e fazer qualquer tipo de entrada bem-sucedida. Há também outro problema, o que o autor Eli Pariser chama de "bolha dos filtros". As plataformas sociais e de busca usam algoritmos complicados e imperfeitos para filtrar as coisas, tentando garantir que os usuários vejam só o que mais lhes interessa.

Ao querer estourar a bolha invisível de alguém e chamar sua atenção, é preciso criar um conteúdo que seja compartilhado e, de preferência, compartilhado de novo, e depois mais um pouco.

Pariser, ex-diretor executivo da moveon.org, decidiu fazer algo a respeito desse problema da bolha dos filtros. Primeiro, escreveu um livro sobre isso. Em seguida, juntou-se ao antigo diretor editorial do site satírico *The Onion* para criar um empreendimento de mídia chamado Upworthy.com, uma "startup de mídia com carácter social, voltada para a missão de tornar algumas questões importantes [leia-se: notícias políticas de esquerda] tão virais quanto um vídeo engraçado".

À primeira vista, parece inviável — muitas pessoas evitam falar de política em seus sites da mesma forma que a evitam na mesa de jantar no Natal. Porém, um ano após o lançamento, o tráfego da Upworthy era comparável ao de sites como a revista *People* e o *The Drudge Report*. A Upworthy não apenas chegou ao feed de notícias das pessoas, mas também estourou a bolha do convencional, com destaque no *Rachel Maddow Show* e ampla cobertura em jornais como o *New York Times*.

A Upworthy parece ter feito o impossível. Analisemos algumas regras que o ajudarão a fazer o mesmo.

Seja Visual

A maioria das primeiras celebridades da internet eram blogueiras. Na época, bastava personalidade e um ponto de vista para que seu site fosse notado. Hoje em dia, os blogs ainda são uma ótima maneira de comunicar suas ideias online e gerar lealdade e credibilidade. Porém, postagens longas e cheias de texto não são exatamente o melhor jeito de atrair novas pessoas. No site de compartilhamento de links Reddit, 90% dos links que chegam à primeira página (em outras palavras, os mais acessados) são imagens. Fotos, infográficos, gifs animados, compartilhamentos de slides… É muito mais provável que esses conteúdos chamem a atenção e sejam repassados.

Cuidar É Compartilhar

As postagens compartilhadas causam um impacto emocional em segundos, de acordo com os especialistas em marketing online da Moz.com. Esses caras se tornaram experts quando se trata de mexer com as emoções para ver que tipo de reações levam ao compartilhamento. Seu trabalho se baseia naquele do professor Jonah Berger, da Wharton, que conduziu um estudo exaustivo dos links "mais enviados por e-mail" no site do *New York Times* e escreveu um livro sobre os resultados, intitulado *Contágio: Por que as coisas pegam*. Ele e a equipe da Moz chegaram à conclusões semelhantes: ainda que as emoções positivas geralmente sejam melhores do que as negativas, a maioria das pessoas gosta de ser "provocada". Isso inclui as positivas (admiração, diversão, alegria), mas também algumas negativas, como raiva — coisas que nos irritam, enchem-nos de ódio. Em suma, cuidar é compartilhar, então abandone suas postagens sem graça e diga algo que importe.

Curadoria, Não Criação

A Upworthy descobriu que a melhor estratégia para produzir conteúdo viral era a curadoria, não a criação — eles postam links que já apresentam bom desempenho nas redes sociais. Eles os reembalam com títulos irresistíveis e usam um modelo de página fácil de compartilhar, e é como jogar gasolina em uma fogueira. Isso também se aplica quando se cria conteúdo. Assim como Gary Vaynerchuck, a quem mencionei anteriormente, preste atenção nas conversas já em andamento. Quais são as palavras que as pessoas usam? Sobre o que falam? Traga essa consciência para o que você cria. Quando estiver falando a língua das pessoas, suas postagens estarão por todos os lados, como os carros em uma autoestrada.

Estratégia Dois: Manipule a Mídia

Todos os dias, lemos ou ouvimos falar de empresas em jornais, revistas, na televisão e na internet. Na maioria das vezes, o artigo ou a história fala de CEOs famosos e grandes empresas. Não é porque merecem mais a atenção da imprensa do que você ou eu. É o resultado de relações públicas estratégicas e bem planejadas. As grandes empresas têm profissionais de RP trabalhando para moldar e controlar sua imagem (apesar de nem sempre com sucesso).

Empresas menores e indivíduos precisam fazer isso por conta própria. Mas, com um pouco de coragem e estratégia, o acesso à mídia não é tão difícil quanto se pensa. Os jornalistas investigam menos as histórias que publicam do que você imagina. Conseguem a maioria das histórias de pessoas que os procuraram, e não o contrário. E, como todos em qualquer profissão, tendem a seguir a maré. O que significa que, assim que escreverem sobre você, outros repórteres virão. Ao se tornar assunto, farão uma pesquisa rápida no Google sobre você e pronto: descobrirão que já é uma fonte citada e o procurarão para citá-lo de novo.

Um artigo gera visibilidade, o que, por sua vez, o colocará em evidência para outros jornalistas, criando a possibilidade de mais matérias e destaque. Os prazos para esses profissionais transformam o trabalho nas revistas e nos jornais na arte do possível, não do perfeito.

O segredo é enxergar a exposição de sua marca como uma campanha de RP. Como transmitirá sua mensagem? Como garantirá que isso seja feito da maneira que deseja? Claro, sua network é um bom começo. Todos que conhece e com quem fala devem saber o que você faz, por que está fazendo isso e como pode fornecer tal serviço para eles. Mas por que não transmitir essa mesma mensagem para mil networks pelo país?

Agora estamos nos entendendo.

Como mencionei antes, quando me tornei CEO da YaYa, era uma empresa praticamente sem receita e claramente sem reconhecimento do mercado. Tínhamos fundadores visionários — Jeremy Milken e Seth Gerson —, mas precisávamos de um mercado.

Havia, porém, uma empresa com um produto semelhante. Vou chamá-la de Big Boy Software. Eles haviam criado uma ferramenta de software que facilitava a criação de jogos de ponta. Também tentavam encontrar o próprio modelo de negócios e gerar receita. Ambas as empresas estavam em uma corrida para se tornar a marca conhecida no novo mercado que estavam criando.

Logo depois de definirmos o espaço de *advergaming*, a Big Boy viu como a YaYa estava crescendo (e gerando receita operacional) vendendo jogos para grandes marcas. Seguiram o exemplo, tornando-se concorrentes da YaYa. A principal diferença entre eles e nós foi que eles tinham muito mais dinheiro. Conseguiram uma enorme quantidade de capital que envergonhava nossos recursos. Não há necessidade de entrar em detalhes comparativos de quem era uma empresa melhor (sou um pouco tendencioso, é claro), mas o fato permanece: tinham toneladas de auxílios, e nós não — de jeito nenhum.

Então, como a YaYa se tornou a líder do mercado?

A resposta é que criamos o burburinho: aquele fenômeno poderoso e generalizado, capaz de determinar o futuro de indivíduos, empresas e filmes. O burburinho é o enigma que todo empreendedor está tentando resolver. É um boca a boca básico, mas que pode transformar um filme de baixo orçamento em um sucesso de bilheteria multimilionário. Sentimos sua energia nas salas de bate-papo online, na academia, na rua, e tudo isso é fomentado por uma mídia faminta por um furo jornalístico. O burburinho é o marketing usando esteroides.

Aqui está um exemplo do quão bem ele funciona: lembra-se do Napster? Um dia, foi uma ideia inteligente de software que surgiu no dormitório de alguns jovens, permitindo que os usuários online vinculassem e compartilhassem arquivos MP3. Seis meses depois, era uma startup do Vale do Silício, a fonte de um grande processo judicial e destruindo a banda larga dos servidores ao redor dos Estados Unidos. Mesmo quando as operações foram encerradas, o nome ainda causava burburinho suficiente para ser comprado por algo em torno dos US$50 milhões.

A publicidade ou o grande apoio da Oprah não tiveram nada a ver com isso. Assim, o Napster era legal. E como resultado do falatório, tornou-se muito famoso.

Como profissional de marketing, ao longo dos anos, desenvolvi uma ideia de como o burburinho é criado. Uma forma é gerar o que chamo de "situações catalisadoras". Quando assistimos a um grande jogo de futebol, já reparou como a maré muda repentinamente a favor de um time ou de outro? Começa com uma grande jogada e, em muitos casos, é seguida por mais jogadas importantes. O boca a boca é assim. Precisa de uma situação, um momento crucial, um furo jornalístico, uma revelação maluca — algo que faça a multidão sussurrar. Infelizmente, a YaYa era jovem e pobre demais para adotar tal estratégia.

Outra maneira é relatar notícias atrativas, aproveitando o poder da mídia para divulgar sua marca. A campanha de Jesse Ventura para o governo de Minnesota é um exemplo perfeito. Significativamente gastando mais do que seus dois maiores adversários, Ventura conseguiu uma exposição valiosa ao persuadir a mídia a relatar coisas como seu uso criativo de publicidade e um boneco de soldado. Da mesma forma, procuro histórias atrativas que criem burburinho nas notícias.

É aí que entra em jogo alimentar os "influentes". Eles são, como os especialistas em marketing chamam, aquelas pessoas que podem aumentar o rumor da marca. São uma pequena parcela da população que adotará um produto interessante desde o início e fará com que os outros também queiram. Também são as celebridades e especialistas cuja palavra é a lei. É indispensável que você identifique essas pessoas e leve sua marca até elas.

Já mencionei a agência KPE antes. Eram exatamente o que eu procurava. Uma consultoria interativa de marketing e tecnologia de ponta, a KPE se interessou logo de cara pelo novo espaço que estávamos criando. Eram um nome reconhecido entre as empresas da *Fortune 1000*, conhecidas por identificar as últimas tendências. Por sorte, seu chefe de estratégia era Matt Ringel, que conheci graças ao nosso interesse mútuo na organização sem fins lucrativos Save America's Treasures, dedicada à preservação de objetos e lugares de importância histórica nos Estados Unidos.

Entrei em contato com Matt e propus que ele escrevesse um artigo apresentando esse espaço ao mercado. Eu sabia que um informe oficial (documentos de pesquisa que as empresas de consultoria publicam sobre os principais tópicos do dia) apresentando nossa empresa e a tecnologia de uma perspectiva imparcial seria muito mais eficaz e geraria mais credibilidade do que qualquer coisa que nós mesmos pudéssemos fazer. Trabalhei com Matt e seu braço direito, Jane Chen, por semanas no informe, oferecendo exemplos da YaYa, fazendo com que os clientes falassem com eles, apresentando metodologias e percepções que adquirimos com nossa experiência. Antes disso, eu tinha procurado analistas que estavam interessados no espaço e que agora também estavam dispostos a falar com Matt sobre o que estávamos fazendo.

Eu estava dando à KPE outra oportunidade de ver a vanguarda e assumir uma posição de liderança no espaço, enquanto, em troca, só pelo acesso que ofereci, apostei que a YaYa seria o principal exemplo no estudo de caso. Grandes coisas saíram do artigo, inclusive o novo nome do espaço, que chamamos (graças à criatividade de Jane Chen) de "*Advergaming*". O nome por si só já causava burburinho.

Uma lição que aprendemos com essa experiência é que sua campanha de RP deve ser realista. Na maioria das vezes, você precisará começar pequeno. Será forçado a se concentrar no jornal local, nos boletins do ensino médio e da faculdade ou nos jornais da área. Ou talvez apenas um informe oficial no site de alguma empresa de consultoria. O objetivo é acender a chama.

Quando o comunicado foi publicado, recebeu uma publicidade incrível graças ao mecanismo de relações públicas da KPE (que, ao contrário de nós, podiam pagar pelo serviço) e, de fato, nos tornammos o líder imediato do espaço. Aliás, posteriormente recrutei Matt e Jane para a YaYa (eu queria os fundadores do *advergame* na minha organização).

Demorou menos de um ano para aparecermos na capa da *BrandWeek*, na seção de mercado do *Wall Street Journal*, na seção de tecnologia do *New York Times*, em uma reportagem da *Forbes*... e a lista continua. Com frequência, eu estava em todos os painéis junto com a concorrência (geralmente eu era convidado de graça, enquanto a "Big Boy" pagava pela oportunidade). Embora o dinheiro possa certamente ser um substituto para uma boa RP, é difícil ter o suficiente para compensar a credibilidade que se obtém com um único artigo na *Forbes* ou no *New York Times*.

A concorrência, por outro lado, teve pouca divulgação e não conseguiu criar uma mensagem distinta. É tudo sobre o seu conteúdo. Depois de obtê-lo, você pode começar a moldá-lo de uma maneira que chame a atenção. Precisa transmitir um senso de urgência e tornar a mensagem oportuna. Os repórteres perguntam sem parar: "Mas por que isso é importante *agora*?" Se você não conseguir responder de maneira satisfatória, seu momento não chegará.

No caso da YaYa, destaquei como a indústria dos jogos é o segmento com crescimento mais rápido do setor de entretenimento e como, surpreendentemente, ninguém havia descoberto como aproveitar tal progresso para nada além de pura diversão e lazer. Isso nem sempre é o suficiente. Eu havia escrito um artigo para a coluna semanal do *Wall Street Journal* chamada *Manager's Journal* [O Diário do Gerente, em tradução livre]. O editor gostou do artigo, mas continuou adiando para que pudesse publicar outros artigos mais oportunos. Então, comecei a reescrever algumas partes a cada semana para o artigo se relacionar com algo que estava nos noticiários na época. Em pouco tempo, o artigo finalmente viu a luz do dia.

Uma vez que você acende a chama e começa o burburinho, quer colocar sua história na frente dos jornalistas. O equívoco é pensar que precisa "manipular" a imprensa. Mas os profissionais de RP ansiosos demais, que não sabem o significado do não, manobram os repórteres com frequência. Os jornalistas estão fartos de idiotas que publicam artigos sem conteúdo. A mídia é como qualquer outro negócio. Eles têm um trabalho a fazer. Se puder ajudá-los a cumprir suas tarefas melhor ou facilitá-las, eles adorarão você.

É preciso começar a construir relacionamentos com a mídia hoje, antes de ter uma história que gostaria que eles escrevessem. Envie informações a eles. Encontre-os para um café. Ligue regularmente a fim de manter contato. Ofereça informações privilegiadas sobre sua indústria. Torne-se uma fonte de informação disponível e acessível e se ofereça para ser entrevistado na imprensa, rádio ou TV. Nunca diga: "Nada a declarar."

Para ilustrar isso, lembro-me da primeira vez que, como recém-nomeado líder do projeto de reengenharia da Deloitte, encontrei um dos principais jornalistas da *Fortune*, Tom Stewart. Minha empresa de relações públicas nos apresentou, e fui pronto para impressionar. Eu tinha lido todos os artigos que ele havia escrito nos últimos cinco anos. Brinquei com ele sobre as previsões obscuras que ele havia feito anos antes em outros artigos e estava preparado para discutir cuidadosamente sua coluna mais recente. Queria ser o mais útil possível, dando-lhe acesso a tendências, ideias e todos os contatos ao meu dispor. Fiz o mesmo com outros jornalistas de diferentes jornais e revistas importantes.

Tom e eu nos divertimos muito. Sua energia e curiosidade intelectual eram contagiantes. Suponho que eu também tinha algo a oferecer, já que ele prontamente aceitou minha oferta para um próximo almoço e mais um depois daquele.

Foi mais do que admiração mútua. Eu estava preparado para agir, parecer e me sentir como um especialista. Quando não sabia de algo, fazia questão de levar o assunto até alguém que soubesse. Caso constantemente se desculpe com "Bem, não sou um especialista", as pessoas acreditarão e se perguntarão por que você desperdiçou o tempo delas.

Nunca pedi a Tom nada em particular. Nós nos encontrávamos algumas vezes por ano e eu tentava ser o mais útil possível. Lembro-me da primeira vez que vi uma de minhas ideias em sua coluna meses depois de discutirmos, e eis que uma empresa concorrente foi citada, em vez da Deloitte. Fiquei furioso. Meu instinto me dizia para ligar para ele na hora e expressar minha infelicidade. Em vez disso, controlei-me e simplesmente o convidei para outro almoço.

É algo que consome muito tempo? Não se você estiver convencido de que isso faz parte dos esforços de sua empresa e se gosta da interação. Quando ainda estava na Deloitte e aparecia na TV, eu *era* a Deloitte. Quando apareci na *Forbes*, foi a empresa que colheu os benefícios no desenvolvimento dos negócios.

Com o tempo, as horas dedicadas ao desenvolvimento de relacionamentos com os jornalistas será recompensada, como foi meu caso com Tom, tanto pessoal quanto profissionalmente. O nome da Deloitte acabou começando a aparecer com uma frequência crescente nas páginas da *Fortune*, porque nossas histórias estavam sendo ouvidas por alguém que podia recontá-las. Nunca pedi que Tom escrevesse nenhum artigo, mas dar a ele boas ideias durante nossos almoços certamente não atrapalhou. Mais tarde, Tom se tornou o editor-chefe da *Harvard Business Review*.

Porém, lembre-se: não se pode forçar ou pressionar um bom jornalista. Qualquer tentativa de fazê-lo com certeza encerrará seu relacionamento profissional. Os melhores jornalistas são quase sempre os mais éticos.

Ao desbravar o terreno da mídia, saiba que existem minas terrestres no caminho. Às vezes, o que eles querem escrever e a história que acha que devem escrever são coisas bem diferentes.

Aprendi isso do jeito mais difícil. Um dia, recebi uma ligação do famoso repórter Hal Lancaster, que estava escrevendo uma coluna sobre como alguém pode gerenciar a carreira para o *Wall Street Journal*. A matéria foi publicada na terça-feira, 19 de novembro de 1996. Sei a data exata porque emoldurei o artigo, para nunca me esquecer da lição que aprendi.

Quando Lancaster ligou, fiquei em êxtase. Ele era um famoso repórter de um prestigiado jornal perguntando sobre o que eu havia feito. Eu era quase um novato na Deloitte. Bem, a ideia da matéria não era exatamente essa, mas minha empolgação me cegou um pouco. Lancaster informou que estava escrevendo um artigo sobre a natureza mutável do trabalho. Ele tinha uma hipótese de que o fim do movimento de reengenharia estava tendo um grande impacto naqueles que haviam liderado seus projetos e nos que haviam sido afetados por tais projetos.

Em vez de ouvir com atenção seu ponto de vista, tentei impressioná-lo ao falar o que eu pensava que era a verdade. Grande erro! Se um repórter ligar para você, contar a história e o ponto de vista dele, pode ter certeza de que sua discordância será usada como exemplo para reforçar o argumento dele. Rara é a ocasião em que um jornalista ouvirá sua opinião e dirá: "Ai, meu Deus, você está certo! Eu tinha entendido tudo errado." Com raramente, quero dizer nunca. Mas, naquela época, pensei em esclarecer as coisas com Lancaster. No entanto, ele acabou me dando uma bela lição.

Fiquei um tempão explicando para Lancaster como eu trabalhava normalmente, quase me tornando sócio e liderando o esforço de reengenharia da Deloitte, mas agora que a tendência estava passando, eu estava começando um emocionante projeto especial envolvendo marketing. "Vou mudar a maneira como as empresas de consultoria tradicionais se comercializam."

Ele ignorou minha empolgação. "Você se sente deslocado no mundo após a reengenharia?", ele queria saber. Claro, admiti, houve certa mudança envolvida, mas com certeza nada traumático. Ele queria que eu dissesse que me sentia sem rumo. Mas meu novo projeto me empolgava. Eu o considerava um grande passo adiante.

No dia em que a história saiu, corri para a banca para comprar o jornal. Lá, estampado para todo mundo ver, estava o título "Um rebaixamento não precisa significar o fim de uma carreira gratificante". Logo acima da dobra do jornal, em letras GARRAFAIS, estava o meu nome: "Sr. Ferrazzi diz que a mudança foi difícil, mas ele abraçou a situação como uma oportunidade."

Ele estava sugerindo que eu fui rebaixado!

Fui esmagado. Ah, e ainda houve as piadas que ouvi de meu chefe, Pat Loconto. "Então, ouvi dizer que você foi rebaixado e ninguém se reporta a você. Isso é fantástico! Vai nos economizar muito com os custos de RH, começando com aquele seu aumento."

Seja cuidadoso. Ouça o repórter quando ele disser: "Estou escrevendo uma história sobre trabalhadores deslocados..." Não importa o que *você* diga, é sobre isso que ele escreverá.

Agora que sabe um pouco mais sobre esses problemas, é hora de causar burburinho. Aqui está um plano de ação para criar uma estratégia de relações públicas para a Marca Você:

Você É Seu Melhor Representante de RP

Você deve gerenciar sua própria mídia. As empresas de relações públicas são facilitadoras e atuam como alavancagem. Uso tal serviço há anos. As melhores podem ser parceiras estratégicas, mas, via de regra, a imprensa sempre quer conversar com o grandalhão — você, não com um representante de RP. Grande parte dos maiores artigos sobre mim veio de meus próprios contatos. Sim, uma empresa de RP pode ajudar a gerar tais contatos, mas no início de sua carreira, você não precisará dela e provavelmente não poderá pagar.

Quem melhor do que você para contar sua história com credibilidade e paixão? Comece a fazer ligações para os repórteres que cobrem sua indústria. Almoce com eles. Se algo oportuno sobre seu conteúdo ocorrer, envie um comunicado de imprensa. Não há segredo por trás disso. Não são mais do que dois ou três parágrafos descrevendo a parte memorável de sua história. *É fácil assim.*

Lembre-se: as pessoas da mídia são simplesmente divertidas. Tendem a ser interessantes e inteligentes e são pagas para acompanhar tudo o que acontece no mundo. E precisam de você tanto quanto você precisa delas. Podem não precisar de sua história no momento que deseja, mas com um pouco de perseverança, elas o procurarão.

Conheça o Panorama da Mídia

Soube que nada enfurece mais repórteres e editores do que serem contatados por alguém que claramente não tem ideia do que eles publicam ou de quem é seu público. Não se esqueça de que a mídia é um negócio e as empresas que estão na mídia estão procurando classificações ou a venda de mais exemplares. A única maneira de obter sucesso é servindo seu público específico. "Escute, sou um leitor dedicado desta revista", direi aos editores enquanto menciono alguns artigos recentes de que gostei. "Tenho uma história para você na qual sei que seu público estará interessado, pois venho pensando nisso há bastante tempo." Mas isso não é regra. Antes de ligar para os jornalistas, costumo passar um tempo lendo seus artigos, descobrindo o que eles cobrem e que tipos de histórias publicam.

Trabalhe os Ângulos

Dizem que não existe história inédita, apenas histórias antigas com novas narrativas. Para fazer com que seu lançamento pareça novo e original, encontre uma abordagem inovadora. Qual é a sua? Qualquer coisa que grite: "Urgente!" Digamos que esteja abrindo uma loja de animais. Para uma revista voltada para empreendedores, talvez argumente como sua loja é um exemplo recente do boom do empreendedorismo na abertura de lojas varejistas locais. Sugira por que isso acontece e o que os leitores da revista podem aprender. Vender para o jornal local é fácil. O que fez você mudar de carreira? O que há de particular na sua situação que destaca algo acontecendo dentro de sua comunidade? E não se esqueça das situações catalisadoras. Talvez você venda um animal raro que ninguém mais vende. Ou talvez planeje doar filhotes aos órfãos. Isso é algo que vale a cobertura para um jornal local ou do bairro. Divulgue-se.

Pense Pequeno

Você é o Bill Gates? Não. Quem sabe você tenha desenvolvido o antídoto para o resfriado? Também não. Logo, o *New York Times* provavelmente não está batendo à sua porta ainda. Foque a mídia local primeiro. Inicie um banco de dados dos jornais e revistas em sua área que possam estar interessados em seu conteúdo. Experimente os jornais da faculdade, o do bairro ou o boletim informativo digital gratuito de sua indústria que aparece na sua caixa de e-mail. Você acenderá a chama e aprenderá como lidar com os repórteres no processo.

Faça um Repórter Feliz

Eles são um grupo de bem-sucedidos apressados, impacientes e sempre estressados. Trabalhe no ritmo deles e esteja disponível sempre que ligarem para você. *Nunca* estrague uma entrevista e tente facilitar os contatos que precisarão para produzir uma boa história.

Domine a Arte da Frase de Efeito

Diga-me por que devo escrever sobre você em dez segundos ou menos. Se demorar mais que isso para apresentar seu conteúdo, um produtor de televisão presumirá que não conseguirá transmitir seu ponto de vista para um público impaciente. E um repórter pode tentar apressá-lo pelo telefone.

Aprenda a ser breve — tanto nas apresentações por escrito quanto por telefone. A brevidade é valorizada pela mídia. Veja a evolução da frase de efeito moderna: há cerca de 30 anos, um candidato presidencial tinha direito a uma frase de efeito média de 42 segundos. Hoje, é algo em torno de 7 segundos. Caso o presidente esteja recebendo apenas alguns segundos, quanto tempo você acha que terá? Pense como se fossem tópicos de discussão. Escolha os três mais interessantes de sua história e os torne rápidos, coloridos e cativantes.

Não Seja Irritante

Há uma linha tênue entre se promover direito e se tornar irritante. Na hipótese de uma proposta minha ser rejeitada, perguntarei o que mais é necessário para torná-la publicável. Às vezes, nunca estará bom o bastante para o editor, porém, outras vezes, é possível responder mais algumas perguntas ou aprofundar-se e refazer a história. Não há problema em ser agressivo, mas preste atenção aos sinais e recue quando for preciso.

Tudo Será Registrado

Seja cauteloso: o que você diz pode prejudicá-lo, e mesmo que não seja citado ou diga algo extraoficialmente, um repórter usará suas palavras para distorcer o viés do artigo. Não estou defendendo que não fale. É para isso que os diretores de comunicação corporativa são pagos, e não conheço ninguém na imprensa que goste deles. Só não se esqueça de que nem toda imprensa é *boa*, mesmo que escreva seu nome corretamente.

Divulgue a Mensagem, Não o Mensageiro

Houve um tempo em que eu não sabia muito bem a diferença entre reputação e notoriedade. Cara, a diferença é enorme! No início de minha carreira, foquei demais em chamar a atenção. Tudo bem que eu estava construindo uma marca; mas, quando olho para trás, não era a marca que eu queria para mim. Todos seus esforços de publicidade, promoção e marca precisam contribuir para sua missão; se estão apenas contribuindo para seu ego, você acabará com uma reputação que não queria, capaz de atrasá-lo pelo resto de sua vida. Tive sorte. Analisando meu passado, só perdi muito tempo.

Trate os Jornalistas como Trataria Qualquer Outro Membro de Sua Network ou Grupo de Amigos

Como em qualquer entrevista, seu principal objetivo ao se encontrar com um membro da imprensa é fazer com que a pessoa goste de você. O repórter é humano (pelo menos a maioria), e sua empatia pelo trabalho árduo dele terá impacto duradouro. Mesmo quando sinto que uma publicação não me fez justiça, agradeço ao escritor pelo trabalho. Envio um breve e-mail de agradecimento, independentemente do tamanho da publicação. Jornalistas, pela natureza da profissão, são networkers natos. Junte isso a uma comunidade de mídia que não é tão grande assim e entenderá por que quer esses caras ao seu lado.

Distribua Nomes

Conectar sua história a uma entidade conhecida — seja um político, celebridade ou empresário famoso — funciona como uma abordagem efetiva. A conclusão é a de que a mídia quer rostos reconhecíveis em suas páginas. Se sua história lhes der acesso a alguém a quem de outra forma não teriam, farão concessões. Ou, às vezes, você pode vincular uma celebridade à sua história sem conhecê-la de verdade. Deixe para o jornalista ir atrás dela. Você fez sua parte ao lhe dar motivos para procurá-la.

Você Precisa Comercializar o Marketing

Após todo esse trabalho duro e conseguir um bom artigo, não é hora de ser modesto. Espalhe o artigo. Compartilhe-o por meio das redes sociais. Mande-o para a revista de sua antiga universidade. Atualize as anotações de seus cursos. Use o artigo para conseguir ainda mais cobertura da imprensa. Costumo anexar um artigo recente sobre mim a um e-mail e escrever no campo de assunto: "Aqui está outra das tentativas descaradas de autopromoção de Ferrazzi." A maioria das pessoas se diverte com isso e o mantém no radar de todos.

Não Há Limites para Como Você Pode Melhorar Seu Perfil

Existem literalmente milhares de maneiras diferentes de conseguir reconhecimento pela sua expertise. Experimente outro emprego. Veja se tem tempo para assumir projetos freelance que o colocarão em contato com um novo grupo de pessoas. Ou, dentro de sua própria empresa, assuma um projeto extra que permita mostrar suas novas habilidades. Ministre uma aula ou um workshop na empresa. Inscreva-se para participar de um painel de discussões em uma conferência. Mais importante, lembre-se de que seu círculo de amigos, colegas, clientes e consumidores é o veículo mais poderoso que você tem para divulgar o que faz. No fim das contas, o que eles dizem sobre você determinará o valor de sua marca.

CAPÍTULO 28

Aproximando-se do Poder

Já que você tem que pensar de qualquer forma, pense grande.
— Donald Trump

Newt Gingrich, famoso político republicano e ativista em Washington, é conhecido por contar uma história sobre um leão e um rato-do-campo. Um leão, ele diz, pode usar suas prodigiosas habilidades de caça para capturar um rato-do-campo com certa facilidade sempre que quiser, mas no final do dia, não importa quantos ratos ele pegue, ainda estará morrendo de fome.

Moral da história: de vez em quando, apesar do risco e do trabalho envolvido, vale a pena ir atrás do antílope.

Você está se conectando apenas com ratos-do-campo? Se está, comece a mudar seu foco para se conectar com pessoas importantes que podem fazer a diferença em sua vida e na de terceiros. O tipo de gente que pode fazer você e sua network brilharem.

A busca consciente por pessoas com poder e celebridades carrega uma má reputação. Somos ensinados a ver isso como vaidade e superficialidade. Consideramos um meio barato e fácil de progredir na vida. Como resultado, em vez de agirmos de acordo com nossos impulsos, nós os reprimimos. Compramos revistas de celebridades como *People*, *Us Weekly* ou, no caso de empresários, *Fortune*, para espiar com segurança e à distância um mundo do qual, obviamente, estamos ansiosos para saber mais.

Eu, por outro lado, acho que não há absolutamente nada de errado em perseguir esse mundo de forma mais direta. Buscar a influência de pessoas poderosas em nossa vida não é grosseiro ou equivocado; pode ser bem útil. Mais uma vez, ninguém chega lá sozinho, seja qual for o objetivo ou missão. Precisamos da ajuda de muitos outros.

Por que nos impressionamos com a vida dos que têm grandes conquistas? Ao compararmos nossas realizações com as dos outros, a lógica é a de que quanto mais realizadas as pessoas com as quais nos associamos são, maiores se tornam nossas próprias aspirações.

As pessoas que se encaixam em nossas noções convencionais de fama e celebridade costumam ter qualidades ou habilidades que admiramos. Muitas delas alcançaram grandes feitos por meio de riscos, paixão, foco, trabalho duro e atitudes positivas. E tantas superaram muitos obstáculos.

É claro que "celebridade" pode significar diferentes coisas para diversas pessoas. Defino a palavra como o reconhecimento público vindo de uma grande parcela de determinado grupo. Em outras palavras, a fama é uma questão de contexto. Na faculdade, tal reconhecimento é dado aos professores ou reitores conhecidos. Em uma cidade pequena, as celebridades podem ser políticos, empresários de sucesso ou antigos residentes. Essas pessoas têm um grau desproporcional de influência sobre o grupo em que convivem. É por isso que o uso de celebridades como porta-voz das grandes marcas se popularizou. Elas aumentam a conscientização, criam sentimentos positivos em torno de uma empresa e desempenham um papel importante na hora de convencer os consumidores sobre a atratividade de um produto. Celebridades locais dentro de seu próprio grupo podem fazer o mesmo pela sua marca.

Isso é o que os sociólogos chamam de "poder por associação": é o poder que surge da identificação com pessoas influentes. É possível ver tal fenômeno em ação em todos os lugares. O poder que surge das associações internas, por exemplo, pode incluir assistentes pessoais e *gatekeepers* — que podem até não estar no topo na hierarquia empresarial, mas são poderosos simplesmente por causa da proximidade e acesso ao diretor executivo.

Associações externas, como políticos poderosos, repórteres influentes, personalidades da mídia etc., também ajudam a melhorar o perfil de alguém dentro e fora de uma organização. É por isso que uma startup esperta, por exemplo, procurará preencher seu conselho de administração com personalidades dos negócios que sejam reconhecidas, a fim de transmitir credibilidade a um novo empreendimento. Certamente, ter a atenção de celebridades influentes ou jornalistas pode significar uma cobertura mais favorável sobre você e sua empresa ou até uma quantidade sem precedentes de mídia para sua instituição de caridade.

Fama gera fama. O fato é que todas minhas proezas para me conectar com os outros seriam bem menos eficientes se algumas dessas pessoas em minhas listas não fossem nomes bastante conhecidos. A dura verdade é que os que saem na frente costumam ser aqueles que sabem como fazer com que as pessoas do alto escalão se sintam bem ao tê-los por perto. Além disso, adicionam um pouco de magia. Real ou imaginário, essas pessoas têm aquele fator extra capaz de engrandecer um momento e transformar um jantar sem graça em algo magnífico.

O problema é que, embora estejamos empolgados com a ideia de conhecer "celebridades", elas geralmente não estão tão ansiosas para nos encontrar. Então, como podemos nos aproximar?

Não existem respostas fáceis. Porém, se você for atrás das pessoas de maneira sincera, com boas intenções, não estará sendo manipulador. E se for encorajado por uma missão e tiver dedicado tempo e trabalho para estabelecer uma rede de pessoas que contam com você, chegará o momento em que sua crescente influência o colocará em um lugar onde ficará cara a cara com alguém que pode trazer muito brilho ao seu próximo jantar. Você ficará mais próximo do poder só por se conectar e seguir os conselhos que ofereci neste livro.

Quando isso inevitavelmente ocorrer, há algumas coisas que aprendi ao longo dos anos e que você deve ter em mente.

Embora eu esteja ciente do impacto que uma persona conhecida pode ter na network de alguém e decerto não tenho vergonha de me colocar onde o encontro com essas pessoas possa ocorrer, muito fuzuê e adoração matarão seus esforços antes mesmo de você começar. Pessoas são pessoas.

Isso foi útil anos atrás, quando eu estava na festa da *Vanity Fair* na antiga Embaixada Russa após o jantar da Imprensa da Casa Branca. Na fila dos coquetéis, o homem ao meu lado parecia muito familiar. A princípio, pensei que fosse um político. Então imaginei que fosse alguém envolvido na política, mas de alguma forma nos bastidores, como um dos principais assessores do presidente.

Eu estava certo — mais ou menos. O homem era Richard Schiff, ator que interpretou o diretor de comunicação do presidente fictício vivido por Martin Sheen em *West Wing: Nos Bastidores do Poder*. Só para esclarecer: sou péssimo em reconhecer estrelas de TV.

Casualmente, como se ele fosse alguém que não conhecesse, apresentei-me. Ele fez uma pequena pausa, como as celebridades costumam fazer antes de conversar com alguém que não conhecem, e deu um olá educado sem se apresentar.

"E você é?", perguntei. Quando ele notou que eu não sabia quem ele era logo de cara, abriu-se. Acabamos trocando e-mails e mantivemos contato.

Descobri que a confiança é o elemento essencial para se conviver com pessoas poderosas e famosas — confiança em ser discreto, que não há segundas intenções por trás de sua abordagem, que lidará com eles como pessoas, e não como estrelas e, basicamente, confiança de que se sinta como um colega que merece ser tratado como tal. Os primeiros momentos de um encontro são o teste decisivo para a pessoa avaliar se pode ou não confiar em você dessa maneira.

A ironia das celebridades é que elas costumam ter egos bem frágeis. Em muitos casos, algo as levou a buscar a fama. Imagine ser examinado por milhares de olhos todos os dias! Por mais que o mundo se abra para elas, uma parte também se fecha. Há perda de privacidade. E por viverem em um mundo de adulação, lutam todos os dias para equilibrar suas personalidades públicas e privadas. Frequentemente, preocupam-se com o fato de a personalidade pública se tornar indistinguível da personalidade privada. Sentem-se incompreendidas e subestimadas por quem são de verdade.

Para lhes assegurar que está interessado nelas por quem são, e não pela percepção do público, não foque a fama. Em vez disso, concentre-se nos interesses delas. Com certeza deixe que saibam que respeita trabalhos delas, mas não insista. Afaste-as do que normalmente as bombardeia.

Infelizmente, às vezes abrimos exceções inadequadas ao falar com pessoas excepcionais. Você precisa observar e ouvir com o coração e com os olhos. Descubra quais são as paixões delas.

Anos atrás, vi o então governador de Vermont, Howard Dean, dar um discurso. Era o Renaissance Weekend, e as pessoas faziam piadas sobre esse governador desconhecido daquele pequeno estado e suas loucas aspirações de se tornar presidente. A próxima vez que o vi falar foi em um evento sem fins lucrativos pelos direitos humanos em D.C. A essa altura do campeonato, ele estava de fato concorrendo à presidência, embora ninguém o levasse a sério.

Intrigado com Dean e sua mensagem, abordei uma das pessoas de sua equipe (que, na época, era composta por um assessor de campanha e um policial). Disse ao assessor que também era um ex-aluno de Yale politicamente ativo e estava interessado em conhecer o candidato presidencial em algum momento. O assessor e eu tivemos uma boa conversa, e dialoguei brevemente com Dean, assim como muitas outras pessoas no evento.

Duas semanas depois, Dean estava na reunião anual da Gill Foundation na Califórnia, preparando-se para fazer a mesma palestra que eu ouvira algumas semanas antes. Seria a terceira vez que o via falar basicamente sobre o mesmo assunto, e pensei em como ele poderia fazer seu discurso ter mais impacto. Falei com seu assessor e perguntei se poderia conversar um segundo com o governador. Nós o encontramos perto do púlpito onde se preparava minutos antes de subir ao palco. Informei que tinha visto sua palestra em várias ocasiões, que havia falado com seu assessor e que tinha algumas ideias de como ele poderia impactar mais com sua fala. Sugeri que enfatizasse alguns pontos aqui, minimizasse outros ali e encurtasse a palestra. Sim, eu estava assumindo riscos, mas o que tinha a perder? E fui muito sincero em minhas sugestões. Eu me importava com sua mensagem sobre direitos humanos e queria que ele a transmitisse com força.

Enquanto estava na plateia, ouvi uma recomendação após a outra ganhar vida em seu discurso. Caramba! O governador de Vermont e agora candidato presidencial (embora ainda com uma chance muito remota) estava seguindo meu conselho. Depois da palestra, comentei como sua fala tinha sido impressionante e que queria dedicar o resto do evento para apresentá-lo a todos os líderes e inovadores — leia-se: grandes doadores — dentro da Gill Foundation.

Meses depois, quando revi o governador em um jantar beneficente na casa do diretor Rob Reiner, ele não era mais um candidato obscuro, mas um político popular não convencional dando o tom para as indicações do Partido Democrata. Alguém nos apresentou. "Governador, conhece Keith Ferrazzi?" O governador Dean respondeu: "É claro que conheço Keith. Ele é um dos principais responsáveis por eu conseguir a adesão que fez tanta diferença no meu começo." E, naquele momento, realmente senti que havia feito a diferença.

Não esqueça de que pessoas famosas e poderosas são, antes de mais nada, pessoas: orgulhosas, tristes, inseguras, esperançosas, e se você puder ajudá-las a alcançar seus objetivos, independente do jeito, elas ficarão gratas. Sim, ajuda estar nos lugares certos e ser convidado para os eventos certos. Mas os fins de semana chiques e as conferências exclusivas não são as únicas maneiras de conhecer pessoas importantes.

Nos Estados Unidos, existe uma associação para tudo. Caso deseje conhecer os líderes e inovadores diretamente, precisa fazer parte. É incrível como as pessoas são acessíveis quando as conhecemos em eventos que falam sobre seus interesses.

Aqui estão mais alguns lugares que considero particularmente bons para procurar pessoas em ascensão ou que já ascenderam:

Young Presidents' Organization (YPO)

É uma organização para gerentes executivos com menos de 44 anos e tem filiais pelos Estados Unidos. Se você administra um negócio, ou deseja fazê-lo, há muitas organizações empreendedoras que o colocarão em contato com os chefes corporativos de amanhã, e juntamente com a YPO, o Young Entrepreneur Council (YEC) e a Entrepreneurs' Organization (EO) são algumas das melhores. Existem organizações profissionais similares para todas as gamas de atividades profissionais. Artistas gráficos, advogados, programadores e coletores de lixo — como qualquer outra ocupação — têm um sindicato ou grupo que serve como defensor de seus interesses. Há força nos números, e quando você ingressa e se torna uma figura central nas atividades do grupo, se torna alguém que outras pessoas poderosas procurarão.

Angariações Políticas

Mesmo que já tenha concorrido a um cargo pelos Republicanos, não discuto mais abertamente minha afiliação política. Por quê? Primeiro, porque agora voto na pessoa e nas questões, não no partido. E também para que eu tenha acesso a quem está fazendo a diferença em ambos os partidos. Tento fazer de três a dez angariações por ano em minha casa, apoiando políticos regionais e nacionais que acredito que farão uma diferença positiva de ambos os lados. A política é o nexo do dinheiro, da paixão e do poder. Nesse mundo, o desconhecido que você ajuda hoje é o grande político que pode te acudir amanhã. Participe de uma campanha local. Torne-se um defensor franco de uma questão específica; se isso acender sua chama, com certeza acenderá a dos outros: encontre-os e trabalhem juntos!

Conferências

Quando você tem algo único a dizer e se torna um palestrante, se torna momentaneamente uma celebridade por si só. O networking nunca é mais fácil do que quando as pessoas vêm até você. Existem milhares de conferências sobre vários interesses. Ao desenvolver uma especialidade ou paixão paralela, como já sugeri, você poderá descobrir quais pessoas conhecidas compartilham desse mesmo interesse e participar de eventos onde é provável que elas também estejam. Espiritualidade na liderança e direitos humanos são duas de minhas paixões; tento participar sendo ativo em diversas organizações e falando em várias conferências por ano. Conheci inúmeras pessoas importantes assim.

Conselhos de Organizações Sem Fins Lucrativos

Comece encontrando quatro ou cinco questões que são importantes para você e, em seguida, apoie-as localmente. Organizações sem fins lucrativos bem-sucedidas procuram alguns famosos para participar de seus conselhos a fim de ajudá-las a obter publicidade. Eventualmente, o objetivo é se tornar um membro do conselho e se sentar lado a lado com essas pessoas. Mas certifique-se de que se preocupa e quer ajudar a causa de verdade.

Esportes (Principalmente Golfe)

Esportes e exercícios são áreas fantásticas onde você pode conhecer pessoas novas e importantes. No campo ou na quadra, na academia ou na pista, há equilíbrio. Reputação não significa muita coisa. O que importa é a habilidade que se tem e o companheirismo que se pode criar. Há algo nos esportes que faz as pessoas baixarem a guarda. Talvez uma competição assim mexa com nossa psique de tal jeito que nos leve de volta a uma época mais inocente, quando éramos crianças jogando bola na rua. Ou talvez seja o local — longe do escritório, em uma quadra de squash ou nas colinas verdejantes de um campo de golfe.

Ah, o golfe! Eu estaria sendo injusto se não dissesse que o golfe, entre todos os outros esportes, continua sendo o verdadeiro centro da elite empresarial dos Estados Unidos. Já vi de perto como CEOs e executivos importantes fazem lobby desesperadamente — muitas vezes por anos — para serem admitidos em um clube de golfe privado. Por que esses homens e mulheres poderosos suportam tal humilhação para dar algumas tacadas? É claro que se trata dos relacionamentos, da construção de amizades, da camaradagem que se cria com pessoas que sabem que podem ser muito importantes para as empresas ou carreiras uns dos outros.

As regras de conduta são rígidas. Nunca deve parecer que se tenta lucrar com os relacionamentos ou com sua associação ao clube. Em alguns clubes, insinuar um futuro acordo de negócios no campo é uma violação da etiqueta; em outros, é algo mais liberal. É preciso analisar o ambiente. Mas a maioria dos ávidos golfistas admite que o jogo trouxe inúmeras oportunidades. Acabam fazendo negócios um com o outro — mesmo que seja no bar do clube, bebendo. Os jogadores também afirmam que a experiência no campo com outra pessoa é bastante reveladora. Tudo se resume, novamente, em confiança. Um CEO pode perceber se um futuro parceiro de negócios é discreto, se segue as regras, se consegue lidar com o estresse ou se é alguém prazeroso de se estar por perto. É uma chance de conhecer pessoas e ver se elas preenchem os requisitos.

Como o jogo se provou tão útil, há muitas maneiras de aproveitar seus benefícios extracurriculares. Quase todas as associações da indústria organizam partidas e torneios de golfe com frequência. Instituições de caridade, conferências e outras organizações fazem o mesmo na esperança de atrair esse grupo distinto. É possível participar de qualquer um desses eventos sem ser um membro.

Quanto a mim, apesar de meus anos como assistente de golfe e do fato de ter jogado na equipe do ensino médio, e até ter vencido alguns torneios, não jogo mais. É algo muito longo para mim. Mais de quatro horas é coisa demais. Agora jogo apenas uma rodada vez ou outra com amigos em um casamento ou em um grande evento. O meu tipo de esporte está mais para o que fazemos no Barry's Boot Camp, squash no Yale Club em Nova York ou até uma corrida no Central Park ou em Hollywood Hills. Seja golfe, tênis, boliche ou um campo de treinamento, a ideia é torná-lo comunitário — junte-se a uma liga, um clube ou um evento e conseguirá conhecer pessoas novas e interessantes.

Online

Os grandes nomes dos negócios e da política de hoje não são tão inacessíveis quanto antes. A maioria deles recorreu às redes sociais para uma conexão mais imediata com seus fãs, clientes e seguidores, e caso você seja esperto, tirará proveito disso. Adoro o fato de poder ficar online e ver o que Richard Branson está fazendo ao acessar o Twitter.

No entanto, perseguir seus heróis pessoais nas redes sociais provavelmente não o deixará mais perto de um relacionamento pessoal do que correr atrás deles em um centro de conferências lotado. Mais uma vez, na maioria das vezes, você precisa ser apresentado aos grandes Kahunas para de fato chamar a atenção deles. Mas, enquanto isso, ouvir e participar de suas conversas online é uma ótima maneira de aproveitar seu brilho, obter inspiração para suas pretensões e aprender algo no processo. E, claro, ler seus feeds faz parte de um trabalho contínuo de detetive — reunir pistas até ter uma imagem clara de como o que se tem a oferecer se alinha com aquilo de que precisam.

Nesse meio tempo, quem sabe seu comentário inteligente no Twitter levará a uma reposta com menção, enviar uma mensagem direta, um cumprimento ou trocar cartões de visita quando você "acidentalmente" aparecer no elevador dele em uma conferência.

Não há nada de errado em procurar meios de passar um tempo com pessoas com mais conquistas e sabedoria. Depois de se colocar em posição de se conectar com os famosos e poderosos, o segredo é não se sentir indigno ou um impostor. Você é uma estrela pelos seus próprios méritos, com suas próprias realizações e tem muito a oferecer ao mundo.

CAPÍTULO 29

Construa e as Pessoas Virão

Chame de clã, chame de network, chame de tribo, chame de família: como quer que chame, quem quer que você seja, precisa disso.
— Jane Howard

Quando jovem, eu me identificava com Groucho Marx. Assim como o famoso comediante, também não tinha interesse em pertencer a nenhum clube que me aceitasse como sócio.

Com certeza não foi por causa de alguma crença equivocada na autossuficiência: eu já sabia como uma reunião de pessoas poderia ser inestimável e gratificante. Você nunca ouviria resmungos raivosos de minha boca sobre não ter tempo suficiente. (Essa desculpa me mata — o que pode ser mais importante do que encontrar profissionais com ideias semelhantes?) E eu certamente não ficava tímido na frente das multidões.

Só que todos os clubes que pareciam valer a pena frequentar estavam com as portas fechadas para um jovem sem tantas conexões como eu naquela época.

Esses clubes e conferências, com sua seletividade para os membros e sua aura de poder, existem por um bom motivo: as pessoas estão sempre ansiosas para se reunir com outras que tenham interesses semelhantes, a fim de fazer a diferença em suas comunidades e criar um ambiente que torne mais fácil a negociação. Houve um breve momento em que as pessoas temeram que as redes sociais matassem os negócios feitos em conferências. "Por que teriam trabalho quando podem apenas se conectar online?", perguntaram. Na verdade, o oposto está se provando verdade! Mais do que nunca, as pessoas estão usando eventos presenciais, como conferências e festas, para definir comunidades e descobrir quem, entre as milhares de conexões virtuais, devemos considerar futuros amigos, parceiros de negócios e confidentes.

Os CEOs das grandes empresas percebem que, para fazer grandes coisas acontecerem — seja uma política pública ou fechar um negócio com uma empresa de capital aberto —, precisa-se de terceiros. E quanto mais conectados, poderosos e cheios de recursos eles forem, mais você conquistará.

É por isso que as principais reuniões de líderes e negócios do mundo, como o Fórum Econômico Mundial em Davos e o Renaissance Weekend, são eventos tão difíceis de participar. No Renaissance Weekend, presenciamos políticos desconhecidos se conectarem com o tipo de pessoa que os levaria a se tornar figuras conhecidas nacionalmente. Em Davos, vimos políticas internacionais sendo formadas e acordos de bilhões de dólares sendo fechados durante uma xícara de café suíço. Claro, a maioria de nós não consegue ser convidada para Davos. Mas sempre há reuniões e clubes para os quais não somos chamados, pelo menos no início.

Então você não pode entrar na festa de arromba. Grande coisa. Todos temos o espírito empreendedor dentro de nós — se não pode entrar em uma festa específica, não há razão para não fazer a sua própria.

Meu amigo Richard Wurman, arquiteto de profissão, há vinte anos imaginou como a convergência entre tecnologia, entretenimento e design abalaria a economia. "Estava viajando muito e descobri que as únicas pessoas interessantes de se conversar em aviões eram as que pertenciam a esses três negócios", disse em várias ocasiões. "E quando falavam de um projeto pelo qual eram apaixonados, sempre incluíam essas outras duas profissões." Então, com o intuito de reunir as pessoas dessas áreas, ele iniciou as conferências TED em 1984 — com poucos participantes e seus amigos como palestrantes convidados.

Abrindo todos os anos com a mesma frase, "Bem-vindos ao jantar que sempre quis oferecer, mas não podia", o TED se tornou o evento perfeito — um misto entre uma festa divertida e um hipnotizante seminário de nível superior. Ano após ano, mais e mais pessoas vinham de todas as áreas: cientistas, autores, atores, CEOs, professores. No evento, não seria estranho ver o músico/produtor Quincy Jones conversando com o CEO da News Corp, Rupert Murdoch, ou o diretor de cinema Oliver Stone discutindo com o fundador e CEO da Oracle, Larry J. Ellison.

Passando de reuniões que davam prejuízo para encontros exclusivos, o TED acabou arrecadando mais de US$3 milhões por ano, quase lucro puro. Richard não pagava os palestrantes e organizava o evento com apenas alguns assistentes. Ele vendeu o TED por US$14 milhões em 2001 e agora está ocupado inventando novos formatos de eventos, como a WWW Conference, que reúne "duas pessoas muito interessantes, onde uma pergunta se torna uma conversa".

Tentei fazer algo semelhante quando havia acabado de terminar o MBA e me mudei para Chicago, após conseguir um emprego na Deloitte. Não tinha muitos conhecidos na cidade. A primeira coisa que fiz foi pedir às pessoas que me apresentassem aos seus amigos. À medida que encontrava com quem meus amigos haviam sugerido, comecei a perguntar a quais conselhos poderia me associar para me envolver mais na vida da cidade. Eu sabia que, ao fazer isso, o aumento dos negócios para minha nova empresa seria inevitável.

Eu era tão jovem que ninguém me levava a sério de verdade. As opções tradicionais, como o conselho da orquestra sinfônica ou os clubes de campo, não estavam abertas para mim. Recebi muitas ofertas para ingressar em conselhos com jovens. Mas eram basicamente grupos sociais. Eu queria ser ativista, fazer uma diferença real na comunidade. Não queria só ser o anfitrião de degustações de vinho em encontros com jovens de vinte e poucos anos.

Em um momento assim, você precisa descobrir qual é a sua PUV (Proposta Única de Venda, para quem não sabe). Qual ingrediente secreto você oferece? Sua proposta pode ser um conhecimento, um passatempo ou até mesmo um interesse ou uma paixão por uma causa específica que servirá como a base a partir da qual toda uma organização ou clube pode ser criado.

Todos os clubes têm como suporte interesses em comum. Os membros se unem por um trabalho, filosofia, passatempo, bairro ou simplesmente porque são da mesma raça, religião ou geração. Estão vinculados por um conceito coletivo que lhes é exclusivo. Em outras palavras, têm um motivo para ficarem juntos.

Pode-se ter seu próprio conceito distinto e, em seguida, dar o passo que a maioria das pessoas não dá: criar uma organização. Convide aqueles que deseja conhecer para se juntarem a você. Ganhar membros será fácil. Como a maioria dos clubes, começa com seus amigos, que, então, recrutam os próprios amigos. Com o tempo, essas pessoas trarão ainda mais gente nova e intrigante.

Embora as reuniões presenciais criem os laços mais profundos, pode ser que você não resida em uma cidade infestada de pessoas que compartilham seus interesses profissionais. Se for o caso, use a internet. Crie um grupo no LinkedIn ou Facebook com a ajuda de pessoas em sua network existente. Organize videoconferências mensais. Entenda mais sobre as pessoas para ver como o grupo pode se ajudar — compartilhando informações, trocando referências, instruindo uns aos outros sobre os desafios. Se seu grupo der certo, poderá dar o próximo passo: uma reunião presencial anual em uma cidade conveniente. Reserve uma parte do hotel, contrate um palestrante, corte o cabelo e pronto.

Esse é um modelo muito bem-sucedido que até mesmo empresas prósperas têm usado. Pense nos sites famosos da internet que reuniram pessoas em torno de um conceito em comum — como afiliação política, jardinagem ou mesmo, no caso do iVillage, ser mulher — e construíram empresas lucrativas com base no sentimento de pertencimento. Pense nas milhas aéreas ou no supermercado local, onde se ganha desconto por ser membro de um programa de fidelidade. Construir uma comunidade de pessoas que pensam de forma semelhante em torno de uma causa ou interesse comum é, e sempre foi, uma proposta muito atraente por si só.

Naquele período, meu conceito veio de meu interesse em GQT, uma concepção de negócios popular na época que, como descrevi, formou a base do conteúdo que usei para me diferenciar em meu primeiro emprego fora de Yale e, um tempo depois, durante um período trabalhando com um dos professores de uma escola de negócios.

Em nível nacional, o governo norte-americano criou uma organização chamada Programa Nacional de Qualidade Baldrige, que recompensava as empresas que exibiam excelência em GQT. Em Illinois, pensei em criar uma organização sem fins lucrativos semelhante para as empresas locais. Com um programa federal já em andamento, imaginei que não seria muito difícil encontrar outras pessoas com o mesmo interesse — juízes e outros membros da organização nacional que viviam em Chicago, consultores e funcionários de grandes corporações cuja função era lidar com a GQT.

A primeira coisa que precisava fazer era conseguir o apoio de uma instituição ou especialista na área para atrair outros membros em potencial. Pedi que Aleta Belletete, chefe em GQT da First Chicago, se juntasse a mim como cofundadora. Ela, então, convidou seu chefe e um dos CEOs mais influentes de Chicago na época, Dick Thomas, que nos deu sua bênção e concordou em adotar a iniciativa como uma que ele apoiava pessoalmente. Com o apoio de Dick, o governador Jim Edgar designou, de bom grado, seu vice-governador para nosso conselho. Ao conseguir o apoio dessas três pessoas, nossa recém-nascida organização ganhou muita credibilidade. Logo, um grande número de pessoas se dispôs a fazer parte do empreendimento, incluindo os líderes em GQT da Amoco e do Rush Presbyterian Hospital, que também trouxeram seus CEOs para o projeto. E a reviravolta: como eu havia começado a organização, tornei-me presidente! Claro, agora tínhamos que criar, administrar e financiar a empresa. Mas a parte difícil estava feita. Éramos uma instituição credível, e, a partir daí, todos arregaçamos as mangas e colocamos a mão na massa, o que também é indispensável.

Assim nasceu o ABE, ou Lincoln Award for Business Excellence (Prêmio Lincoln para Excelência Empresarial), que existe até hoje como uma fundação sem fins lucrativos de sucesso que auxilia organizações de Illinois na construção de negócios sólidos. Tem centenas de voluntários, um grande conselho e uma equipe em tempo integral. Dois anos após iniciá-la, eu conhecia todos os principais CEOs de Chicago pelo primeiro nome.

O que podemos tirar do exemplo? Que nem mesmo um MBA de Harvard ou um convite para Davos substitui a iniciativa pessoal. Ao não conseguir encontrar uma equipe que lhe permita fazer a diferença, então reconheça o que se tem a oferecer — sua experiência, seus contatos, interesses ou conhecimentos específicos. Reúna as pessoas e faça a sua própria diferença.

Acabou-se o tempo em que os clubes eram apenas para homens brancos ricos se relacionarem entre si. Não importa se é um grupo de vendedores de tapetes que se reúnem todas as semanas para discutir as dificuldades da profissão, uma mesa redonda de mulheres republicanas que estão insatisfeitas com a postura do partido estadual ou um grupo apaixonado por vinhos que se reúne mensalmente para degustações, ouvir vinicultores que estão viajando pela região e planejar uma viagem anual para Napa. O clube e quem você é não importam.

Desde que seja uma associação de pessoas com interesses em comum que se encontram em um local específico (mesmo que virtual), você se beneficiará por pertencer a algo maior que o individual. Você e seus colegas serão fortalecidos por uma identidade coletiva. E enquanto nos negócios, onde os limites da maioria dos relacionamentos são claramente definidos por um projeto ou negócio específico e terminam quando ele é concluído, a associação a um clube (de preferência a um que você iniciou) levará a amizades que durarão por anos.

HALL DA FAMA DOS CONECTORES

Benjamin Franklin (1706–1790)

*"Não consegue entrar em um clube?
Organize o seu próprio."*

O termo de negócios *networking* entrou para a língua inglesa em 1966. Porém, mais de dois séculos antes, na Filadélfia, um jovem Benjamin Franklin usou essa bela ciência social para se tornar um dos homens mais influentes dos Estados Unidos, na época ainda sem nome. Antes de se tornar um patriota, estadista e inventor reverenciado, foi um dos empresários mais bem-sucedidos do país, passando de servo contratado a magnata da impressão.

Voltem seus calendários para 1723, época em que Franklin, com 17 anos, não era rico nem bem-sucedido. Era um aspirante a empresário — treinado no ramo da impressão pelo irmão James — e um recém-chegado na Filadélfia, tendo se mudado para lá depois de não conseguir emprego em Nova York. Não conhecendo ninguém na nova cidade, mas ansioso para abrir sua própria gráfica, Franklin começou a criar conexões.

Em sete meses, Franklin — que conseguiu um emprego em uma gráfica consagrada — conheceu o governador da Pensilvânia, William Keith. O governador encorajou o jovem Franklin a viajar até Londres para comprar qualquer equipamento de que precisasse para iniciar sua própria gráfica. Keith até prometeu cartas de referência e crédito, e Franklin precisaria de ambas para comprar uma prensa móvel e os demais itens.

Mas, ao chegar em Londres, Franklin descobriu que Keith não havia fornecido as tais cartas. Franklin passou os dois anos seguintes ganhando dinheiro suficiente apenas para voltar para os Estados Unidos. Na viagem de volta, mais uma vez Franklin exibiu suas habilidades de networking: seu primeiro emprego na Filadélfia foi como balconista na loja de Thomas Denham, que também era um passageiro nessa viagem transatlântica.

Em pouco tempo, Franklin estava de volta ao ramo da impressão, trabalhando na mesma gráfica de antes. Interessado no estímulo intelectual e no próprio avanço, organizou uma dúzia de amigos em um grupo social nas noites de sexta-feira chamado "Junto" — descrito da seguinte forma na obra *Autobiografia de Benjamin Franklin*:

> Os regulamentos que elaborei exigiam que cada membro, por sua vez, apresentasse uma ou mais indagações sobre qualquer questão de Moral, Política ou Filosofia Natural [física], para ser discutida pelo grupo; e que, trimestralmente, apresentasse e lesse um ensaio de sua própria autoria sobre qualquer assunto que desejasse.

Os membros do Junto eram jovens que ainda não eram respeitados nem estabelecidos o suficiente para entrar nos clubes que serviam à elite empresarial da Filadélfia. Como Franklin, eram comerciantes, pessoas comuns. Sem dúvida, ele adorava clubes. De fato, além de suas lições de economia, indústria e prudência, a autobiografia de Franklin nos diz que todo homem deveria fazer parte de um grupo social, se não mais. Ele acreditava que um grupo de indivíduos com ideias semelhantes e focados em conquistas poderia alavancar dramaticamente o sucesso um dos outros para fazer coisas que, de outra forma, seriam impossíveis.

Agora avancem esses calendários para 1731. Franklin, tendo ganhado o suficiente para abrir sua própria gráfica, investiu em um pequeno jornal falido, o *Pennsylvania Gazette*. Por meio de conteúdo e gráficos cativantes (muitos deles escritos ou desenhados pelo próprio Franklin) e uma distribuição ousada, Franklin transformou o *Gazette* em um veículo lucrativo com a maior circulação das colônias. A prosperidade do jornal transformou Franklin em um magnata da mídia do século XVIII. Ele ganhou renome — e dinheiro — suficiente para se dedicar a projetos públicos, o primeiro dos quais foi a criação da Library Company of Philadelphia, a primeira biblioteca circulante na América do Norte (que ainda existe).

Foi a campanha da biblioteca (o primeiro dos vários projetos públicos de Franklin para a Filadélfia) que lhe deu uma visão profunda de uma das principais virtudes do networking. Ele revelou, ao precisar lidar com a resistência:

> logo senti a inconveniência de alguém se apresentar como proponente de qualquer projeto útil, que se suponha elevar sua reputação no menor grau acima daquele de seus vizinhos, quando se precisa da assistência deles para executar tal projeto. Por isso, fiz o que pude para me manter fora dos holofotes e dizia ser um plano de diversos amigos, que me haviam pedido para propô-los às pessoas que consideravam amantes da leitura. Dessa maneira, meu serviço foi feito com muito mais facilidade e, dali em diante, sempre adotei tal prática em ocasiões semelhantes.

Ah, mas haveria muitas outras "ocasiões". Após a biblioteca em 1731 — para a qual o Junto ajudou Franklin a encontrar seus primeiros cinquenta assinantes —, veio a patrulha da cidade da Filadélfia (1735); o primeiro corpo de bombeiros (1736); a primeira faculdade, que dois anos depois se tornaria a Universidade da Pensilvânia (1749); o primeiro hospital da cidade e também das colônias, por meio de financiamento público e privado (1751); e a primeira seguradora contra incêndios (1751). Franklin também organizou a primeira milícia voluntária da Pensilvânia (1747) e iniciou um programa de pavimentação, iluminação e limpeza das ruas da Filadélfia (1756). Cada projeto dependia da ajuda da network pessoal e profissional dele, e a cada projeto, essa rede crescia junto com sua reputação de benfeitor.

Franklin morreu em abril de 1790, cerca de um ano após o início do primeiro mandato de George Washington. Mais de 20 mil norte-americanos compareceram ao seu velório.

Com o networking, como em tantas outras coisas, seguimos a trilha que Franklin abriu. Com ele aprendemos também o valor da modéstia e o poder do trabalho em equipe — começando com um grupo de jovens comerciantes que se reuniu no Junto e terminando com os homens poderosos que elaboraram a Declaração de Independência e a Constituição dos Estados Unidos.

CAPÍTULO 30

Nunca Ceda à Arrogância

Na seção sobre conexões de meu doutorado, tentei transmitir algumas das lições que aprendi como alguém conhecido como mestre em se conectar com as pessoas. Mas seria negligente se não contasse uma breve e embaraçosa história que me ensinou desde cedo o que pode ser a lição mais valiosa de todas.

É um alerta sobre o que não fazer e como não agir.

A busca por uma network cheia de poder não é em si uma coisa ruim. Mas quanto mais perto se chega de pessoas poderosas, mais poderoso você tende a se sentir. Há um ponto em que sua conexão com os outros será impulsionada; um contato poderoso levará a outro, e depois ao próximo. Pode ser uma viagem bem divertida, motivadora e importante.

Não deixe que a vaidade se infiltre em suas ações, gere mais expectativas ou crie um senso mais profundo de merecimento. Não faça seu doutorado em conexão e, por algum motivo, esqueça todos os ensinamentos e valores que serviram como sua base.

Todos fracassam na vida. O que você fará quando sequer receber respostas dos telefonemas que antes eram retornados de imediato?

Quando concorri à câmara municipal de New Haven como veterano contra um colega de classe, a ideia de um garoto concorrer ao governo local se tornou uma notícia que despertou interesse. Não demorou muito para que um repórter do *New York Times* aparecesse para escrever um artigo. Mal sabia eu que aquele artigo do *Times* me proporcionaria uma das lições mais dolorosas e úteis de minha vida. Isso me levaria a irritar William F. Buckley Jr., o famoso ex-aluno de Yale, conhecido por fundar a revista conservadora *National Review* e ser autor de dezenas de livros.

Concorri ao cargo como republicano. O partido precisava de um candidato, e, em Yale, eles eram minoria, em oposição aos muitos liberais de condomínio que pareciam — para o garoto de Pittsburgh com pai metalúrgico — hipócritas e irracionais. De qualquer forma, eu era jovem e ainda explorava minhas preferências políticas. Provavelmente também tinha certa afinidade com o tradicionalismo do partido conservador moderado do *campus*, Tories, além de verdadeiro apreço por seus partidos e pelo comprometimento de sua liderança e de seus antigos alunos.

Mas essa história não é sobre política. É sobre orgulho e ego.

Naquela época, eu ainda não havia percebido que de onde vim poderia ser uma fonte de força, em vez de fraqueza. A insegurança me levou a agir de maneiras das quais me arrependo. Meu estilo de liderança, por exemplo, estava longe de ser inclusivo. Enquanto acumulava conquistas, minha vontade e ambição afastavam muita gente. Gabei-me de meus prêmios e não reconheci aqueles que ajudaram a torná-los possíveis. Muita arrogância e pouca humildade, como diria meu pai, embora com menos palavras.

Estava mostrando a todos aqueles garotos para quem trabalhei como assistente de golfe no clube que eu era tão bom quanto eles.

Perdi a eleição, como já sabem, mas o artigo do *New York Times* foi lido por um grande número de pessoas, e por algumas que achavam que ser um republicano em Yale era uma coisa boa. Na minha caixa de correio, semanas após a eleição, recebi um breve bilhete.

"Fico tão feliz em ver que há pelo menos um republicano em Yale. Venha me ver algum dia. WFB."

William F. Buckley Jr. havia se dado ao trabalho de escrever *para mim*! Fiquei chocado. Tornei-me uma celebridade instantânea no nosso pequeno círculo.

Claro, o homem havia feito um convite, e eu aceitaria a oferta. Imediatamente comecei a entrar em contato com o Sr. Buckley para marcar uma data para uma reunião. Ele foi gentil, convidou-me para sua casa e até sugeriu que levasse alguns amigos.

Alguns meses depois, junto com três outros colegas, cheguei a uma estação de trem em Connecticut, onde fomos recebidos por ninguém menos que o próprio Sr. Buckley, vestindo um velho par de calças cáqui e uma camisa de botão amassada. Ele nos levou até sua casa, onde conhecemos sua esposa, que cuidava do jardim. Foi um dia glorioso. Bebemos algumas taças de vinho, conversamos sobre política, o Sr. Buckley tocou cravo e depois todos nos sentamos para um demorado almoço. Em seguida, fomos convidados a dar um mergulho na bela piscina dos Buckley, com mosaicos de azulejos que lembravam uma casa de banho romana.

Eu não poderia deixar a oportunidade passar. Buckley não era o único ex-aluno de Yale insatisfeito com o clima político em sua *alma mater*. Outros antigos alunos conservadores estavam reclamando. Muitos pararam de doar dinheiro para a instituição. Achei que eu tinha uma solução que seria uma verdadeira vitória para o *campus* e para esses ex-alunos.

E se, sugeri, criássemos uma fundação que permitisse que antigos alunos conservadores marginalizados doassem dinheiro diretamente para as organizações estudantis que representassem os valores tradicionais que apoiavam? A Yale ganha porque estaria recebendo dinheiro que, de outra forma, não aconteceria. Os ex-alunos conservadores ganham porque podem se sentir bem com a universidade e sua capacidade de contribuir. Os atuais alunos ganham porque haveria mais diversidade organizacional e dinheiro para os clubes universitários. O que poderia ser melhor?

Bem, eu fiz a proposta e achei que o Sr. Buckley tinha abraçado a ideia. Ele me disse que começara uma fundação para financiar uma publicação estudantil alguns anos antes, mas o plano nunca tinha realmente decolado. Disse que ainda havia dinheiro na fundação e ficaria feliz em investi-lo na minha ideia. Pelo menos foi isso o que ouvi. Animado, esqueci dos pingos nos "is" temendo estragar uma coisa boa. Dizem para "nunca vender além do acordo", e achei que tinha o acordo.

Eles também dizem que é melhor você ter certeza de que ambas as partes sabem exatamente o que está sendo acordado e que todos os envolvidos se lembrarão disso depois?

Quando voltei ao *campus*, não escondi minha empolgação. Garanti que todos soubessem que eu era o novo presidente de uma organização novinha em folha. Caramba, eu estava com tudo! Comecei a procurar outros antigos alunos que pudessem estar interessados em contribuir para a causa. Fazia ligações e, nos fins de semana, ia a Nova York falar com outros ex-alunos sobre a nova fundação que William F. Buckley e eu estávamos começando.

"Bill Buckley investiu. Você também gostaria de ajudar com alguma quantia?", eu perguntaria. E eles ajudavam. Toda vez que voltava de Nova York, minha bola ficava cada vez mais alta enquanto me deleitava com pessoas famosas e poderosas que estavam dando dinheiro para mim (observe o uso de "mim", não "nós").

Coitados de meus colegas que tiveram que suportar minha falação sobre minhas idas a Nova York! Então, tão rápido quanto começou, meu breve encontro com a fama chegou a um fim repentino.

Por acaso, certo dia, o Sr. Buckley encontrou em um elevador um dos outros ex-alunos famosos que haviam prometido dinheiro. "Bill", o cavalheiro disse, "igualei sua contribuição para a nova fundação em Yale". Ao que o Sr. Buckley respondeu: "Que fundação?"

Acontece que o Sr. Buckley não se lembrava de nossa conversa. Ou talvez tenha me dito uma coisa e eu tenha entendido outra bem diferente. Talvez ele só tenha pensado que eu queria retomar a revista. Mas isso já era irrelevante. O Sr. Buckley só conseguia se lembrar de sua revista parada e uma vaga menção a recomeçá-la em Yale. Informou ao outro doador que não era o cofundador de uma nova fundação conservadora em Yale, pois tenho certeza de que era assim que ele encarava a situação. Naquele momento, tudo desandou.

As promessas que me foram feitas não foram mantidas, pois não havia mais utilidade para elas. O Sr. Buckley não retornou minhas ligações. Mais importante, e para minha surpresa, meus amigos que estavam presentes e igualmente entusiasmados naquele dia na casa do Sr. Buckley não vieram ao meu socorro quando implorei para que explicassem que tinham ouvido o mesmo que eu. Minha reputação foi manchada entre algumas pessoas importantes. Fiquei envergonhado no meio de meus amigos depois de me vangloriar para eles. E então, para esfregar sal na ferida, alguém do jornal da faculdade de Yale ficou sabendo do que havia acontecido e criou uma ilustração me retratando sendo ferido por grandes nomes famosos caindo do céu. Doeu de verdade, mas mereci.

Olhando para esse acontecimento, agradeço a experiência. Aprendi algumas lições valiosas. Por um lado, tive de começar a jornada para mudar meu estilo de liderança. Não era o bastante para conseguir fazer as coisas acontecerem. Era preciso fazer as coisas, mas também garantir que as pessoas ao meu redor se sentissem envolvidas, não só como parte do processo, mas como parte da liderança. Aprendi que os compromissos não eram compromissos, a menos que todos os envolvidos soubessem dele com total clareza. Entendi quão pequeno é o mundo, especialmente o dos ricos e poderosos.

Mais importante: aprendi que a arrogância é uma doença que pode levá-lo a esquecer seus verdadeiros amigos e sua importância. Mesmo com a melhor das intenções, o excesso de arrogância despertará a ira de outras pessoas e o desejo de colocá-lo em seu devido lugar. Então não se esqueça de ser humilde durante sua escalada. Ajude os outros a escalar junto e antes de você. Nunca deixe a expectativa de formar laços com um conhecido mais poderoso ou famoso o fazer perder de vista o fato de que as conexões mais valiosas que se tem são aquelas que já fez. Penso em meu passado regularmente e entro em contato com as pessoas que me são importantes desde que eu era criança. Esforço-me para dizer aos primeiros mentores o que significaram para mim e o quanto foram responsáveis pelo meu sucesso hoje.

CAPÍTULO 31

Encontre Mentores, Encontre Pupilos, Repita

Ensinar é reaprender.
— H. J. Brown

Grandes músicos sabem disso. Assim como atletas profissionais e excelentes palestrantes. Pessoas bem-sucedidas em quase todas as áreas sabem que não é possível dar seu melhor sem um bom treinador ao lado. E agora o mundo dos negócios também sabe disso: em um ambiente acelerado, fluido e dinâmico, onde organizações achatadas compostas por equipes multifuncionais devem responder rapidamente às mudanças, a mentoria é uma das estratégias mais eficazes para conseguir extrair o melhor de cada indivíduo.

Muitas empresas desenvolveram programas formais de tutoria com a ideia de que compartilhar o que se sabe, e aprender o que os outros têm a ensinar faz parte de uma gestão inteligente. Na Ferrazzi Greenlight, trabalhamos com muitas empresas para criar tais programas com o pensamento de que ajudar os funcionários a construir relacionamentos para o sucesso na carreira reduz a rotatividade, além de levar a relações externas mais fortes para o crescimento da receita. Um dos programas mais bem-sucedidos da história foi criado em 1997, no Novo México, em uma das maiores instalações de fabricação de chips da Intel.

As pessoas responsáveis pelo desenvolvimento desse programa queriam ir além da noção tradicional de orientação como um processo unidirecional, que reunia executivos experientes com ambiciosos novatos. Para o pessoal da Intel, a mentoria em toda a organização significava criar uma rede de aprendizado inclusiva que combinasse as pessoas não por cargo ou tempo de casa, mas por habilidades específicas que estivessem em demanda. A empresa usa a intranet e o e-mail para quebrar as barreiras entre departamentos e criar parcerias entre duas pessoas que podem ensinar uma à outra diferentes e valiosas habilidades de que precisam para serem funcionários melhores. O sistema permite que a Intel espalhe as boas práticas rapidamente por toda a organização globalmente e desenvolva os melhores e mais brilhantes funcionários da indústria.

Ainda que seja maravilhoso que o mundo dos negócios esteja finalmente se desenvolvendo, a mentoria — um processo vitalício de dar e receber, em um papel interminável de mestre e aprendiz — sempre foi o santo graal para quem ama conectar as pessoas.

Nenhum processo da história fez mais para facilitar a troca de informações, habilidades, conhecimentos e contatos do que a mentoria. Jovens aprenderam seus ofícios estudando como aprendizes de seus respectivos artesãos. Jovens artistas desenvolveram seu estilo individual somente após anos trabalhando com mestres mais experientes. Novos padres aprenderam por uma década ou mais com os mais velhos para se tornarem religiosos sábios. Quando finalmente lidavam com as coisas por conta própria, tinham o conhecimento e as conexões para serem exitosos na área escolhida.

Ao estudar a vida daqueles com mais sabedoria que nós, expandimos nossos horizontes. Quando criança, percebi que muitas das oportunidades que outras crianças tinham de se expor a coisas e pessoas novas, como um acampamento de verão ou aulas extras, não estavam disponíveis para mim. Aprendi depressa que o sucesso em minha vida exigiria determinação, investigação, autoconfiança e força de vontade. Também aprendi a contar com outras pessoas que *estavam* disponíveis: meu pai e alguns dos melhores profissionais que ele conhecia em nosso bairro.

Meus pais me instruíram a observar como as pessoas mais bem-sucedidas que conhecíamos trabalhavam, falavam e viviam. Disseram-me que eu poderia aprender a viver minha vida observando os outros viverem as deles. Meu pai, é claro, fez tudo o que pôde para me educar e me ensinar o que sabia. Mas ele queria que eu soubesse mais do que isso; como a maioria dos pais, queria que eu fosse mais do que ele jamais foi. Forneceu-me a confiança necessária para sair, sem orgulho ou insegurança, e desenvolver relacionamentos com homens e mulheres que ele conhecia e respeitava.

Talvez o valor que ele atribuía aos mentores viesse de Damon Runyon, um de seus autores favoritos. Um cara durão que abandonou a escola no ensino fundamental e fez seu próprio caminho até o sucesso, as histórias de azar de Runyon sobre personagens igualmente durões ressoaram emocionalmente em meu pai. Seu trecho favorito de Runyon era: "Sempre tente se esfregar no dinheiro, pois se você se esfregar nele por tempo suficiente, parte dele pode passar para você." Não é surpresa, então, que meu pai quisesse que "me esfregasse" em pessoas com mais dinheiro, conhecimento e habilidade do que ele.

Antes mesmo de completar 10 anos, lembro-me dele me encorajando a andar de bicicleta na frente de casa para passear com nossos vizinhos. Quando estava na escola primária, eu havia me conectado a George Love, pai de um de meus amigos e advogado local. De vez em quando, papai me levava para visitar Walt Saling, um corretor de ações. Eu me sentava perto deles e perguntava a Walt sobre seu trabalho e as pessoas com quem trabalhava. Quando voltava da escola preparatória, papai e eu saíamos para nossas "voltas". Íamos visitar aquelas pessoas com quem ele achava que eu aprenderia algo, como Toad e Julie Repasky, donos da fábrica de cimento local e para quem ele trabalhava; ou as irmãs Fontanella, que costumavam me ensinar latim e matemática quando eu era criança. Esses homens e mulheres de nossa cidade eram as celebridades para nossa família proletária. Eram profissionais com boa formação, o que significava que tinham algo a ensinar.

O fato é que, da perspectiva de meu pai, todos tinham algo a oferecer. Quando saía para seu encontro semanal com seus amigos em um restaurante local, ele me levava junto. Queria que eu me sentisse confortável com pessoas mais velhas e experientes e nunca tivesse medo de pedir ajuda ou fazer perguntas. Quando meu pai aparecia comigo em uma noite de sexta-feira, seus amigos diziam: "Olha se não é o Pete [nome do meu pai] e o re-Pete [o apelido que me deram]."

Relembro aqueles tempos com bastante gratidão e emoção. A cada passo que dei e até hoje, tento me conectar com pioneiros, chefões e pessoas que tiveram uma vida diferente da minha.

Talvez meu pai e Runyon estivessem envolvidos em algo ainda mais profundo do que imaginavam. Pesquisas agora apoiam a crença de que a pessoa com quem se associa é crucial para quem você se torna. O Dr. David McClelland, de Harvard, pesquisou as qualidades e características dos bem-sucedidos em nossa sociedade. O que ele descobriu foi que a escolha de um "grupo de referência", as pessoas com quem você anda, é um fator importante para determinar seu sucesso ou fracasso no futuro. Em outras palavras, se você convive com pessoas conectadas, também está conectado. Se anda com pessoas de sucesso, é mais provável que também o obtenha.

Deixe-me explicar como a mentoria se tornou importante para mim por meio de uma experiência que tive no início da carreira. Foi no final do verão, antes de meu segundo ano na escola de negócios. A Deloitte and Touche, empresa de contabilidade e consultoria em que estagiei durante aquele período, estava oferecendo seu coquetel anual de fim de verão para seus estagiários do país inteiro.

Em um canto, em meio a todo o tilintar de copos e conversas educadas, vi um grupo de sócios e funcionários seniores ao redor de um cara grande, rude e grisalho que estava no centro do grupo. Os outros estagiários permaneceram em suas panelinhas confortáveis, mantendo distância dos chefes, mas fui direto para os grandões. Na verdade, não era diferente de andar de bicicleta na frente de casa para interagir com os vizinhos.

Fui direto até o homem no centro da roda, apresentei-me e perguntei diretamente: "Quem é você?"

"Sou o CEO desta empresa", ele respondeu, de maneira brusca, o que indicava que eu deveria saber disso, enquanto os sócios ao seu redor sorriam e davam risadinhas.

Ele tinha cerca de 1,80m, peito largo e era muito, muito direto. Era o tipo de cara que preenchia o cômodo com sua presença.

"Bem, acho que eu deveria saber isso", respondi.

"Sim, acho que deveria", disse. Ele estava brincando e, como costuma acontecer com pessoas em posições de poder, gostou da minha sinceridade e ousadia. Apresentou-se como Pat Loconto.

"Loconto", falei. "É um belo sobrenome judeu, não é?"

Ele riu e conversamos usando o pouco de italiano que sabíamos. Em pouco tempo, estávamos totalmente engajados, conversando sobre nossas famílias e nossa criação semelhante. Seu pai também era um ítalo-americano de primeira geração que incutiu nele muitos dos mesmos valores que meu pai me ensinara. Na verdade, até conhecia Pat, mas só por reputação. Tinha ouvido falar de seu estilo sensato — duro e incansável, mas também caloroso. Decidi naquela hora que conhecê-lo melhor talvez não fosse uma má ideia.

O fato de ter me aproximado dele no coquetel e descoberto que viemos do mesmo lugar aumentou meu respeito pelo homem e o dele por mim. Mais tarde, soube que logo após aquela conversa, ele foi atrás de descobrir tudo sobre mim e meu verão com a empresa. Naquela noite, saí com Pat e os sócios seniores até altas horas da madrugada. Não tentei ser quem não era. Não exagerei e fingi saber mais do que sabia. Muitas pessoas acreditam que isso é necessário para se conectar com aqueles acima de você, mas, na verdade, isso geralmente resulta em fazer papel de idiota.

Lembrei-me de que meu pai e minha mãe me instruíram a falar menos nessas situações; quanto menos falar, provavelmente ouvirá mais. Eles estavam me alertando, dada a minha predisposição para ser falante desde cedo. É assim que se aprende com os outros, papai disse, e capte as pequenas nuances que o ajudarão a construir um relacionamento mais profundo mais tarde. Também não há melhor maneira de sinalizar seu interesse em se tornar um pupilo. As pessoas percebem implicitamente seu respeito e ficam lisonjeadas com a atenção. Dito isso, em silêncio para mim não é exatamente em silêncio. Fiz um monte de perguntas, sugeri coisas que presenciei durante o verão e conspirei com os líderes sobre o que era importante para eles: tornar a empresa um sucesso.

A mentoria é uma atividade bem deliberada que requer que as pessoas deixem seu ego para trás, evitem se ressentir do sucesso alheio e se esforcem conscientemente para construir relacionamentos benéficos sempre que a oportunidade surgir. Os outros estagiários naquela festa olharam para Pat e para os sócios seniores com intimidação e tédio ("O que tenho em comum com eles?") e mantiveram distância. Compararam seus cargos com os dos chefões e se sentiram excluídos, e, por causa dessa atitude, foi o que aconteceu.

Quando finalmente me formei, fiz entrevistas para várias empresas, no típico estilo MBA. Minha escolha final estava entre a Deloitte Consulting e uma de suas concorrentes, McKinsey. A McKinsey era então considerada o ápice das empresas de consultoria. Para a maioria de meus colegas, a escolha teria sido óbvia.

Então, uma tarde antes de minha entrevista final na McKinsey, recebi uma ligação. Quando atendi, deparei-me com uma voz rouca e familiar. "Aceite nossa oferta agora e pode vir até Nova York esta noite para jantar comigo e com alguns de meus sócios." Antes que tivesse a chance de responder, ele acrescentou: "É Pat Loconto. Quero saber se você fará parte da Deloitte ou não."

Desconfortável, contei a Pat que ainda não tinha decidido onde trabalharia. Mas tive uma ideia que poderia me ajudar no processo. "Ouça, ainda estou decidindo, mas ajudaria se eu jantasse com você e alguns sócios para ter uma ideia melhor do que eu faria na organização e para onde ela está indo."

"Só vou jantar com você se aceitar minha oferta", ele disse. Pat estava brincando de novo, e gostei ainda mais dele por suas práticas pouco ortodoxas de recrutamento. Assim, ele me tirou da saia justa: "Ok, venha para Nova York, mas não se preocupe, nós o levaremos para Chicago pela manhã para sua entrevista." Mas espera um pouco, como ele soube de minha entrevista?

Quando vi, já estava com Pat e alguns sócios em uma mesa no Grifone, seu restaurante italiano favorito em Manhattan. As zombarias eram duras e pesadas, assim como a bebida. Tínhamos bebido garrafas e garrafas de um bom vinho, seguido de um pouco de conhaque. Perto do final do jantar, Pat fez sua oferta e um discurso bastante chocante.

"Quem diabos você pensa que é? Acha que a McKinsey dá a mínima para Keith Ferrazzi?" Antes que pudesse responder, ele continuou. "Acha que o CEO da McKinsey sabe quem você é? Que algum dos sócios seniores tiraria uma noite de domingo para jantar com você? Você será apenas mais um cara com MBA que tritura números, perdido no caos. Nós nos importamos com você. Queremos que tenha sucesso aqui. Mais importante ainda, acreditamos que possa fazer a diferença na nossa empresa."

Eu estava dentro? Pat quis saber.

Uau, seu discurso foi convincente e, naquele momento, meu instinto me disse que ele estava certo. Sabia que estava. Mas eu não pretendia sair daquele jantar sem fazer uma pequena oferta.

"Olha, tenho um acordo para você", falei. "Se eu aceitar sua oferta, tudo o que peço é que você me traga para três jantares por ano neste mesmo restaurante enquanto eu estiver na Deloitte. Eu topo, se você topar."

Ele me olhou nos olhos e, com o maior sorriso, disse: "Ótimo. Bem-vindo à Deloitte."

A propósito, em seguida pedi mais dinheiro. Ele só balançou a cabeça e riu. Bem, não custa nada perguntar; o pior que ele poderia ter dito era não. Então, após três horas em um restaurante, esse homem me convenceu a tomar uma decisão profissional que mudaria minha vida sem dizer uma palavra sobre título, salário ou sequer um detalhe sobre como esperava que eu pudesse fazer a diferença.

Sinceramente, no começo eu ainda tive minhas dúvidas sobre se havia tomado a decisão certa. Na área de consultoria, a Deloitte era um peixe pequeno naquela época, seu prestígio nem se comparava ao da McKinsey.

Mas pense em uma decisão certa — na verdade, foi a melhor de minha vida. Primeiro, como fui para a Deloitte Consulting, recebi mais responsabilidades e aprendi mais sobre consultoria nos oito anos seguintes do que a maioria das pessoas aprende em vinte. Segundo, descobri que poderia fazer a diferença graças ao meu acesso aos sócios seniores. Terceiro (e mais importante), percebi que encontrar um mentor talentoso e experiente que esteja disposto a investir tempo e esforço para desenvolvê-lo como pessoa e profissional é bem mais importante do que tomar decisões profissionais baseadas apenas em questões como salário ou prestígio.

Além disso, naquela época, o dinheiro não era tão importante. Como diz o ditado: você aprende aos vinte e ganha aos trinta. E, cara, como aprendi! Todo ano Pat e eu jantávamos pelo menos três vezes no Grifone, o mesmo restaurante italiano. Durante todo o meu tempo na Deloitte, tive a atenção do CEO, e ele continuou perguntando sobre mim entre seus sócios, cuidando de mim o tempo todo.

No final das contas, é claro, trabalhei de perto com Pat e outros profissionais incríveis na Deloitte, e isso me ensinou a importância de se relacionar com ótimas pessoas, ótimos professores. Não que trabalhar com Pat e seu braço direito, Bob Kirk, tenha sido fácil. Eles me ensinaram algumas lições difíceis sobre como manter o foco; que ideias ousadas não bastavam se não pudessem ser executadas; que os detalhes são tão importantes quanto as teorias; que você precisa colocar as pessoas em primeiro lugar, *todas* elas, não só aquelas acima de você. Pat provavelmente deveria ter me demitido em algumas ocasiões. Em vez disso, investiu tempo e energia para me tornar o tipo de executivo — e mais importante, o tipo de líder — que queria que eu fosse pelo bem da empresa e seu papel de mentor.

* * *

Houve dois componentes cruciais que tornaram minha mentoria com Pat (e que, aliás, tornam qualquer uma) próspera. Ele ofereceu sua orientação porque prometi algo em troca. Trabalhei sem parar em uma tentativa de usar o conhecimento que transmitia para tornar ele e sua empresa mais bem-sucedidos. E dois, criamos uma situação que foi além da utilidade. Pat gostou de mim e ficou emocionalmente envolvido em meu progresso. Ele se importava comigo. Esse é o segredo para uma mentoria de sucesso. Uma boa relação de mentoria precisa de partes iguais de utilidade e emoção. Não se pode simplesmente pedir a alguém que invista em você. Tem que haver certa reciprocidade envolvida — seja trabalho duro ou lealdade que ofereça em troca — para que haja o investimento em primeiro lugar. Então, quando o processo começa, é necessário moldar seu mentor em um treinador, alguém para quem seu sucesso é, em um nível grande ou pequeno, o sucesso dele também. Devo muito a Pat. Se não fosse por ele, eu não seria o homem que sou hoje. E isso vale para muitos outros, começando com minha mãe e meu pai; e Jack Pidgeon, da Kiski School; e meu "tio" Bob Wilson; e tantos outros que mencionei neste livro, assim como aqueles não mencionados, mas de quem me sinto tão próximo.

A melhor maneira de iniciar esse processo é oferecer ajuda primeiro e não pedir. Se houver alguém de cujo conhecimento você precisa, encontre um meio de ser útil para essa pessoa. Considere as necessidades dela e como pode ajudá-la. Caso não seja capaz de ajudá-la especificamente, talvez possa contribuir para sua instituição de caridade, empresa ou comunidade. Deve estar preparado para retribuir aos seus mentores e garantir que saibam disso desde o início. Antes que Pat considerasse jantar comigo três vezes por ano, ele precisava saber que estaria comprometido com sua empresa. Foi assim que cheguei tão cedo em uma posição de confiança, que mais tarde se transformou em uma amizade.

No entanto, se não houver oportunidades imediatas de ajudar, você deve ser prudente e consciente do que impõe a essa pessoa.

Quase todos os dias, algum jovem ambicioso me envia um e-mail bem direto: "Quero um emprego." Ou: "Acho que você pode me ajudar. Aceite-me como seu pupilo." Estremeço ao notar como não entendem o processo. Se vão conseguir minha ajuda sem nem ao menos oferecer ajuda em troca, então, no mínimo, deveriam tentar mostrar seu valor. Diga-me por que você é especial e o que temos em comum. Expresse gratidão, entusiasmo e paixão.

Muitas vezes, o problema é que eles nunca tiveram mentores antes e têm uma visão limitada de como o processo funciona. Algumas pessoas pensam que há apenas uma pessoa especial por aí, esperando para ser tudo do que precisam, o tempo todo. Mas, como meu pai me ensinou, os mentores estão por toda parte. Não é necessariamente seu chefe ou sequer alguém de sua empresa. A mentoria é uma atividade não hierárquica que transcende as carreiras, capaz de cruzar todos os níveis organizacionais.

Um CEO pode aprender com um gerente, e vice-versa. Reconhecendo esse fato, algumas empresas inteligentes realmente têm programas que enxergam os novos contratados como mentores da empresa. Depois de um mês no trabalho, pedem aos novatos que anotem todas suas impressões, baseados na crença de que um novo par de olhos pode ver problemas antigos e fazer sugestões inovadoras que outros não conseguem.

De fato, as pessoas com quem aprendi muito são meus próprios jovens pupilos, que me ajudam periodicamente a atualizar minhas habilidades e enxergar o mundo de uma nova perspectiva.

Por mais que você se estique para apertar a mão de alguém, certifique-se de se alongar o máximo possível para voltar e ajudar os outros também. Sempre dediquei tempo para auxiliar os jovens. A maioria acaba trabalhando para mim em algum momento, seja como estagiário ou funcionário. Gente como Paul Lussow, Chad Hodge, Hani Abisaid, Andy Bohn, Brinda Chugani, Anna Mongayt, John Lux e Jason Annis. A lista é interminável.

Há quem não entenda de primeira. Eles perguntam timidamente: "Como posso um dia retribuir tudo o que você está fazendo?" Digo que já estão me retribuindo agora. Tudo o que espero é gratidão sincera e vê-los aplicando o que estão aprendendo.

Ver Brinda ascendendo na Deloitte, Hani se tornando sócio de um de meus negócios e entrar em uma nova empresa que ajudei a fundar, Chad virando um dos jovens escritores mais bem-sucedidos de Hollywood, Andy se tornando um produtor em Hollywood, ou Paul estudando em Wharton é uma emoção total. É ainda melhor quando eles chegam ao momento em suas carreiras em que começam a se tornar mentores.

Não consigo enfatizar o suficiente quão poderoso é o processo e quão importante é que dedique seu respeito e tempo a ele. Em troca, você será mais do que recompensado com espírito, entusiasmo, confiança e empatia — todas as coisas que acabarão por exceder em muito o valor de qualquer conselho que você deu.

Na condição de levar a mentoria a sério e dedicar a ela o tempo e a energia merecidos, você logo se verá envolvido em uma rede de aprendizado não muito diferente daquela que a Intel usa. Receberá mais informações e boa vontade do que jamais imaginou ao desempenhar o papel de mestre e aprendiz em uma poderosa constelação de pessoas, todas ensinando e aprendendo simultaneamente.

HALL DA FAMA DOS CONECTORES

Eleanor Roosevelt (1884–1962)

"A conexão deve melhorar, em vez de comprometer, seus princípios."

Se a conexão pode ser descrita, vagamente, como a mistura de amizade e missão, então Eleanor Roosevelt, antiga primeira-dama dos Estados

Unidos, foi uma das principais praticantes do século XX. Em sua autobiografia, escreveu que se "reunir por causa do trabalho... é... uma das maneiras mais satisfatórias de fazer e manter amigos". Por meio de grupos como o Congresso Internacional das Mulheres Trabalhadoras e a Liga Internacional de Mulheres pela Paz e Liberdade, Roosevelt fez amizade com um amplo círculo de amigos — e alguns inimigos — no progresso de algumas das grandes causas sociais de nosso tempo.

A primeira-dama não hesitava em usar sua network pessoal para lidar com questões sociais difíceis. Por exemplo, lutou pelos direitos das mulheres no mercado de trabalho — sua inclusão em sindicatos e o direito a um salário mínimo. Hoje, essas questões parecem incontestáveis, mas durante o final dos anos 1920 e início dos anos 1930, muitos norte-americanos culparam as mulheres operárias por substituírem os "provedores" do sexo masculino em meio à Grande Depressão.

Roosevelt acreditava que a beleza e a obrigação de se viver em uma democracia era defender aquilo em que se acreditava, e provou que é possível fazer isso enquanto se conquista a confiança e a admiração de seus colegas. Ela também constatou que, às vezes, é *contra* seus *colegas* que você precisa se posicionar.

Em 1936, em grande parte graças à primeira-dama, uma cantora de ópera chamada Marian Anderson se tornou a primeira pessoa negra a se apresentar na Casa Branca. Mas sua aceitação na residência do presidente foi incomum. Embora Anderson fosse a terceira maior bilheteria de shows do país, seu sucesso não a isentou dos preconceitos raciais que permeavam sua época. Quando viajava pelo país, ficava restrita a salas de espera, hotéis e vagões de trens para "pessoas de cor". No sul, os jornais raramente a chamavam de "Senhorita Anderson", optando por "Artista Anderson" e "Cantora Anderson".

Em 1939, o agente de Anderson e a Universidade Howard tentaram organizar uma apresentação na Constitution Hall de Washington, D.C. Mas as Filhas da Revolução Americana (D.A.R., em inglês), a organização proprietária do salão, recusou. Roosevelt, que também era membro da D.A.R., prontamente — e publicamente — renunciou à sua associação para protestar. Em uma carta para a organização, escreveu: *"Estou em total desacordo com a atitude tomada ao recusar o*

> Constitution Hall a uma grande artista... Vocês tiveram a oportunidade de liderar de maneira sábia e me parece que a organização falhou."
> A Sra. Roosevelt conseguiu que Anderson se apresentasse nos degraus do Lincoln Memorial. O show, em 9 de abril (domingo de Páscoa) de 1939, foi assistido por uma multidão de 75 mil pessoas.
> Sim, lealdade é importante. Mas não quando significa sacrificar seus princípios.

Embora o posicionamento de Eleanor Roosevelt em relação aos direitos civis dificilmente pareça radical hoje, estava muito à frente de seu tempo: tudo isso foi décadas antes da Suprema Corte, no caso *Brown v. Board of Education*, de 1954, rejeitar a doutrina "separados, mas iguais".

Todas as vezes que a primeira-dama defendeu uma causa social, pregou a tolerância em uma igreja negra ou templo judaico, ou mesmo quando atuou como representante da recém-formada ONU — que aprovou a polêmica Declaração Universal dos Direitos Humanos —, perdeu amigos e recebeu duras críticas por ir contra a maré.

Ainda assim, essa mulher incrível persistiu em construir, com sucesso, influência para uma agenda progressista. Deixou um legado ao qual todos deveríamos ser gratos. O que podemos aprender com Eleanor Roosevelt? Não basta simplesmente estender a mão para os outros; em vez disso, devemos estar atentos para que nossos esforços a fim de unir as pessoas estejam alinhados com nosso empenho para, na medida do possível, tornar o mundo um lugar melhor.

Claro, quando seguimos princípios, sempre haverá sacrifícios envolvidos. Mas sua determinação em se conectar com outras pessoas nunca deve prejudicar seus valores. Na verdade, sua network de colegas e amigos, se escolhida com sabedoria, pode ajudá-lo a lutar pelas causas em que acredita.

CAPÍTULO 32

Equilíbrio É Balela

O equilíbrio é um mito.
    Minha agenda não pode ser chamada de "equilibrada" pelos padrões convencionais. Vejamos uma segunda-feira normal: acordei às 4h em Los Angeles para ligar para minha equipe em Nova York. Depois, trabalhei ao telefone por mais algumas horas, tentando organizar uma angariação de fundos para um candidato que é meu amigo. Por volta das 7h, estava no aeroporto para voar até Portland, Oregon, para atender um novo cliente (com dois celulares tocando, mexendo no meu BlackBerry, enviando e-mails curtos e com meu notebook sempre por perto para acessar planilhas). Após a reunião, voltei para o carro a caminho de Seattle e peguei o telefone de novo, marcando as reuniões para aquela noite, amanhã e dali a uma semana. Sempre em contato com minha assistente, tentando enviar os convites para um grande jantar que darei em um mês. Em Seattle, tenho um jantar agendado com o pessoal que organiza a conferência de CEOs do Bill Gates este ano e, após isso, tomarei drinques com alguns amigos próximos. E amanhã haverá outro despertador às 4h para eu fazer tudo de novo.

Bem-vindo ao que meus amigos chamam brincando de "Fuso Horário Ferrazzi", uma zona de operações em que as centrais telefônicas estão sempre abertas e a correria da humanidade é constante.

Testemunhar esse cronograma levanta uma série de questões muito importantes: isso é vida? Agindo assim, pode-se ter equilíbrio entre trabalho e vida? E — Deus me livre! — é preciso operar no Fuso Horário Ferrazzi para ser bem-sucedido?

As respostas são: sim, é uma vida, embora a minha; sim, é possível encontrar um ponto de equilíbrio, ainda que cada um tenha o seu; e não, graças a Deus, você não precisa fazer as coisas do meu jeito.

Para mim, a melhor coisa sobre uma carreira baseada em relacionamentos é que não é uma carreira. É um estilo de vida. Vários anos atrás, comecei a perceber que me conectar era, na verdade, uma maneira de enxergar o mundo. Quando pensava e agia assim, dividir minha vida entre as esferas profissional e pessoal não fazia mais sentido. Percebi que o que nos tornava bem-sucedidos em ambos os mundos eram as outras pessoas e a forma como nos relacionávamos com elas. Sejam familiares, pessoas do trabalho ou amigos, a conexão real insiste que se dê os mesmos valores para todos os relacionamentos. Como resultado, eu não precisava mais fazer distinção entre minha felicidade na carreira e na vida — ambas eram partes de mim. Eram minha vida.

Quando ficou claro que o centro de minha vida eram os relacionamentos, descobri que não havia mais necessidade de categorizar o trabalho de, digamos, família ou amigos. Poderia passar meu aniversário em uma conferência de negócios e estar rodeado de amigos calorosos e maravilhosos, como fiz recentemente, ou poderia estar em casa em Los Angeles ou Nova York com amigos tão próximos quanto para celebrar.

O tipo de falsa ideia de equilíbrio como uma espécie de equação, em que pode tirar tantas horas de um lado de sua vida e dar para o outro lado, voou pela janela, junto com todo o estresse de tentar alcançar aquele estado de equilíbrio perfeito sobre o qual tanto lemos e ouvimos falar.

O equilíbrio não é um produto. Não precisa ser "implementado". O equilíbrio é uma mentalidade, tão individual e única quanto nosso código genético, no qual se encontra alegria, estabilidade. Minha agenda maluca funciona para mim e talvez só para mim. A falta de definição entre a vida profissional e pessoal não é para todos. O importante é enxergar a conexão com os outros não só como uma ferramenta de manipulação usada para atingir um objetivo, mas como um estilo de vida. Quando estiver desequilibrado, você saberá, porque se sentirá agitado, com raiva e insatisfeito. Quando estiver equilibrado, ficará alegre, entusiasmado e cheio de gratidão.

Não se preocupe em tentar criar sua própria versão do Fuso Horário Ferrazzi. A maneira como se conecta com os outros é como correr uma maratona: um quilômetro por vez.

No fim, todos temos só uma vida. E ela é sobre as pessoas com quem vivemos.

Mais Pessoas, Mais Equilíbrio

Ao cair no mito do equilíbrio (aquele que vê a vida como uma equação), como fiz uma vez, a resposta para perguntas como "Se sou tão 'bem-sucedido', por que não estou me divertindo mais?" ou "Se sou tão 'organizado', por que me sinto tão fora de controle?" é "simplificar", "categorizar" ou "reduzir" sua vida aos componentes mais essenciais.

Então, tentamos economizar tempo almoçando em nossas mesas. Temos conversas menos fortuitas com colegas, desconhecidos e outros "não essenciais" no bebedouro da empresa. Planejamos nossas agendas para incluir apenas as ações mais importantes.

As pessoas dizem: "Se for mais organizado, se achar um equilíbrio entre o trabalho e sua casa e se limitar às pessoas *importantes* de sua vida, você se sentirá melhor." Isso é uma completa falácia. O que deveriam estar dizendo é "Preciso ter uma vida cheia de pessoas que amo". Na minha opinião, o problema não é no que você trabalha, é com quem está trabalhando.

Você não pode se apaixonar pela sua vida se odeia seu trabalho; e, na maioria das vezes, as pessoas não amam seus empregos porque trabalham com quem não gostam. Conectar-se com outras pessoas duplica e triplica suas oportunidades de conhecer quem pode levá-lo a um novo e empolgante emprego.

Acho que o problema no mundo atual não é que temos muitas pessoas em nossa vida, é que não temos o bastante. O Dr. Will Miller e Glenn Sparks, no livro *Refrigerator Rights: Creating Connections and Restoring Relationships* [Direito Sobre a Geladeira: Criando Conexões e Restaurando Relacionamentos, em tradução livre], argumentam que, com a maior mobilidade de hoje, a ênfase norte-americana no individualismo e as enormes distrações online disponíveis para nós, levamos uma vida de relativo isolamento.

Quantas pessoas podem entrar na sua casa, abrir a geladeira e se servir? Não muitas. Precisamos de "relacionamentos com direitos sobre a geladeira", do tipo que é confortável, informal e íntimo o suficiente para nos deixar entrar nas cozinhas uns dos outros e vasculhar a geladeira sem precisar pedir. São relacionamentos íntimos como esses que nos mantêm em ordem, felizes e bem-sucedidos.

O foco dos Estados Unidos no individualismo funciona contra a ideia de se conectar com os outros. Estudos comparativos sobre níveis de estresse no trabalho e insatisfação dos funcionários mostram que pessoas de culturas individualistas costumam relatar níveis de estresse muito mais elevados do que as que trabalham em culturas mais voltadas para a comunidade. Apesar de nosso alto padrão de vida, o patrimônio e o privilégio não produziram bem-estar emocional. Na verdade, como mostram esses estudos, é a sensação de pertencimento que nos traz felicidade.

Quando percebemos que estamos presos em nossa vida solitária, recorremos aos livros de autoajuda em busca de respostas, mas eu diria que não é de *auto*ajuda que precisamos, é da ajuda de outras pessoas. Caso acredite nisso, e espero que o faça, o que ensino aqui é o antídoto perfeito para todo o papo de desequilíbrio. A conexão é aquela coisa rara que nos permite ter um pássaro na mão e dois voando também. Conseguimos servir aos interesses de nosso trabalho e de nossa vida, de nós mesmos e dos outros.

Em um dado momento, Oscar Wilde sugeriu que se as pessoas fizessem o que amam, seria como se nunca trabalhassem um único dia da vida. Se sua vida está repleta de pessoas de que gosta e que cuidam de você, por que se preocupar em "equilibrar" alguma coisa?

CAPÍTULO 33

Bem-vindo à Era da Conectividade

Nós, seres humanos, somos seres sociais. Viemos ao mundo como resultado das ações dos outros. Sobrevivemos na dependência dos outros. Gostando ou não, dificilmente haverá um momento em nossa vida em que não nos beneficiaremos das atividades dos outros. Por isso, não é surpreendente que a maior parte da nossa felicidade surja dos nossos relacionamentos com os outros.

— Dalai Lama

Não há momento melhor para entrar em contato e se conectar do que hoje. A dinâmica de nossa sociedade e, em particular, de nossa economia será cada vez mais definida pela interdependência e interconectividade. Em outras palavras, quanto mais as coisas se conectam a tudo e a todos, mais começamos a depender de quem e de com o que estamos conectados.

O individualismo radical pode ter dominado boa parte dos séculos XIX e XX, mas a comunidade e as alianças dominarão o século XXI. Na Era Digital, quando a internet rompeu fronteiras geográficas e conectou centenas de milhões de pessoas e computadores por todo o mundo, não há razão para viver e trabalhar isoladamente. Percebemos, mais uma vez, que o sucesso não depende de uma tecnologia bacana ou capital de risco; depende de quem se conhece e de como se trabalha com eles. Redescobrimos que o verdadeiro segredo do lucro é trabalhar bem com outras pessoas.

A verdade disso é eficazmente ilustrada em um estudo de 1986, encomendado pelo então presidente de Harvard, Derek Bok. Bok queria saber se havia uma maneira de prever se um jovem teria ou não sucesso na faculdade. O que havia de diferente naqueles que se davam bem na graduação? Um estudo em larga escala foi conduzido ao longo de vários anos.

Uma descoberta em particular surpreendeu a todos: o melhor preditor de sucesso na faculdade não tinha nada a ver com qualquer métrica que associamos ao sucesso universitário. Não foi a média das notas, nem as classificações em vestibulares, tampouco qualquer dado numérico. Na realidade, era a capacidade de um aluno de criar ou ingressar em um grupo de estudos.

Os jovens que estudavam em grupo, mesmo que só uma vez por semana, eram mais engajados nos estudos, mais bem preparados para as aulas e aprendiam significativamente mais do que os que se viravam sozinhos. Até se divertiam mais. Coisa alguma não se aproximava nem de perto do poder dessa única variável para explicar o sucesso na faculdade.

O segredo para esse êxito é agora o mesmo para qualquer tipo de sucesso profissional. O aprendizado é mais bem alcançado por meio de relacionamentos — tendo as conversas certas com as pessoas certas no contexto certo — e ações colaborativas.

Hoje, nada é mais importante do que ter uma infraestrutura movida a pessoas, livre das restrições de tempo e espaço graças à tecnologia, fornecendo um fluxo de oportunidades e aprendizado vitalícios.

Revoluções Começam em Lugares Improváveis

A vida é sobre o trabalho, o trabalho é sobre a vida, e ambos são sobre pessoas. "O avanço mais emocionante do século XXI ocorrerá não por causa da tecnologia, mas por um conceito em expansão do que significa ser humano", disse o futurista John Naisbitt.

Estamos na fase de formação de uma nova era de conectividade e comunidade. Agora você tem as habilidades e os conhecimentos para prosperar no novo ambiente. Mas com que finalidade? *Como* prosperará? O que significa viver uma vida conectada de verdade?

Certamente, alguns de nós alcançarão o sucesso em termos de faturamento e promoções. Outros citarão sua fama recém-descoberta ou a expertise empolgante que acumularam. Para outros, ainda, serão os fabulosos jantares que oferecem ou os contatos ambiciosos com os quais fizeram amizade.

Mas tal sucesso será vazio? Em vez de estar cercado por uma família amorosa e um círculo de amigos de confiança, terá apenas colegas e clientes?

Mais cedo ou mais tarde, de uma forma ou de outra, todos nos faremos essas perguntas. Além disso, olharemos para o passado e nos perguntaremos: qual é o meu legado? O que fiz de significativo?

Quantos de vocês se lembram do nome dos três últimos CEOs da General Motors, da IBM ou do Walmart? Está com dificuldades? Agora tente se lembrar de três figuras importantes dos movimentos pelos direitos civis. Ah, aqui as pessoas costumam citar seis exemplos ou mais.

No fim das contas, deixar sua marca como um conector significa fazer uma contribuição — para seus amigos e familiares, sua empresa, sua comunidade e, mais importante, para o mundo — usando seus contatos e talentos da melhor forma possível.

É engraçado que acontecimentos da vida o farão questionar sobre para onde você está indo e o que mais valoriza. Por exemplo, me lembro de, ainda jovem, sonhar em ter minha própria camisa de botão da Brooks Brothers. Durante minha infância, usei roupas usadas dos filhos dos clientes das faxinas de minha mãe ou de brechós. Achava que quando chegasse o dia em que pudesse entrar em uma loja como a Brooks Brothers e comprar minha própria camisa *nova* (no varejo!), bem, seria um grande dia.

Esse dia chegou. Eu tinha vinte e poucos anos e, feliz da vida, comprei a melhor e mais cara camisa de botão que a Brooks Brothers vendia. No dia seguinte, usei-a para trabalhar como se fosse uma peça rara da era vitoriana cravejada de esmeraldas. Então, lavei-a. Lembro-me de ter tirado minha camisa da máquina de lavar, e

— pasmem! — dois botões tinham caído. Não estou brincando. Foi por isso que esperei minha vida inteira?

Como o famoso autor, palestrante e rabino Harold Kushner uma vez escreveu sabiamente: "Nossas almas não estão famintas por fama, conforto, riqueza ou poder. Tais recompensas criam quase tantos problemas quanto solucionam. Nossas almas estão famintas por significado, pela sensação de que descobrimos como viver para que nossas vidas tenham importância, para que o mundo seja pelo menos um pouco diferente por termos passado por ele."

Mas seriam necessários muitos outros botões caídos antes que eu realmente começasse a me questionar sobre por qual significado minha alma ansiava.

O momento finalmente chegou com o que chamo de minha minirrevolução pessoal. Por vezes, as revoluções começam nos lugares menos prováveis com os heróis mais improváveis. Quem poderia imaginar que um indiano baixinho com sotaque carregado pudesse desafiar o que eu queria da vida e como alcançaria isso? Ou que não fazer nada e ficar em silêncio por dez dias, em lugar de tentar fazer tudo de uma vez, poderia mudar o rumo de minha vida?

A primeira chama em minha revolução foi acesa enquanto eu estava, com tantos lugares, na Suíça para o Fórum Econômico Mundial, assistindo a uma palestra com muitas inscrições intitulada simplesmente "Felicidade". A sala estava abarrotada com os ricos e poderosos do mundo — uma clara indicação de que havia outras pessoas ali que também haviam perdido alguns botões.

Estávamos reunidos para ouvir um homem baixo, corpulento e de aparência totalmente feliz chamado S. N. Goenka falar sobre como ele, um empresário que se tornou guru, encontrou saúde e felicidade por meio de uma antiga tradição de meditação conhecida como Vipassana.

Devagar, Goenka foi até o púlpito e iniciou uma palestra que arrebatou toda a audiência pela hora seguinte. Com suas palavras, fomos transportados para dentro de nossa própria cabeça, forçados a confrontar os sentimentos de inadequação, estresse e desequilíbrio que ainda acompanhavam nossa vida aparentemente bem-sucedida.

Nenhuma palavra foi dita sobre negócios em si. Nada sobre balanços ou contatos influentes. A felicidade, ele nos contou, não tinha nada a ver com quanto dinheiro ganhamos ou como o fazemos.

Só existe um lugar para encontrar a verdadeira paz, a verdadeira harmonia. Dentro de nós, Goenka disse. E, embora possamos ser donos dos negócios, ficou claro que não éramos donos de nossas próprias mentes e almas.

Havia uma maneira, ele contou, de fazer as perguntas certas e nos tornarmos mestres de nossa própria mente: Vipassana, uma técnica de meditação de introspecção que significa "ver as coisas como realmente são".

É um método para a paz interior que pode expulsar o medo do coração e nos ajudar a reunir a coragem de ser quem somos de verdade. Goenka descreveu um cansativo curso de dez dias, durante o qual os praticantes se sentam por horas em silêncio absoluto, sem contato visual ou escrito, nem comunicação de qualquer tipo, exceto com os professores no final de cada dia.

Dependia de nós. Ou melhor, estava dentro de nós viver uma vida feliz e com significado. Tínhamos apenas de fazer as perguntas certas e passar um tempo observando e ouvindo.

Embora eu não tenha certeza de quantos de meus colegas executivos pretendiam aprender Vipassana, ficou claro que Goenka havia nos tocado... profundamente. Ele nos fez sentir, pelo menos naquele instante, que tínhamos o poder de fazer com que nosso trabalho e nossa vida significassem algo, que poderia ser importante, fazer a diferença, e que poderíamos aprender a ser felizes se reservássemos um tempo para ouvir o que nossa alma estava nos dizendo.

Saí revigorado e inspirado, mas tinha certeza de que nunca aprenderia Vipassana. Dez dias sem teleconferências, sem almoços com os poderosos, sem conversas... Dez *dias*! Impossível. Eu jamais arranjaria tanto tempo.

Então, de repente, eu tinha todo o tempo do mundo. Depois de minha saída da Starwood, muitos botões caíram, e eu precisava de clareza — e felicidade.

Até aquele momento, pensava que não tinha tempo nem coragem para dez dias de introspecção. Mas acabei fazendo o curso de Vipassana e aprendi, pelo que parecia ser a primeira vez na minha vida, a desacelerar e ouvir de verdade. No processo, deixei de lado muitos — ainda que não todos — pensamentos sobre o que eu "deveria" estar fazendo.

Se você se compromete a encontrar sua paixão, sua chama azul, é interessante como esse compromisso é recompensado com respostas. As que recebi após a meditação me ajudaram a reavaliar minha busca por prestígio e dinheiro e a voltar a focar o que sempre considerei mais importante: relacionamentos.

É claro que a Vipassana não é a única maneira de conseguir essa clareza, porém poucos de nós dedicam o tempo e espaço de que precisamos para compreender melhor quem somos e o que realmente queremos. Como é que eu — assim como tantas outras pessoas muito capazes e inteligentes que conheci — permiti que minha vida ficasse tão fora de sintonia? Deixando de nos fazer as perguntas mais importantes: qual é a sua paixão? O que verdadeiramente lhe dá prazer? Como você pode fazer a diferença?

Quando saí do curso de meditação e voltei para minha rotina, parecia uma criança em uma loja de doces. Havia tantas pessoas que queria conhecer! Tanta gente que queria ajudar! Percebi que a busca por conquistas podia ser muito divertida e inspiradora quando eu soubesse o que valia a pena obter.

Fomos ensinados a ver a vida como uma busca, uma jornada que termina com (assim esperamos) significado, amor e uma previdência que fará de nossa melhor idade realmente a melhor. Porém, não há fim, nem um destino final; a busca nunca acaba. Não existe um cargo, uma camisa da Brooks Brothers ou uma quantia em dinheiro que possa funcionar como o epílogo. É por isso que a conquista de alguns objetivos pode ser tão decepcionante quanto o fracasso.

Viver uma vida conectada nos leva a ter uma visão diferente. A vida não é tanto uma busca, é mais como costurar uma colcha de retalhos. Encontramos significado, amor e prosperidade por meio do processo de tecer nossas tentativas de ajudar os outros a descobrir seus próprios caminhos na vida. As relações que costuramos se tornam um padrão requintado e infinito.

No lindo filme chamado *Colcha de Retalhos*, existe uma fala que resume muito bem essa filosofia: "Os jovens amantes procuram a perfeição, velhos amantes aprendem a arte de unir retalhos e descobrem a beleza na variedade das peças."

Qual será o legado de sua colcha? Como você será lembrado? Essas perguntas são instrumentos de medição poderosos para qualquer um que se preocupa em fazer a diferença, não apenas em ganhar dinheiro. Não há nada de errado em querer ser o melhor do mundo, desde que você se lembre de que isso também significa querer ser o melhor *para* o mundo.

Lembre-se de que amor, a reciprocidade e o conhecimento não são como contas bancárias que diminuem conforme você as usa. Criatividade gera mais criatividade, dinheiro gera mais dinheiro, conhecimento gera mais conhecimento, mais amigos atraem mais amigos, sucesso gera ainda mais sucesso. Mais importante ainda, generosidade atrai generosidade. Nunca antes essa lei da abundância foi mais aparente do que agora, nesta era conectada em que o mundo funciona cada vez mais de acordo com os princípios do networking.

Independentemente de em qual etapa da vida você está agora e do que sabe, é tudo resultado das ideias, experiências e pessoas com as quais interagiu durante a vida, seja pessoalmente, por meio de livros e música, e-mail ou cultura. Não há pontos a marcar quando a abundância leva a ainda mais abundância. Portanto, tome a decisão de que a partir de hoje você começará a contatar os outros e a acumular conhecimento, experiências e pessoas para ajudá-lo a alcançar suas metas.

Antes de mais nada, seja honesto consigo mesmo. Quanto tempo está disposto a gastar se conectando e dando antes de receber? Quantos mentores tem? E quantos pupilos? O que você ama fazer? Como deseja viver? Quem você quer que faça parte de sua colcha de retalhos?

Por experiência própria, posso garantir que as respostas serão uma surpresa. O que é importante provavelmente não se resume a um emprego, uma empresa ou uma nova tecnologia bacana. Isso se resumirá a pessoas. Cabe a cada um de nós, trabalhando em conjunto com quem amamos, fazer do mundo um lugar em que queremos viver. Como a antropóloga Margaret Mead disse: "Nunca duvide de que um pequeno grupo de cidadãos conscientes e comprometidos é capaz de mudar o mundo. Na verdade, é a única coisa que já trouxe mudanças."

Espero que agora você já tenha as ferramentas para tornar realidade o que discutimos aqui. Mas você não chegará lá sozinho. Estamos todos juntos nessa. Faça com que sua colcha de retalhos valha a pena.

Índice

A
advergaming, conceito 72–73, 77
agentes de conhecimento e de mudança 270
amor 352
angariadores de fundos 137–138
apoio emocional 170
arrogância 327
associação de marca 200
atitude 78
atrações iluminadas 200
atratividade de um produto 304
audiência confiável 230
aumento da visibilidade 285
autenticidade 241–242
  escassez de 243
autocorreção 120
autorrealização 169
autossuficiência
  crença equivocada na 314

B
bem-estar emocional 344
bolha dos filtros 287
burburinho 291–293

C
câmbio conversacional 157
capital social X, XII

carta escrita à mão 109
chama azul 26–28
charme 147
cocriação 234–235
comissões anfitriãs 144
comportamento
  organizacional 269
  pró-social 175
comunicação não verbal 155
comunicar urgência e conveniência 81
conexão 7, 59
  mais profunda 154
conhecer novas pessoas 78
conhecimento 352
consideração 120
construção de relacionamentos 6, 15
construtores de relacionamentos 166
contatos
  ambiciosos 76
  pessoais 132
cordialidade instantânea 125
criadores de conteúdo 268–269
cultivo de uma mentalidade 282
curiosidade 233
curva de aprendizado 263

D
Dalai Lama 274–276
declarar sua proposta valiosa 81

dependência mútua 166
disposição de pedir 49
disrupção tecnológica 246

E
early adaptors 270
economia da informação 267
eloquência, o dom da 147
engenharia de relacionamentos 16
equidade 19
Era
 Digital 214, 346
 Industrial 15
esbarrão 124-125
estabelecer
 conexão 124
 metas com antecedência 111
estabelecimento de metas 29
estilo de liderança 327
estratégias profissionais 245
explosão de criatividade 250

F
Facebook 83, 108, 212
falha de imaginação 219
falta de credibilidade 82
fazer perguntas 66
ferramenta de manipulação 343
fidelidade 11
fluência verbal 149
follow-up 107-109, 124, 173
força de vontade 177
franqueza 59
 sincera 150
Fuso Horário Ferrazzi 342-343

G
ganância 20
gatekeeper 87, 90-91, 305
generosidade 13, 352
 o poder da 5, 14
gerenciar o fluxo 193
gestão
 da qualidade total 261
 inteligente 328
globalização 248
Google 83, 254
Grande Depressão 339

H
habilidade de se conectar 62
habilidades
 auditivas aprimoradas 120
 de relacionamento 270
 necessárias 269
headhunter 135-136
honestidade 236

I
impacto social positivo VIII
incubadora de inesperados 248
individualismo radical 346
inibição 150
inocência nos negócios 271
insights 117
 criativos 97
inteligência coletiva 218-219
interconectividade 346
interdependência 346
intimidação 166, 177
introdução impactante 127

J
Janela de Johari 158-159
jornalistas 139

L
lealdade 166, 168
 construir a 173
lei da abundância 352
linguagem corporal 156
LinkedIn 83, 108, 191, 212
lobistas 137

M
manipulação 6, 166
manutenção de relacionamento 188-189
marca
 como líder 56
 conhecida 267
Margem 209-210
mensagem
 cativante 278
 de Marca Pessoal (MMP) 282
mentalidade de rebanho 199
mentoria 328-329, 333
meta, definição 25
microcelebridade 221-222

mito do equilíbrio 343
monopólio das informações 178
motivação 166

N
negócios egoístas 57
networking X–XI, 8
　estratégia de XII
　evento de 100–101
nível de reconhecimento externo 285
notoriedade 301
nova ordem econômica 278
novo telégrafo 57
nutrir o relacionamento 188

O
observadores de tendências 270
obstinação em aprender 262
ouvir com atenção 66

P
paixão 252–253, 351
　compartilhada 102
Plano de Ação de Relacionamento 29,
　　32, 36, 72, 189
plataformas sociais 71
poder
　de verdade 180
　intermediário do 183
　por associação 304
　social de conhecidos 134
políticos 138–139, 144
posição de confiança 336
pouca tolerância ao risco 49
Princípio de Pareto 271
proposta
　de valor 84, 90
　Única de Venda (PUV) 316

Q
questão do aeroporto 259
química entre as pessoas 97

R
reciprocidade 5–6, 352
reconhecer a relevância 167
rede de aprendizado 329
rejeição 53
　risco da 231

relação ganha-ganha 145
relações públicas 138–139
repetição 188–189
reputação 301
revolução gerencial 279

S
savoir-faire social XII
seis graus de separação 131, 133
sensação de pertencimento 344
sensibilidade 120
senso
　de dignidade e respeito 61
　de otimismo 81
　de urgência 84
sentimentos de inadequação 350
seres sociais 166
situações catalisadoras 291
socialização 67
soma zero 16
spamming 193
spike 249, 251
storytelling 275
superar
　a relutância 82
　os medos 54
superconectores 131–132

T
teia de relacionamentos 216
teoria do contágio social X
teorias organizacionais excêntrica 166
transmitir credibilidade 81
Twitter 123, 140, 212

V
Vale do Silício 246–247, 291
vida
　social em expansão 72
　virtual 249
Vipassana, meditação 349–351
vulnerabilidade 54, 125
　estar aberto à 153
　explorar a 235

Z
zona de conforto 33, 273
　sair da 282